高等职业教育精品教材

经贸类通用系列

企业管理实务

主　编　杨阳宇　李淑华

副主编　徐晓红　杨彤娿　普学滔　惠春梅

QIYE GUANLI
SHIWU

中国人民大学出版社
·北京·

图书在版编目（CIP）数据

企业管理实务 / 杨阳宇，李淑华主编. -- 北京 ：
中国人民大学出版社，2025.1. --（新编 21 世纪高等职
业教育精品教材）. -- ISBN 978-7-300-33055-6

Ⅰ. F272

中国国家版本馆 CIP 数据核字第 20240PT826 号

新编 21 世纪高等职业教育精品教材·经贸类通用系列

企业管理实务

主　编　杨阳宇　李淑华

副主编　徐晓红　杨彤娈　普学滔　惠春梅

Qiye Guanli Shiwu

出版发行	中国人民大学出版社		
社　　址	北京中关村大街 31 号	**邮政编码**	100080
电　　话	010 - 62511242（总编室）		010 - 62511770（质管部）
	010 - 82501766（邮购部）		010 - 62514148（门市部）
	010 - 62515195（发行公司）		010 - 62515275（盗版举报）
网　　址	http://www.crup.com.cn		
经　　销	新华书店		
印　　刷	天津鑫丰华印务有限公司		
开　　本	787 mm × 1092 mm　1/16	**版　　次**	2025 年 1 月第 1 版
印　　张	15.25	**印　　次**	2025 年 1 月第 1 次印刷
字　　数	320 000	**定　　价**	49.00 元

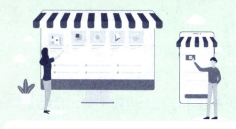

　　对于企业管理的外部环境而言，我国经济发展和社会环境的变化，特别是数字化时代的到来，给企业管理带来了巨大的改变。数字化不仅使交流方式更加直接、组织结构更加扁平，而且使得合作的重要性更加凸显，工作的协作方式发生改变。因此，企业需要构建柔性化的组织结构以满足环境的变化，需要重塑组织单元的基本业务功能以应对产业链和供应链的变化。

　　如今，人们的职业选择更加多元化，这就需要学生在校期间注重培养就业创业能力和职业迁移能力，为个人的可持续发展赋能。管理是一项系统工程，涵盖战略规划、组织管理、流程优化、人才培养和文化建设等方面，企业在资本、人才、技术、产品等方面的竞争都离不开管理。个人的管理能力和思维能力是其关键能力的重要组成部分。

　　本书深入贯彻党的二十大精神，全面融入社会主义核心价值观，寓价值观教育于知识体系和能力培养中，落实立德树人根本任务，体现育人与育才相结合的教学目标。在数字化变革的背景下，本书基于高职学生关键能力培养的需要，以管理的基本原理为主线，首先对企业进行了概述，然后主要介绍了企业管理基础知识、企业组织结构变革、企业经营战略、企业供应链管理、企业领导与激励、企业人际关系沟通、企业文化等内容。面对企业外部环境不确定性的增加，本书增加了人力资源管理、柔性化组织、远程员工管理、企业人文等方面的篇幅。为适应高职学生学习特点，本书作为校企"双元"合作开发教材，注重突出实践教学环节，在教材中融入大量案例，让学生在掌握企业管理基本理论和方法的基础上，具备运用所学管理知识分析当前企业管理中一些实际问题的能力，同时在自主创业过程中能运用相关知识有效地经营企业。本书难度适中、实用性强、案例资料新颖。

本书由杨阳宇、李淑华（云南交通职业技术学院）担任主编，徐晓红（云南交通职业技术学院）、杨彤契（云南财经大学 MBA 在读）、普学滔（云南云铝物流投资有限公司）、惠春梅（云南省物流投资集团有限公司）担任副主编。具体分工如下：杨阳宇负责项目一、项目二、项目三，李淑华负责项目四、项目五、项目六，徐晓红负责项目七和全书的学思之窗，杨彤契负责项目八，普学滔负责教材案例，惠春梅负责教材配套教学资料。

在编写本书过程中，编者借鉴、参考了大量文献资料和诸多专家、学者的研究成果。为表达对原作者的尊重和致敬，编者在参考文献中尽可能详细列出，但难免有所疏漏，在此对所有学者表示深深的谢意。同时，本书的出版也得到了中国人民大学出版社编辑的大力帮助与支持，在此也表示深深的感谢！

由于编者学识水平有限，书中难免有疏漏之处，恳请各位读者和专家不吝赐教！

编者

目　录

项目一　企业概述

·任务目标·

知识目标

- 了解企业、企业管理、公司的相关知识。
- 熟悉现代企业制度的特征和内容。
- 掌握公司的类型和创办公司的流程。

技能目标

- 能够在掌握不同类型公司特征和优缺点的基础上，选择适合自身需求的公司类型。
- 能够熟练掌握创办公司的流程。
- 能够熟悉政府对大学生创业的政策规定。

素养目标

- 培养实践能力和勇于探索的精神。

内容导图

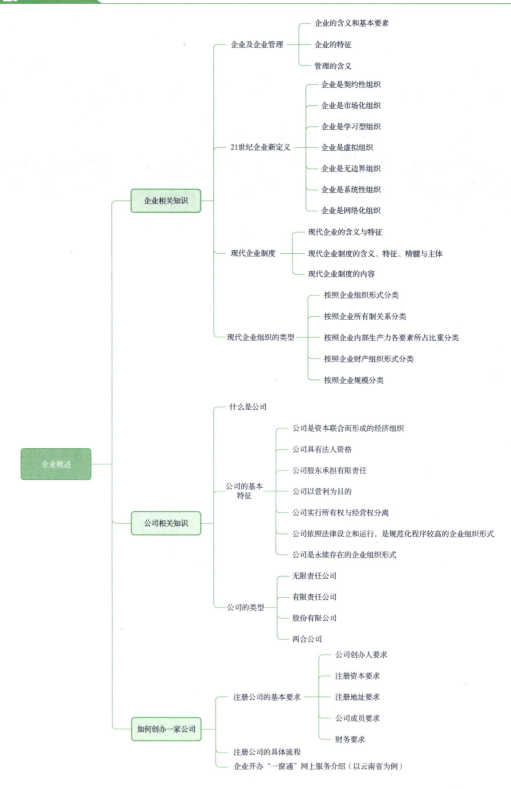

```
企业概述
├── 企业相关知识
│   ├── 企业及企业管理
│   │   ├── 企业的含义和基本要素
│   │   ├── 企业的特征
│   │   └── 管理的含义
│   ├── 21世纪企业新定义
│   │   ├── 企业是契约性组织
│   │   ├── 企业是市场化组织
│   │   ├── 企业是学习型组织
│   │   ├── 企业是虚拟组织
│   │   ├── 企业是无边界组织
│   │   ├── 企业是系统性组织
│   │   └── 企业是网络化组织
│   ├── 现代企业制度
│   │   ├── 现代企业的含义与特征
│   │   ├── 现代企业制度的含义、特征、精髓与主体
│   │   └── 现代企业制度的内容
│   └── 现代企业组织的类型
│       ├── 按照企业组织形式分类
│       ├── 按照企业所有制关系分类
│       ├── 按照企业内部生产力各要素所占比重分类
│       ├── 按照企业财产组织形式分类
│       └── 按照企业规模分类
├── 公司相关知识
│   ├── 什么是公司
│   ├── 公司的基本特征
│   │   ├── 公司是资本联合而形成的经济组织
│   │   ├── 公司具有法人资格
│   │   ├── 公司股东承担有限责任
│   │   ├── 公司以营利为目的
│   │   ├── 公司实行所有权与经营权分离
│   │   ├── 公司依照法律设立和运行，是规范化程序较高的企业组织形式
│   │   └── 公司是永续存在的企业组织形式
│   └── 公司的类型
│       ├── 无限责任公司
│       ├── 有限责任公司
│       ├── 股份有限公司
│       └── 两合公司
└── 如何创办一家公司
    ├── 注册公司的基本要求
    │   ├── 公司创办人要求
    │   ├── 注册资本要求
    │   ├── 注册地址要求
    │   ├── 公司成员要求
    │   └── 财务要求
    ├── 注册公司的具体流程
    └── 企业开办"一窗通"网上服务介绍（以云南省为例）
```

企业相关知识

任务描述

　　企业是履行社会责任、创造利益的源泉，是社会经济得以迅速发展的关键。企业能够降低人与人之间合作的难度和交易成本，从而推动经济活动中的分工与合作。作为将各种要素组合在一起的一种重要方式，企业对于经济发展的重要作用不言而喻。

知识链接

一、企业及企业管理

（一）企业的含义和基本要素

　　企业是指从事生产、流通、服务等经济活动，以产品或劳务满足社会需要，并以获取盈利为目的，依法设立，实行自主经营、自负盈亏的经济组织。企业是社会经济的基本单位。企业具有技术和组织特征，其发展状态会影响整个社会经济生活发展水平。

　　企业具有以下基本要素：
　　（1）拥有一定数量的生产设备和资金——财和物；
　　（2）具有生产经营活动场所——土地；
　　（3）具有一定数量和质量的员工和管理者——人；
　　（4）从事产品的生产、流通等经济活动——服务；
　　（5）自主经营、自负盈亏，具有法人地位；
　　（6）生产经营活动的目的是获得利润。

（二）企业的特征

1. 企业是一个营利性经济组织

　　营利性是企业与行政组织和其他社会组织的根本区别。企业作为营利性经济组织，利润的创造是其生存条件。

2. 企业是一个社会性组织

如今，企业不只被看作拥有者创造利润和财富的工具，它还必须对整个社会的经济文化等发展负责。

3. 企业是一个独立法人

从法律的角度说，企业是自主经营、自负盈亏，依法独立享有民事权利，承担民事责任的从事经营活动的法人组织。

4. 企业是一个自主经营系统

企业拥有经营自主权，具体包括产品决定权、产品销售权、人事权、分配权等。这就要求相关部门或人员减少对企业的干预，特别是行政干涉。

（三）管理的含义

管理是由组织的管理者在一定环境下，通过计划、组织、领导和控制等环节来协调组织的人力、物力和财力等资源，以期更好地达成组织目标的过程。

管理是由组织的管理者在一定的环境下实施的。管理是一个过程，由若干个职能构成。管理的工作内容是优化和调配组织的人力、物力和财力资源。管理的目的是使组织高效地达成组织目标。

管理的含义有以下几个方面：

（1）管理是有意识、目的的群体活动；

（2）管理主要协调人与事、人与物以及人与人之间的活动和利益关系；

（3）管理具有目标性；

（4）管理的目的在于有效地达到组织目标，提高组织活动的成效；

（5）管理的对象是组织资源和组织活动。

二、21 世纪企业新定义

进入 21 世纪以来，随着外部环境的变化，传统意义上的企业在形态和本质上都发生了变化，主要体现在以下几个方面：

（一）企业是契约性组织

企业是从事生产、流通、服务等经济活动，以生产或服务满足社会需要，实行自主经营、独立核算、依法设立的一种营利性经济组织。企业作为一个契约性组织，其存在基于一系列的合同和协议。

（二）企业是市场化组织

过去的企业作为契约性组织由上级管理；随着企业越来越市场化，如今，企业是市场化组织，需要对市场负责。市场化程度决定了企业盈利能力的高低。

（三）企业是学习型组织

一家卓越企业一定是学习型组织。按照美国管理学者彼得·圣吉的归纳，学习型组织要进行五项修炼：（1）建立共同愿景；（2）团队学习；（3）自我超越；（4）改变心智模式；（5）系统思考。

> **课堂小练习**
>
> 在彼得·圣吉《第五项修炼》的基础上，谈一谈你对学习型组织的理解。

（四）企业是虚拟组织

未来的企业组织结构形式不仅是一个以产权关系为基础、以资产为联系纽带、以权威为基本运作机制的、由各种岗位和部门组成的实实在在的企业实体，而且是一个以计算机和信息网络为基础和支撑、以分工合作关系为联系纽带、结合权威控制与市场等价交换原则的运作机制的动态企业联合体。

（五）企业是无边界组织

无边界组织是指一种在信息化时代发展起来的现代企业组织形式。随着边界的扩张，企业不再以传统的物质资源能力来确定自己的边界，而是以核心能力来体现其价值和边界。

（六）企业是系统性组织

如今，企业主要解决三个问题：一是企业如何与外部环境相处，即企业对外部的政治环境、社会环境、技术环境、经济环境等的分析，以及与其他伙伴之间的关系处理等；二是企业如何能够有效地创造价值，即企业如何搭建有效的经营体系；三是企业如何保障持续地创造价值，即企业通过管理体系的搭建来保障经营的持续性。企业是由技术、结构、人员和任务等若干子系统组成的系统性组织，任何子系统的变化都会影响其他系统的变化。

（七）企业是网络化组织

网络化组织的形成与发展，反映了企业对资源整合和效率提升的追求。在面对复杂多变的市场需求和经济全球化的挑战时，企业通过外包、模块化等技术手段，将非核心业务外包给外部机构，而自身专注于核心竞争力的提升和优势领域的深化。这种模式促进了企业间的合作与竞争，形成了高效的网络化生产和服务体系。

三、现代企业制度

现代企业制度是我国社会主义基本经济制度的重要组成部分，是基本经济制度在微观层面的具体实现形式。构建、健全和完善现代企业制度，对于形成新时代中国特色现代企业制度以及推动国有企业深化改革具有重要的理论与现实意义。

（一）现代企业的含义与特征

1. 现代企业的含义

现代企业是指所有者与经营者分离，拥有技术现代化和管理现代化的企业组织形式。现代企业是现代市场经济社会中代表企业组织的先进形式和未来主流发展趋势的企业组织形式。

2. 现代企业的特征

现代企业有三个显著的特征：（1）所有者与经营者分离；（2）拥有现代技术；（3）拥有现代化管理方式。所有者与经营者分离是现代企业产生的基础和条件；现代技术和现代化管理方式则可以看成现代企业的两大支柱。三者相辅相成，都是现代企业不可缺少的特征。

（二）现代企业制度的含义、特征、精髓与主体

现代企业制度最早产生于资本主义早期发展阶段的西方国家，是在古典企业制度的基础上经过长期发展而建立起来的，是一种适应社会化大生产和市场经济体制，使企业真正成为面向市场的独立法人实体和市场竞争主体的一系列重要规定、规程和行动准则。

1. 现代企业制度的含义

现代企业制度是指以公司制为主要表现形式，体现企业是法人实体和市场竞争主体要求，适应社会化大生产和市场经济要求的产权清晰、权责明确、政企分开、管理科学的企业制度。公司制企业作为现代企业制度的主要表现形式，既是市场经济发展的必然结果，也是社会化大生产的必然产物。

2. 现代企业制度的特征

（1）产权关系清晰。企业拥有出资者投资形成的全部法人财产权，成为独立享受民主权利并承担民事责任的法人实体。

（2）企业以其全部法人财产，依法自主经营、自负盈亏、照章纳税，对出资者承担资产保值增值责任。

（3）出资者按投入企业的资本额享有选择管理者、资产受益和重大决策三项主要权利。若企业破产，出资者只以其投入企业的资本额为限对企业债务负有限责任。

（4）企业按照市场需求组织生产经营，以提高劳动生产率和经济效益为目的，政府不直接干预企业经营活动，企业在市场中优胜劣汰，长期亏损、资不抵债的企业实

施依法破产。

（5）建立科学的企业领导体制和组织管理制度，调节所有者、经营者和员工之间的关系，形成激励和约束相结合的机制。

3. 现代企业制度的精髓

产权清晰化是现代企业制度的精髓，也是现代企业制度的首要特征。产权清晰化使企业具备一个对交换对象具有独占权的真正市场主体的身份，能够按照等价交换原则参与市场交易活动。

4. 现代企业制度的主体

现代企业制度的主体是公司制。公司制是指一种适应社会化大生产需要和现代市场经济发展要求的现代企业制度的基本形式，其典型形式是股份有限公司和有限责任公司。

（三）现代企业制度的内容

1. 现代企业法人制度

现代企业法人制度，又称现代企业产权制度，主要体现为公司的产权制度，核心是理顺和完善企业的产权关系。产权是法定主体对财产所拥有各项权能的总和，可以分解为所有权、使用权、分配权、收益权、处分权和监督权等。根据企业法人财产权理论，公司制企业对企业财产（动产、不动产和流动资金）所享有的权利应为法人财产权；出资者对企业所享有的权利为股东权。

公司财产权能以公司法人为中介进行两次分离。第一次是具有法律意义上的分离，即出资者与公司法人的分离、原始所有权与法人财产权的分离，使得企业组织具有受法律保护的独立法人地位成为可能；第二次是具有经济意义上的分离，即公司法人产权内部的分离、所有权与经营权的分离，使企业组织作为高效率的资源配置方式成为可能。

企业拥有法人财产权，表现为企业依法拥有法人财产的占有、使用、收益和处置权，是自主经营、自负盈亏的独立法人实体。企业对包括国家在内的出资者投资形成的全部法人财产依法享有民事权利、承担民事责任，并对出资者承担资产保值增值的责任。出资者按投入企业的资本额依法享有所有权的权益，承担有限责任。

在现代企业制度体系中，现代企业产权制度是根本前提，既是企业组织形成、存在和发展的起点，也是现代企业制度体系中其他方面制度的基本支撑。没有现代企业产权制度，现代企业制度就会变成空中楼阁。

2. 现代企业组织制度

组织是指依据既定目标，对成员的行为和活动进行合理的分工和安排，形成明确、清晰的权责结构；对组织资源能力进行合理的配置和使用，形成上下贯通的组织结构。现代企业需要有一套完整、规范的组织制度，使得企业组织能够运行有效、运转畅通。现代企业组织制度是在企业所有权和经营权相分离的背景下，由此派生出来的公司决策权、执行权和监督权等权能相互协调运转的制度和规则，并在此基础上所形成的股东大会、董事会、监事会和经理层的组织机构框架。

（1）现代企业的组织形式。现代企业的组织形式包括公司制企业（有限责任公司和股份有限公司）、独资企业、合伙企业等。

（2）现代企业的组织体制。股东大会、董事会、监事会和经理人员共同组成现代企业的法人治理结构。

1）股东大会是公司的最高权力机构，出资者或股东是公司的最终所有者，股东大会所形成的决议是最终决议，具有法律效力。

2）董事会作为公司的常设机构，是股东大会的执行机构，也是公司的重大经营决策机构。董事会的主要职责是执行股东大会的决议，制定公司的大政方针、战略决策、投资方向、分配方案等。

3）监事会作为公司的监督机构，其主要职能是对董事会和经理人员履职行权活动进行监督，审核公司的财务和经营状况，提请召开临时股东大会等。

4）经理人员组成企业的管理机构，包括公司的总经理、副总经理和部门经理等，对董事会负责，负责公司日常的经营管理活动，依照公司章程和董事会决议行使职权。

因此，股东大会、董事会、监事会及经理层需要形成有效制衡、协调运转的现代企业组织制度，既赋予经营者充分的经营自主权，又切实保障所有者的权利权益，并能充分激发和调动各类主体的积极性和创造性。

3. 现代企业管理制度

现代企业制度的运作和完善需要有科学的管理制度作保障，加强企业管理是目前企业面临的迫切与长期的重要任务。科学的现代企业管理制度重点体现在以下几个方面：

（1）建立和完善企业的组织运营系统；

（2）建立科学的劳动用工制度和灵活、有效的激励机制；

（3）建立现代企业财务会计制度；

（4）坚持以人为本的企业管理，培育优秀的企业文化和团队精神，加强人力资源的开发和管理等。

现代企业制度可以从经济、管理、社会、文化等不同维度进行综合考量，权利与责任的边界、资源与能力的配置、组织与运行的效率、关系与利益的协调、文化与理念的融合等都可以囊括在现代企业制度的内涵与外延之中。

现代企业制度并没有优劣之分，目前尚没有最优的统一化、标准化的现代企业制度。现代企业制度取决于一国国情、特定历史、政治体制、经济模式、法律体系及文化特质等诸多因素。扬长避短、取长补短、理性选择、创新创造、各具特色应是时代变迁进程中的共同基调。

四、现代企业组织的类型

（一）按照企业组织形式分类

1. 单一企业

单一企业是指一厂或者一店，这类企业的经营领域往往比较单一、专业。

2. 多元企业

多元企业是指由两个以上不具备法人资格的工厂或商店组成的企业，它是按照专业化、联合化及经济合理的原则由若干个分散的工厂或者商店所组成的经济法人组织。

3. 经济联合体

经济联合是指经济组织之间按照一定的章程或协议，在生产、技术、科研和贸易等领域的经济合作。经济联合体是由两个或两个以上的企业在自愿互利的基础上，打破所有制、行业、部门和地区的界限，本着专业化和合理分工的原则，进行部分或全部统一经营管理所形成的经济实体。

4. 企业集团

企业集团是企业联合组织中最成熟、最紧密和最稳定的企业运行模式之一，是由两个或两个以上的企业以资产为纽带而形成的有层次的企业联合组织。其中的成员企业都是相对独立的企业法人。企业集团的特点是规模大型化、经营多元化、资产纽带化。

企业集团一般分为以下四个层次：

第一层为核心层，通常由一个或几个大企业构成，如集团公司、商业银行、综合商社等，它们对集团中其他成员企业有控股或参股行为；

第二层为紧密层，一般由核心层的控股子公司构成；

第三层为半紧密层，由紧密层的子公司或核心层的参股公司构成；

第四层为松散层，主要是由前三个层次中有协作或经营关系的企业构成，这些企业彼此之间不是资产纽带关系，但可以有资金融通关系。

（二）按照企业所有制关系分类

1. 国有企业

我国的国有企业是生产资料归全民所有，并且由代表全民的国家作为所有者的一种企业形式。它的基本特点是国家作为全体人民的代表拥有企业的财产所有权。国有企业的规模较大，技术设备先进、技术力量强，是我国国民经济的主导力量，也是中国特色社会主义的重要物质基础。

2. 集体所有制企业

集体所有制企业是生产资料归群众集体所有的一种企业形式。集体所有制是社会主义公有制的重要组成部分。我国集体所有制企业存在多种具体形式。农村有生产、供销、信用、消费等各种合作经济组织、股份合作制经济组织和股份制经济组织，从事农事农林牧渔业生产和工业、建筑业、运输业以及其他服务性劳动生产经营活动；城镇主要有手工业合作社或股份合作社、股份合作制工厂、街道生产或生活服务组织以及机关、学校、部队等单位举办的集体经济组织等。乡镇企业是集体所有制企业的典型代表。

3. 个体私营企业

个体私营企业是指生产资料归私人所有，主要依靠雇工从事生产经营活动的企业形式。它是社会主义市场经济的重要组成部分。目前，我国的个体私营企业包含三种形式：独资企业、合伙企业和有限责任公司。

4. 外商投资企业

自 2020 年 1 月 1 日起《中华人民共和国外商投资法》施行后，对外商投资企业不再按"中外合资经营企业""中外合作经营企业""外资企业"进行分类，其组织结构、组织形式等统一适用公司法、合伙企业法等法律的规定。

外商投资企业是指全部或者部分由外国投资者投资，依照中国法律在中国境内经登记注册设立的企业。在中国境内进行投资活动的外国投资者、外商投资企业，应当遵守中国法律法规，不得危害中国国家安全、损害社会公共利益。外国投资者、外商投资企业可以依照法律、行政法规或者国务院的规定，享受财政、税收、金融、用地等方面的优惠待遇。外国投资者以其在中国境内的投资收益在中国境内扩大投资的，依法享受相应的优惠待遇。

（三）按照企业内部生产力各要素所占比重分类

1. 劳动密集型企业

劳动密集型企业是指使用劳动力较多、技术装备程度低、产品成本中活劳动消耗所占比重大的企业。例如，纺织、服装、日用五金、餐饮、儿童玩具等企业多属于劳动密集型企业。

2. 资金密集型企业

资金密集型企业是指原材料成本较高，或产品生产技术复杂、所需技术装备水平较高、生产单位产品所需投资较多、使用劳动力较少的企业。它一般具有劳动生产率高、物资和活劳动消耗少、竞争能力强等优点。例如，钢铁企业、重型机械企业、汽车制造企业和石油化工企业等属于资金密集型企业。

3. 技术密集型企业

技术密集型企业是指技术装备程序较高、所需劳动力或手工操作的人数较少、产品成本中技术含量消耗占比较大的企业。例如，计算机企业、飞机制造企业和医药企业等属于技术密集型企业。有的技术密集型企业集中了较多具备丰富的科学技术知识的高科技人员从事科研与生产经营，因此也被称为知识密集型企业。

> **课堂小练习**
>
> 　　举例说明哪些企业属于劳动密集型企业、哪些企业属于资金密集型企业、哪些企业属于技术密集型企业。

（四）按照企业财产组织形式分类

1. 独资企业

独资企业是最古老、最基本的企业组织形式之一。它是由个人拥有和控制，个人承担经营风险并享有全部经营收益。这种企业不具有法人资格，为自然人企业。虽然独资企业有企业的名称、住所、法定的注册资产，但在法律上这种企业的财产等同于业主个人的财产。业主个人享有企业的全部经营所得，同时对企业的债务负完全无限清偿责任。如果企业经营失败，出现资不抵债的情况，业主个人要用自己的家产抵偿债务。我国不少私营企业采用独资企业的形式。

2. 合伙企业

合伙企业是由两个或两个以上的出资者共同出资兴办、联合经营和控制的企业。合伙企业的出资者（即合伙人）为两人以上，基于合伙合同建立。成立合伙企业时必须有书面协议，以合伙合同形式规定该合伙企业的合伙人范围、组织管理、出资数额、盈余分配、债务承担及入伙、退伙、终止等基本事项。

与独资企业一样，合伙企业与它的出资者在财产和人格上都是不可分的，合伙企业在法律上为自然人企业。企业的财产归合伙人共同所有，由合伙人统一管理和使用。合伙人都有表决权，不以出资额为限，合伙人经营积累的财产归合伙人共同所有。每个合伙人对企业债务负无限连带清偿责任，即使其中某合伙人不能全部负起他应负的责任，则其他合伙人也要对他负不起责任的部分负责到底。合伙人内部之间按合同规定承担责任，合同未规定的按照出资比例承担责任。

3. 公司制企业

公司制是企业发展的高级形式，是由两个以上的出资者组建，能够独立享有民事权利、承担民事责任的以营利为目的的经济组织。

（1）公司制企业的特征。

1）公司是法人，具有独立的法人主体资格，并具有法人的行为能力和权利。

2）公司实现了股东最终财产所有权与法人财产权的分离，即不再由所有者亲自经营自己的财产，而将其委托给专门的经营者即公司法人代为经营，实现了企业财产权与经营权的分离。

3）公司法人财产具有整体性、稳定性和连续性。股东投入企业的资金由于不能抽回、不被分割，从而保持了一定的整体性和稳定性。公司的股份可以转让，但公司的财产不因股份的转让而变化，可以连续使用，从而保持了一定的连续性。

（2）公司制企业的类型。

公司制企业包括以下两种：无限责任公司和有限责任公司。

1）无限责任公司。无限责任公司是由两个以上股东组成、股东对公司债务负连带无限责任的公司形式。无限责任公司股东对公司债务负无限清偿责任，全体股东对公司债务负连带责任。其特点在于组织手续比较简单，不要求具备最低的资本总额；公司经营好坏，直接关系每个股东的全部财产利益；股东会合力经营，股东关系密切；公司信用较高，竞争力较强。但是，股东投资风险较大、责任较重、资本不易筹集、出资转让有严格限制，不利于保护出资者的利益。

2）有限责任公司。有限责任公司是根据法律规定的条件设立，由两个以上股东共同出资，并以其缴的出资额对公司的经营承担有限责任，公司以它的全部资产对其债务承担责任的企业法人。有限责任公司由一个以上五十个以下股东出资设立。每个股东以其所认缴的出资额为限对公司承担有限责任，公司以其全部资产对公司债务承担全部责任。

4. 股份合作制企业

股份合作制企业是指企业全部资本划分为等额股份（主要由员工股份构成），员工股东共同劳动、民主管理、利益共享、风险共担，依法设立的法人经济组织。在股份合作制企业中，企业享有全部法人财产权，以其全部财产对企业承担责任；股东以其出资额为限，对企业承担责任。企业实行入股自愿、民主管理、按股分红相结合的投资管理原则。股份合作制企业是股份制和合作制的结合，具有股份制和合作制的双重特征。

（五）按照企业规模分类

国家统计局发布的《统计上大中小微型企业划分办法（2017）》按照行业门类、大类、中类和组合类别，依据从业人员、营业收入、资产总额等指标或替代指标，将我国的企业划分为大型、中型、小型、微型四种类型。

> 🕐 **课堂小结**
>
> 企业是国民经济的细胞，可以通过物质资本的投入创造大量的经济价值，对社会经济发展产生重大的推动作用。企业要在社会中有所发展，获得一定的效益，就必须结合自身的实际情况，不断进行革新以适应社会的发展趋势。企业的出现和企业组织形式的不断演进，不断推动经济发展和技术创新。

知识拓展

"互联网＋"时代传统企业如何转型

在互联网时代，消费者需求不断变化，产品设计和销售渠道也呈现互联网化，促使传统企业在营销和渠道拓展、产品设计等方面不断满足消费者多元化需求。究其原因，随着移动互联网时代的来临，传统企业的商业销售模式、渠道，以及用户的消费习惯都发生了变化，互联网的高速发展改变了用户的购物习惯和生产厂商的产品设计思维。

对于传统企业来说，"互联网＋"已经成为所有企业无法回避的课题，也是传统企业间竞争的一个必不可少的基本条件。随着互联网技术的发展，云计算、大数据、移动网络以及智能终端都在积极地向"互联网＋"贴近，这就使得更多的传统行业企业进行跨界融合。以"互联网＋"的技术模式和业务创新助推传统企业的产业创新，有效地带动了传统企业的产业转型和升级，并且催生了传统企业未来生存和发展的新增长点。

随着"互联网＋"金融、智能交通、移动医疗、智能家居等新兴蓝海市场的不断出现，"互联网＋"正在成为传统企业拓展产业边界的新途径。互联网打破了地域、群体的限制，传统的消费型互联网正在向新兴的产业型互联网转型，这样的深刻转型会改变传统企业的未来发展方向和格局。

顺应"互联网＋"时代的发展是大势所趋，值得我们深思。

任务二

公司相关知识

任务描述

公司是企业的一种组织形态，是全部资本由股东出资构成，以营利为目的而依法设立的一种企业组织形式。股东以其出资额或所持股份为限对公司承担责任，公司以其全部资产对公司债务承担责任。公司是最重要的市场主体之一，是以营利为目的的企业法人。

一、什么是公司

公司是以资本联合为基础，以营利为目的，依照法律规定的条件和法律规定的程序设立，具有法人资格的企业组织。这种企业组织是由投资者以股份的形式联合起来组成的，所以被称为股份制企业，即投资者为了一个共同的目的，将各自的财产结合在一起，组成一个企业，所以公司又被认为是一种财产组织形式。

二、公司的基本特征

公司的基本特征，即公司的本质属性，是公司与其他企业形式或者社会组织相区别的重要标志。

（一）公司是资本联合而形成的经济组织

公司是由许多投资者投资，为经营而设立的一种经济组织，具有广泛的筹集资金的能力。公司适合了社会生产力发展的需要，具有较高的市场竞争力。

（二）公司具有法人资格

法律赋予公司以法人资格，公司以自己的名义从事经营活动，享有权利并承担责任，这使公司在市场上成为竞争主体。在现实的经济活动中，公司是经济实体。

（三）公司股东承担有限责任

公司一旦出现了债务，债务由公司这个拟人化的实体对债权人负责，而公司股东不直接对债权人负责。公司股东对公司债务仅以其出资额为限承担有限的责任，这就为股东分散了投资风险，使股东在投资中不致影响投资外的个人财产。

（四）公司以营利为目的

以营利为目的是反映公司基本属性的重要特征，因为投资者投资于某公司是有一定利益追求的，希望从该公司取得收益。从整体来说，公司资产的增值是社会发展的需要。公司以营利为目的，使公司区别于其他经济组织和社会组织。

（五）公司实行所有权与经营权分离

在通常情况下，特别是在有相当规模的公司中，投资者入股是为了获取投资收益，而不是为了自己经营。为了公司的发展，他们会聘请专业的经营者负责经营。所以，公司的基本运作模式是投资者出资，从公司获取收益；经营者负责日常经营管理，包括制定战略、管理员工、控制成本等，对股东负责。

（六）公司依照法律设立和运行，是规范化程序较高的企业组织形式

公司的发起设立、对内对外关系、内部治理结构、合并分立等都须依照法律规范。公司是企业形式与法律形式相结合的体现。

（七）公司是永续存在的企业组织形式

公司投资者的股权可以转让，投资者会通过股权转让的方式进行变更，但是公司仍然可以作为一个独立的实体而存在，从事经营活动。公司的存在并不取决于投资者具体是谁。

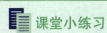 课堂小练习

谈一谈公司和个体工商户的区别。

三、公司的类型

公司是适应市场经济社会化大生产的需要而形成的一种企业组织形式，其类型包括无限责任公司、有限责任公司、股份有限公司和两合公司四种。

（一）无限责任公司

1. 无限责任公司的含义

无限责任公司，简称无限公司，是指由两个以上股东组成、股东对公司债务负连带无限责任的公司形式。

2. 无限责任公司的法律特征

（1）公司股东对公司债务负无限清偿责任。

（2）全体股东对公司债务负连带责任。

（3）股东有权直接管理公司事务，公司所有权和行政权基本融为一体。

（4）股东的增加或减少无须得到当地政府的核准。

（5）无限公司无须公开任何经济账目。

3. 无限责任公司的优点

组建简便、信誉度高、决策灵活。

4. 无限责任公司的缺点

股东责任重、资本筹集困难、股本转让困难。

（二）有限责任公司

1. 有限责任公司的含义

有限责任公司，简称有限公司，是指依照法律规定的条件设立，股东以其认缴的出资额为限对公司承担有限责任，公司以其全部资产对公司债务承担全部责任的经济组织。

2. 有限责任公司的法律特征

（1）公司股东以其认缴的出资额为限对公司承担责任。公司以其全部资产对公司的债务承担责任。

（2）公司不得发行股票，公司股份不得任意转让，若有特殊情况需要转让，必须经全体股东一致同意。

（3）公司的股东人数较少。

（4）股东可以作为公司雇员直接参加公司管理，法律允许公司所有权和行政管理权合二为一。

3. 有限责任公司的优点

设立简便，股东出资额应在公司成立时缴足；公司组织机构比较简单，董事长和总经理可由同一人担任；股东承担有限责任，风险相对较小；股东人数较少，便于沟通和协调。

4. 有限责任公司的缺点

有限清偿责任导致公司信用程度不高；股本转让受到严格限制；易助长股东投机心理，以较少资本冒较大风险。

（三）股份有限公司

1. 股份有限公司的含义

股份有限公司是指全部注册资本由等额股份组成，通过发行股票筹集资本，股东以其认购的股份为限对公司承担责任的企业法人。

2. 股份有限公司的法律特征

（1）公司全部资本划分为等额股份，股份以股票形式公开发行并可自由转让。股东个人财产与公司财产是分离的。

（2）绝大多数公司的拥有者与管理者是分离的（公司的一切日常经营活动由董事会与经理负责）。

（3）公司账目必须公开。

（4）股份有限公司的股本较大、资金雄厚、规模庞大、竞争力强、股东人数众多。

3. 股份有限公司的优点

（1）有利于吸收小资本，是集中资本的一种有利形式。

（2）资本证券化，股票能自由转让，资本保持流动性，有利于提升竞争力。

（3）有利于刺激公众投资心理，提高公司管理水平。

（4）员工可通过购买本公司股票成为股东，公司的经营成败与员工切身利益密切相关。

4. 股份有限公司的缺点

（1）决策权容易落在少数大股东手中，有使小股东权益受到损害的可能。

（2）设立程序复杂、严格，须按照一套规范、复杂的流程才能组建。

（3）保密性差，重大事项必须向社会公开。

（4）股东不稳定，股东流动性大。

（四）两合公司

1. 两合公司的含义

两合公司是指由一人以上无限责任股东和一人以上有限责任股东所组成的公司。

2. 两合公司的法律特征

（1）两合公司股东至少有一名有限责任股东和一名无限责任股东。

（2）无限责任股东对公司债务负无限连带清偿责任，有限责任股东则以其出资额为限对公司债务负有限清偿责任。

（3）无限责任股东代表公司从事经营活动，有限责任股东则提供资本、分享红利，不从事公司经营活动。

3. 两合公司的优点

适合不同投资者的需要、股东责任明确、筹集资本简单。

4. 两合公司的缺点

人为因素影响较大，股份转让不灵活。

中华人民共和国公司法

一图读懂新修订的《中华人民共和国公司法》（2024年7月1日正式施行）

📖 **课堂小结**

　　公司是以营利为目的的具有法人资格的企业组织。公司的基本特征是公司与其他企业形式或者社会组织相区别的重要标志。公司的类型包括无限责任公司、有限责任公司、股份有限公司和两合公司四种。

📖 **知识拓展**

公司和企业的区别

从概念范围来说，公司是企业的一种形式，它属于企业的范畴，但企业不一定是公司。企业并不是法律上的概念，而是经济学上的用语。企业分为独资企业、合伙企业、公司企业。在企业的诸多类型中，只有公司具有法人资格，独资企业和合伙企业没有法人资格。

企业包含法人和非法人组织，而公司则仅限于法人中的营利法人。营利法人包括有限责任公司、股份有限公司和其他企业法人等。公司的主要类型包含无限责任公司、有限责任公司、股份有限公司和两合公司。

《中华人民共和国民法典》第102条规定：非法人组织是不具有法人资格，但是能够依法以自己的名义从事民事活动的组织。非法人组织包括个人独资企业、合伙企业、不具有法人资格的专业服务机构等。企业除了包括公司外，还包括个人独资企业、合伙企业、不具有法人资格的专业服务机构等，范围比公司更为宽泛。

任务三

如何创办一家公司

任务描述

如今，大学生成为自主创业这条赛道上的主力军。自主创业的大学生面临的第一个问题就是如何申请成立一家公司。

知识链接

一、注册公司的基本要求

（一）公司创办人要求

年满18周岁、有身份证明、具备完全民事行为能力者才可注册公司。

（二）注册资本要求

有限责任公司的注册资本为公司在登记机关登记的全体股东认缴的出资额，无须进行验资。法律、行政法规对有限责任公司注册资本实缴、注册资本最低限额另有规定的，从其规定。

有限责任公司的股东需要按照其认缴的出资额承担有限责任，注册资本的大小决定了公司资金实力和对外承担民事责任的能力。

（三）注册地址要求

注册公司必须有固定的办公地点，即公司住所，且应当依法向公司登记机关申请设立登记。公司注册需要有注册地址，并且必须是商业或工业用途的房产（写字楼、写字间以及门面），普通居民住宅不能作为注册地址。申请设立登记时，需要提供房产证明及租赁协议（自有房产无须租赁协议）。

（四）公司成员要求

公司必须设一名法定代表人，法定代表人既可以由股东担任，也可以外聘。公司可设董事会与监事会。有限责任公司股东人数较少或规模较小，可以设立一名执行董事、不设立董事会。公司必须设立监事。执行董事不能兼任监事，股东可以兼任执行董事或监事。

（五）财务要求

公司必须开设基本账户与纳税账户。公司必须设立财务人员，可以聘请专职或兼职财务人员，或者委托财务公司代理。

二、注册公司的具体流程

（一）名称核准

（1）向当地市场监督管理局提交公司名称预先核准申请，通过后领取企业名称预先核准通知书。外商投资企业进行名称核准时，应登录国家市场监督管理总局网上注册系统。

（2）公司名称组成：

1）全国性公司：公司名称冠以"中国""中华""全国""国家""国际"等字样。

2）地方性公司：行政区划＋字号＋行业（非必填项）＋组织形式。例如，云南（行政区划）＋百利来（字号）＋企业管理（行业）＋有限公司（组织形式）。

（二）租房

进行公司注册时，要提供房产证或相关的产权证明。公司创办者要签订租房合同，并让房东提供房产证的复印件。

（三）编写公司章程

设立公司应当依法制定公司章程，可在市场监督管理局网站下载公司章程样本进行参考。公司章程须由所有股东签名。

（四）提交材料

公司创办者可选择线上和线下两种方式提交资料，线下提交前可提前在市场监督管理局网站上进行预约。

（五）领取证照

法定申请材料经审查核准通过后，公司创办者可以携带准予设立登记通知书、本人身份证原件，到市场监督管理局领取营业执照。

2015年10月1日起，营业执照、组织机构代码证和税务登记证三证合一。申请企业只需一次登记，4个工作日后就能领取有税务登记号、组织机构代码号的工商营业执照，实现一证代替三证。

从2016年10月1日起，全国范围内实施"五证合一""一照一码"登记，各地将在原有的工商营业执照、组织机构代码证、税务登记证"三证合一"基础上，整合社会保险登记证和统计登记证，推行"五证合一"。

（六）刻章备案

公司创办者拿到营业执照后，需要携带营业执照原件、法定代表人身份证原件，到指定公司注册部门进行刻章备案。公司印章包括公章、财务章、合同章、发票章、法定代表人名章等。

（七）银行开户

营业执照和印章办理完毕后，即可开立基本存款账户。银行开户与税务报到无先后顺序要求。

（八）税务报到

营业执照和印章办理完毕后，公司创办者需要按照法律规定的时限和方式向税务机关进行税务报到，以确保合法经营并履行相应的税务义务。

公司创办者完成税务报到后，需要携带银行开户许可证，营业执照副本原件和复印件，公章、财务章、法定代表人名章，及时与税务机关签订三方协议，再将盖章之后的协议送到开户银行，将银行退回的三方协议税务联、银行信息录入回单交给纳税服务大厅，大厅人员与银行进行验证，成功后，即完成三方协议的所有手续。这样就可以实现电子化缴税。

三、企业开办"一窗通"网上服务介绍（以云南省为例）

（一）登录云南市场监管网上办事大厅

申请人输入云南市场监管网上办事大厅网址：http://amr.yn.gov.cn，进入云南省开办企业"一窗通"网上服务平台。申请人登录系统后，依次填报开办企业相关信息。如申请人无注册用户，可先进行注册、实名认证后登录系统。

（二）申请人点击首页"开始填报"按钮并按需选择

（1）若企业没有名称且经营范围不涉及前置审批事项，则点击"我没有名称备案号，且经营范围不涉及前置审批事项"选项，进入开办企业—企业设立页面，填写"名称申报"信息，并提交名称申请，系统根据名称自主申报规则自动进行智能校验，校验通过后，申请人"提交名称申请"。

（2）若企业已有名称且经营范围不涉及前置审批事项，则点击"我有名称备案号，且经营范围不涉及前置审批事项"选项，进入已核准名称信息页面，可通过"股东查询"、"核准文号查询"或"申请号查询"其中一个功能查询出已申报名称后进行企业开办申报。

（三）填写申报所需相关信息

进入开办企业—企业设立—基本信息页面，根据页面引导，依次填写"被委托人""工商联络员""企业信息""经营范围""党建信息""股东出资信息""高管信息""税务财务负责人信息""多证合一信息"等。

（四）提交申报信息

系统根据申请人填写的企业基本信息，在线自动生成材料，申请人"完善"及"预览"材料后，提交企业基本信息。

（五）填写公安刻章备案信息

申请人填写公安刻章备案信息时，可选择本次"是"或"否"同步办理公章刻制备案。

（1）如选择"是"，根据系统指引，依次选择"刻章单位"及相关印章信息、"印章经办人"信息，点击"下一步"提交公安备案信息，并上传"公安图像信息"。

（2）如选择"否"，则无须填写信息，点击"下一步"完成该环节操作，进入

"办理税务发票相关业务"填报页面。

（六）填写办理税务发票相关业务信息

申请人填写办理税务发票相关业务信息时，可选择本次"是"或"否"同步办理税务发票相关业务信息。

（1）如选择"是"，则填写"办税人员实名信息"，根据系统引导，点击"下一步"提交办税人员信息，并依次填写"财务会计制度备案信息""纳税人信息""发票领用人信息"等。

（2）如选择"否"，则无须填写信息，点击"下一步"完成该环节操作，进入"银行预约开户"填报页面。

（七）填写银行预约开户信息

申请人填写银行预约开户信息时，可选择本次"是"或"否"同步办理银行预约开户服务。

（1）如选择"是"，则填写"银行预约开户相关信息"。系统"默认勾选"授权银行将开户信息传给税务部门用于办理纳税人存款账户账号。填写"预约信息"后，点击"下一步"提交银行信息。

（2）如选择"否"，则无须填写信息，点击"下一步"完成该环节操作，进入"社保备案服务信息"填报页面。

（八）填写社保备案服务信息

申请人填写社保备案服务信息时，可选择本次"是"或"否"同步办理社保备案服务。

（1）如选择"是"，则填写"社保单位信息"，点击"提交签名"提交开办企业申请信息。

（2）如选择"否"，则无须填写信息，点击"提交签名"提交开办企业申请信息。

（九）填写公积金开户登记信息

申请人填写公积金开户登记信息时，可选择本次"是"或"否"同步办理单位住房公积金开户登记。

（1）如选择"是"，则填写"公积金开户登记信息"，然后点击"提交签名"提交开办企业申请信息。

（2）如选择"否"，则无须填写信息，点击"提交签名"提交开办企业申请信息。

（十）文书材料签名确认

申请人登录云南省企业开办"一窗通"网上服务平台，通过首页"我要办理——

数字签名"功能查看需要签名的申请案。签名人员点击"签名","预览"相关材料后,选择其中一个"签名银行"进行签名。开办企业相关人员须分别进行注册及实名认证。

(十一) 提交已签名资料

开办企业的股东、法定代表人、高管、委托代理人签名完毕后,由申请人进入云南省企业开办"一窗通"网上服务平台首页"进度查询"功能页面,确认相关人员签名完毕,并将开办企业申请点击"提交"至相关部门审核、备案。

(十二) 进度查询

申请人可通过云南省企业开办"一窗通"网上服务平台首页中的"进度查询"查看申报详情及各部门办理进度情况。

例如,企业登记机关 (市场监督管理局) 对开办申请审核为"退回修改",申请人通过"进度查询",可进行查看"办理进度"及"审核意见",根据退回修改意见,完善申请信息后,重新提交开办企业申请。

完整申请提交成功并核准通过后,申请人应到窗口领取营业执照,到公安刻章单位办理刻章,到税务局领取发票,到银行办理开户,到社保局办理社保备案。

开办企业申请过程中,系统会根据部门审核、备案结果在企业登记机关审核完毕、退回修改及开办企业各部门全部办理完结后向申请人发送提示短信。

课堂小结

公司进行注册时,对公司创办人、注册资本、注册地址、公司成员、财务等方面有具体要求。在满足要求的前提下,公司的注册流程包括名称核准、租房、编写公司章程、提交材料、领取证照、刻章备案、银行开户、税务报到几个环节。

知识拓展

扶持高校毕业生创业就业普惠政策清单

1. 鼓励高校毕业生自主创业

(1) 政府投资开发的孵化器等创业载体应安排 30% 左右的场地,免费提供给高校毕业生。有条件的地方可对高校毕业生到孵化器创业给予租金补贴。

(2) 高校毕业生从事个体经营的,自办理个体工商户登记当月起,在 3 年 (36 个月) 内按每户每年 12 000 元为限额依次扣减其当年实际应缴纳的增值税、城市维护建设税、教育费附加、地方教育附加和个人所得税。限额标准最高可上浮 20%,各省、自治区、直辖市人民政府可根据本地区实际情况在此幅度内确定具体限额标准。

(3) 毕业后创业的大学生可按规定缴纳"五险一金"。高校毕业生自主创业,可申请最高 20 万元创业担保贷款,对符合条件的借款人合伙创业或组织起来共同创业的，贷款额度可适当提高；对 10 万元以下贷款、获得市级以上荣誉称号以及经金融机构评估认定信用良好的大学生创业者，原则上取消反担保。对高校毕业生设立的符合条件的小微企业，最高贷款额度提高至 300 万元。

（4）实施弹性学制，放宽学生修业年限，允许调整学业进程、保留学籍休学创新创业。

（5）对小型微利企业应纳税所得额不超过 100 万元的部分，减按 12.5% 计入应纳税所得额，按 20% 的税率缴纳企业所得税；对年应纳税所得额超过 100 万元但不超过 300 万元的部分，减按 50% 计入应纳税所得额，按 20% 的税率缴纳企业所得税。个体工商户应纳税所得不超过 100 万元部分个人所得税减半征收。

（6）对月销售额 15 万元以下的小规模纳税人免征增值税。按月纳税的月销售额不超过 10 万元，以及按季纳税的季度销售额不超过 30 万元的缴纳义务人免征教育费附加、地方教育附加、水利建设基金。增值税小规模纳税人可以在 50% 的税额幅度内减征地方"六税两费"［资源税、城市维护建设税、房产税、城镇土地使用税、印花税（不含证券交易印花税）、耕地占用税和教育费附加、地方教育附加］。

（7）对首次创办小微企业或从事个体经营满 1 年以上的离校 2 年内高校毕业生，给予一次性创业补贴，具体办法由省级财政、人社部门制定。

2. 鼓励企业吸纳高校毕业生

（1）小微企业当年新招用高校毕业生等符合条件人员人数达到一定比例的，可申请最高不超过 300 万元的创业担保贷款，由财政给予贴息。对小微企业吸纳离校 2 年内未就业高校毕业生就业的，按规定给予社会保险补贴。对离校 2 年内未就业的高校毕业生灵活就业后缴纳的社会保险费，给予一定数额的社会保险补贴，补贴标准原则上不超过其实际缴费的 2/3，补贴期限最长不超过 2 年。

（2）对吸纳离校 2 年内未就业高校毕业生、16～24 岁失业青年参加就业见习的单位，给予一定标准的就业见习补贴，用于见习单位支付见习人员见习期间基本生活费、为见习人员办理人身意外伤害保险，以及对见习人员的指导管理费用。对见习人员见习期满留用率达到 50% 以上的单位，可适当提高见习补贴标准。对见习期未满与高校毕业生签订劳动合同的，给予见习单位剩余期限见习补贴。

（3）对招用毕业年度高校毕业生，与之签订 1 年以上劳动合同并为其缴纳社会保险费的小微企业，给予最长不超过 1 年的社会保险补贴，不包括高校毕业生个人应缴纳部分。

（4）对企业新录用的毕业年度高校毕业生，与企业签订 1 年以上期限劳动合同并于签订劳动合同之日起 1 年内参加由企业依托所属培训机构或政府认定的培训机构开展岗位技能培训的，取得职业资格证书后给予职工个人或企业一定标准的职业培训补贴。

3. 鼓励社会支持高校毕业生创新创业

（1）各地区、各高校和科研院所的实验室以及科研仪器、设施等科技创新资源可以面向大学生开放共享，提供低价、优质的专业服务。纳税人提供技术转让、技术开发和与之相关的技术咨询、技术服务免征增值税。

（2）对国家级或省级科技企业孵化器、大学科技园和国家备案众创空间向在孵对象提供孵化服务取得的收入，免征增值税；其自用及提供给在孵对象使用的房产、土地免征房产税和城镇土地使用税。

（3）符合条件的（投资2年以上）创业投资企业、有限合伙制创业投资企业和天使投资个人，采取股权投资方式直接投资于未上市的中小高新技术企业、初创科技型企业的，可按投资额的70%抵扣应纳税所得额；当年不足抵扣的，可以在以后纳税年度结转抵扣。

（4）金融机构向小型企业、微型企业及个体工商户发放小额贷款取得的利息收入，免征增值税。

资料来源：国家八部委联合发文《国家发展改革委等部门关于深入实施创业带动就业示范行动　力促高校毕业生创业就业的通知》（发改高技〔2022〕187号）附件：《扶持高校毕业生创业就业普惠政策清单》.

企业案例

字节跳动的崛起

一、创业之路

字节跳动成立于2012年，创始人张一鸣凭借在酷讯、微软等科技公司的丰富经验，以及对房产搜索市场的初步探索，开启了他的创业之旅。

1. 创业地址

成立公司第一件事就是租办公室，字节跳动的梦想开始于知春路的锦秋家园。在这个小公寓里，研发、财务、设计分别在不同的房间办公，会议室只有5平方米。创业初期条件一般，但大家从没有觉得办公环境是个问题，每天都赶着知春路最后一班地铁回家，干劲十足。

2. 名字来源

创始团队选择了一个非常有特色的、国际化的品牌名字：字节跳动。Byte（计算机存储单位）代表技术，Dance（舞蹈）代表艺术，于是有了英文ByteDance，翻译成中文，是字节跳舞、字节舞蹈、字节舞动等，为了避免让大家误以为是一家舞蹈培训机构，于是取名"字节跳动"。

3. 初创产品

字节跳动的创立初衷是做最好的综合信息平台，让信息创造价值。这个初心源于张一鸣发现的痛点。逛网站就像逛超市，网上信息像商品一样琳琅满目，每个人如何快速获取有价值的信息呢？由此张一鸣提出了一个开拓性的思路——"推荐引擎"。

基于这个思路，字节跳动的主力产品——一个基于大数据和人工智能的个性化信息推荐平台"今日头条"于公司成立当年8月上线。今日头条通过算法为用户推荐新闻资讯，迅速赢得了市场的青睐，并以高效的信息获取方式，颠覆了传统新闻媒体的地位。这一创举不仅为创始团队取得了初创企业的成功，更为后续的创新之路奠定了坚实的基础。

二、蜕变之路

字节跳动是一家以信息分发为核心业务的科技公司，在全球范围内取得了令人瞩目的成绩。字节跳动的发展，一个重要的因素就是资本的支持。根据公开资料，字节跳动经历了多次融资，每一次都是一个质的飞跃，让公司的估值和实力都有了显著的提升。

除了资本的支持，字节跳动还有许多其他的优势，如"三级火箭"模式、智能推荐算法。这一模式让字节跳动能够在信息分发领域占据绝对的优势，为用户提供个性化的内容服务。字节跳动不断创新，推出了抖音、西瓜视频、悟空问答等多款受欢迎的应用，覆盖了新闻、视频、社交、问答等多个领域。

字节跳动还积极拓展海外市场，旗下的 TikTok、Helo、Vigo Video 等应用在全球多个国家和地区获得了广泛的用户和影响力。截至 2022 年底，字节跳动的产品和服务已覆盖全球 150 多个国家和地区、75 个语种，月活跃用户超过 25 亿。

现如今，字节跳动已经是名副其实的互联网巨头。它的产品线横跨新闻、短视频、社交媒体、电商等多个领域。公司的收益和盈利能力也达到了令人瞩目的水平，2023 年的营收和利润均大幅领先于行业内其他竞争对手。公司不仅在中国市场占据主导地位，在全球范围内也具有不可小觑的影响力。在 5G、人工智能、云计算等前沿技术领域，字节跳动都展现出了强大的研发实力和创新能力。此外，公司在广告、电商、游戏、教育等多个商业领域都有着广阔的盈利前景。

📖 学思之窗

"十四五"时期我国所有制结构的变化趋势

改革开放 40 多年的实践表明，毫不动摇巩固和发展公有制经济，毫不动摇鼓励、支持和引导非公有制经济发展，坚持和完善"公有制为主体，多种所有制经济共同发展"的社会主义基本经济制度，是中国创造经济增长奇迹的一条重要经验。"十四五"时期，我国经济进入高质量发展阶段，我国所有制结构变化应该与我国经济进入高质量发展阶段相适应，因此，"十四五"时期需要回答如何深化国有经济战略性调整、如何创造国有经济与非国有经济公平竞争环境以实现共同发展、高质量发展阶段完善所有制政策等重大问题。

坚持和完善公有制为主体、多种所有制经济共同发展的基本经济制度，从具体实现形式看，既有公有制经济和非公有制经济各自独立发展、体现为宏观层面混合所有制经济的形式，也有国有资本和非国有资本交叉持股、相互融合以股份制企业为载体的微观层面混合所有制经济的形式。这意味着在社会主义基本经济制度下，宏观层面所有制结构就是混合所有制下各种所有制比例关系，微观层面所有制结构则表现为混合所有制企业的股权比例关系。"十四五"时期混合所有的所有制结构将呈现出宏观和微观不同的变化趋势，这种趋势可以概括为"宏观层面混合所有制结构基本稳定、微观层面混合所有制结构快速融合"。

资料来源：中国社会科学院经济研究所课题组. "十四五"时期我国所有制结构的变化趋势及优化政策研究［J］. 经济学动态，2020（3）.

同步测试

一、判断题

1. 企业是一个营利性经济组织。（　　　）

2. 21世纪对企业的新定义：企业是一个有边界的组织。（　　　）

3. 在现代企业制度体系中，现代企业分配制度是根本前提，既是企业组织形成、存在和发展的起点，也是现代企业制度体系中其他方面制度的基本支撑。（　　　）

4. 汽车制造企业和石油化工企业等通常被划归劳动密集型企业。（　　　）

5. 无限责任公司的全体股东对公司债务负连带责任。（　　　）

二、单选题

1. 纺织、服装企业被称为（　　　）。

A. 劳动密集型企业　　　　　　　　B. 技术密集型企业

C. 资金密集型企业　　　　　　　　D. 知识密集型企业

2.（　　　）是最古老、最基本的企业组织形式之一。它是由个人拥有和控制，个人承担经营风险并享有全部经营收益。这种企业不具有法人资格，为自然人企业。

A. 合伙企业　　　　　　　　　　　B. 独资企业

C. 公司制企业　　　　　　　　　　D. 股份合作制企业

3. 现代企业法人制度，又称现代企业（　　　），核心是理顺和完善企业的产权关系。

A. 账务制度　　　　　　　　　　　B. 人事制度

C. 产权制度　　　　　　　　　　　D. 分配制度

4. 年满（　　　）周岁、有身份证明、具备完全民事行为能力者才可注册公司。

A. 16　　　　　B. 18　　　　　C. 20　　　　　D. 22

5. 有限责任公司股东以其（　　　）为限，对公司承担责任。公司以其全部资产对公司的债务承担责任。

A. 认缴的出资额　　　　　　　　　B. 全部资产

C. 部分资产　　　　　　　　　　　D. 固定资产

6. （　　）是指由一定人数以上的有限责任股东组成，全部资本分为等额股份的公司。

A. 无限责任公司　　　　　　　　　B. 有限责任公司

C. 股份有限公司　　　　　　　　　D. 个人独资公司

三、多选题

1. 现代企业的三个显著的特征包括（　　）。

A. 所有者与经营者分离　　　　　　B. 拥有现代技术

C. 拥有现代化管理方式　　　　　　D. 拥有足够的资金

E. 拥有独立的人事权

2. 现代企业制度是适应社会化大生产和市场经济要求的（　　）的企业制度。

A. 产权清晰　　　　　　　　　　　B. 权责明确

C. 政企分开　　　　　　　　　　　D. 管理科学

E. 制度健全

3. 现代企业制度的特征之一是出资者按投入企业的资本额享有（　　）几项主要权利。

A. 选择管理者　　　　　　　　　　B. 公司决策权

C. 资产受益　　　　　　　　　　　D. 重大决策

E. 招聘员工

4. 公司是适应市场经济社会化大生产的需要而形成的一种企业组织形式，其类型包括（　　）。

A. 无限责任公司　　　　　　　　　B. 有限责任公司

C. 股份有限公司　　　　　　　　　D. 个人独资公司

E. 两合公司

四、思考题

1. 公司的基本特征有哪些？

2. 请结合"十四五"规划和 2035 年远景目标纲要谈一谈我国多种所有制企业共同发展的时代内涵。

3. 请谈一谈"十四五"时期我国所有制结构的变化趋势。

项目二　企业管理基础知识

· 任务目标 ·

知识目标

- 了解管理的基本概念、具体职能及工作内容、理论演变及发展。
- 熟悉管理的主要流程和一般过程。
- 掌握现代企业管理基本职能和现代管理的科学方法与技能。
- 掌握管理理论发展的新趋势。

技能目标

- 能够运用管理的相关理论及职能要求对具体工作进行计划、组织和分析。
- 能够在学习掌握企业再造理论的基础上对企业流程进行梳理和整合。

素养目标

- 培养自我学习探究的能力和科学的学习精神。
- 培养分析问题和解决问题的能力，学会寻找解决问题的多种途径。

内容导图

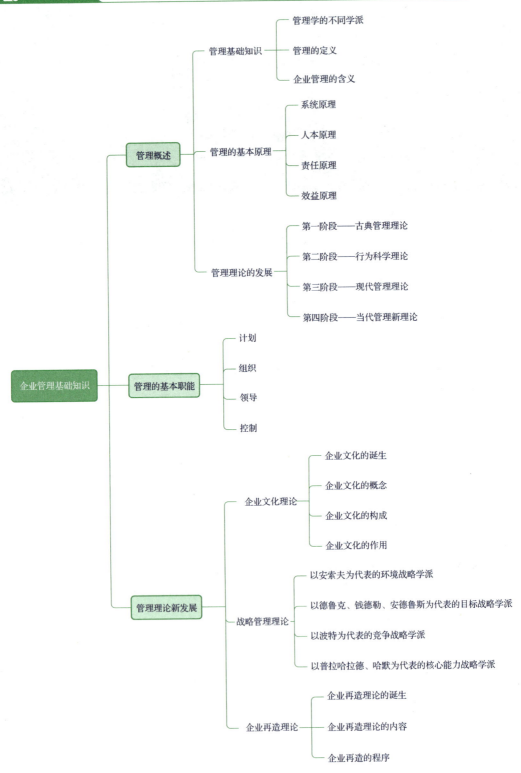

管理概述

任务描述

从历史上看，管理和人类社会几乎同时产生，但自 20 世纪 90 年代初人们才开始认识、研究管理工作，并尝试回答"什么是管理"。目前，管理存在于社会、政治、经济活动的各个领域。综合来看，管理是由一个或更多的人来协调他人的活动，以便收到个人单独活动所不能收到的效果而进行的各种活动。

知识链接

一、管理基础知识

社会各个领域和人类各种活动中都存在管理问题，人们对管理思想加以总结，从中提炼出属于管理活动的普遍原理，再对这些原理进行抽象，就形成了管理的基本理论。这些理论被人们运用到管理实践中指导管理活动，同时这些理论又被人们进一步实践验证。

（一）管理学的不同学派

管理就其本身的词义来看，是管辖、处理的意思；就其基本含义来看，是把人力和资源，通过计划、组织、控制等手段，完成一定的组织目标的过程。

在现代管理学 100 多年的发展进程中，各个学派对管理的概念有不同的解释，其中比较有代表性的有以下几种。

（1）管理是一种程序。这一说法强调通过计划、组织、指挥、协调和控制等协调活动完成既定目标。

（2）管理是决策。这一说法认为决策程序是全部的管理过程，组织是一个由决策者个人所组成的系统。

（3）管理是领导。这一说法强调管理者个人的影响力和感召力对管理工作的重要意义。

（4）管理是做人的工作。这一说法强调管理以研究人的心理、生理、社会环境影响为中心，激励员工的行为动机，调动员工的积极性。

（二）管理的含义

管理是在特定的环境下，组织对其所拥有的资源进行有效的计划、组织、领导和控制，以实现其目标的过程。这一概念包含以下三个方面的含义：

（1）管理工作的中心是管理其他人的工作。管理工作的主要目的是提高工作效率，提高资源利用率。

（2）管理工作是通过协调其他人的活动来进行的，它追求的是群体的协同效应。

（3）管理者必须同时关注工作和人员两个方面的情况。

综上，管理是营造一种激励环境，使处于其中的所有工作人员努力工作，发挥群体的协同效应，以达到企业或组织的目标的过程。管理是在一个组织中创造一种环境的技能，在这种环境中，人们既作为个体工作，又为了组织目标而相互协作。

（三）企业管理的含义

企业管理是对企业生产经营活动进行计划、组织、指挥、协调和控制等一系列活动的总称。这一概念包含以下几个方面的含义：

（1）管理是为实现企业目标服务的，是一个有意识、有目的的活动过程。企业的目标就是管理的目标，管理的目的在于实现企业的目标。

（2）管理作为一个过程，是由一系列相互关联、连续循环的活动构成的（通过职能来实现）。管理活动是通过计划、组织、领导和控制等职能来实现的。

（3）管理工作要通过综合运用企业中的各种资源来实现企业目标（管理需要资源）。对于管理者来说，生产经营资源的输入是稀缺的，他们必须关心这些资源的有效利用，使资源成本最小化。利用既定的输入获得更多的输出，或者利用较少的输入获得同样的输出，都是为了提高管理效率。

（4）管理工作是在一定的环境条件下开展的（需要一个平台）。管理者必须将所服务的组织看作一个开放的系统，它不断地与外部环境相互影响、相互作用。管理者必须正视管理环境的存在。

（5）管理工作的本质是提高企业的工作效率，主要包括组织成员的劳动效率、组织效率和员工的人力资源效率。

（6）管理是一项复杂的工作。管理的复杂性是指管理所面对的环境及影响因素很复杂。企业是一个开放的系统，它会与外部大环境发生各种联系，政治、经济、技术、社会文化等环境都会对管理活动产生影响。从企业本身来说，企业目标和管理行为要考虑企业的所有者、员工和顾客等相关者的利益。虽然各种利益相关者存在根本利益上的一致性，但也存在一定的矛盾与冲突。综合考虑这些复杂的影响因素，做出合理、有效的管理决策，是管理者面临的挑战。

（7）管理是一项科学工作。管理的科学性是指管理必须按照客观的规律，按照科学规范的要求，运用科学的方法来进行。管理理论是对大量企业管理实践的科学总结，是对管理规律的概括。管理理论是一个完整的理论体系，将其应用于管理实践可以产生巨大效果。只有认可管理的科学性，才能摒弃单凭管理者的个人经验和直觉进行管理的做法。

（8）管理是一门艺术。管理的艺术性是指在实践中创造性地运用管理理论知识的技巧，必须将管理理论与具体的实践活动相结合。任何管理理论都离不开具体的应用条件，同样的管理理论和方法在不同国家、不同企业，由不同的管理者应用，其效果大不相同，需要管理者的理性判断和经验技巧，这就体现了管理的艺术性。只有承认管理的艺术性，才能有的放矢地运用管理理论，从而发挥管理者在管理实践中的创造性。

> **课堂小练习**
>
> 谈一谈你对管理概念的理解。

二、管理的基本原理

管理包括四大基本原理，即系统原理、人本原理、责任原理、效益原理。

（一）系统原理

系统原理是管理中重要的指导思想。现代管理体系中的任何对象都是一个组织系统。管理者应进行深入、细致的系统分析、评价、设计、优化、决策和实施，进行系统化管理。系统原理运用系统论的基本思想和方法指导管理实践活动，解决和处理管理的实际问题。

1. 系统的概念和分类

（1）系统的概念。系统是由两个或两个以上相互作用、相互依赖的要素所组合而成的，具有特定功能的，并处于一定环境中的有机整体。系统是一个相对的概念，许多系统可以组成一个大系统，一个系统又可以有许多子系统。要素是系统的基本组成，它决定系统的联系、结构、功能等性质和状态，从而决定系统的本质。

（2）系统的分类。按照组成要素的自然属性分类，系统可分为自然系统和人工系统。自然系统是由自然界本来存在的物质形成的，如海洋、山脉等；人工系统是经过人类的劳动创造出来的，为达到人类各种目的而建立的，如教育、法律、卫生、金融系统等。

按照与环境的关系分类，系统可分为封闭系统和开放系统。封闭系统，又称孤立系统，是指与外界没有联系或联系较少的系统；开放系统是与环境保持密切关系的物质、能量、信息交换的系统。开放系统具有输出某种产物的功能，这种输出必须以从环境中输入为基础，经过处理之后才输出，其连同反馈的调节便构成了一个完整的开放系统。

2. 系统的主要特征

（1）整体性。系统的整体性表现为系统是由两个或两个以上相互区别的要素，按照一定的方式和目的，有秩序地排列而成的，系统的功效大于各要素的功效之和。例如，管理过程是由计划、组织、指挥、协调、控制五项职能相互联系、相互作用构成的有机体，而不是这些职能的简单叠加。

（2）相关性。系统的相关性是指系统中各要素及其组成都是相互联系、相互作用的。例如，学校作为一个系统，其教学子系统与学校的学生、财务、后勤等其他的子系统之间有着密切的关系，存在相互制约又相互依存的关系。

（3）层次性。复杂的系统是有层次的。对某一系统来说，它既是由一些子系统组合而成的，又要作为一个子系统参与更大的系统的组成。例如，教学系统可以划分为以下子系统：教师子系统，提供高质量的教学服务；支持子系统，为教学服务提供各种有效的支持；扩展子系统，通过开展科研、教学、培训等活动提升专业内涵，提高教学质量。上述各教学子系统之间是相互联系、相互制约的，而教学系统又是学校系统的一个子系统。

（4）动态平衡性。系统是不断运动、发展、变化的，并通过反馈维持动态平衡。系统管理的本质是一种动态的平衡，即在组织发展中各种关系的平衡。随着时间、空间、管理者和被管理者的不同，这种平衡也将有所不同。正是因为这种动态平衡性使管理充满着灵活性和创造性，所以，人们喜欢把管理称为一门艺术。任何系统都是在追求平衡的过程中生存并发展起来的。

管理者要明确，管理的对象、目标都是在不断地发展和变化的，管理是一个动态的过程，是管理者与被管理者共同达成既定目标的活动过程。管理的动态性体现在管理的主体、管理的对象、管理手段和方法的动态变化上，管理者不能一成不变地看待它们。同时组织目标、管理目标也是在动态变化之中，管理者要根据内部和外部的变化及时调节，保持充分的弹性，有效地实现动态管理。因此，有效的管理应是一种随机应变、因实际情况而及时调整的管理，管理者应不断更新观念，避免僵化的、一成不变的思想和方法。

（5）目的性。系统活动最终趋向于有序和稳定，这是因为有序正是系统的目标。任何一个系统都有明确的总体目标，子系统为完成大系统的总体目标而协调工作。系统还有自己的分项目标。

（6）环境适应性。所有的开放系统总是在一定的环境中存在和发展。系统及其子系统与环境之间不断地进行物质、能量、信息的沟通。当环境发生变化时，系统、子系统的结构和功能也会随之改变，以便适应环境，从而继续存在和发展。

3. 系统原理的基本原则

（1）整合原则。高效率的管理必须在整体规划下有明确分工，又在分工的基础上有效地综合。例如：销售系统是由不同层次的销售部门分工合作而形成的。销售系统的总目标和总效率是各个销售人员和单个销售部门独立活动所无法达到的。各级销售部门必须分工协作，并需要有明确的职权范围和责任制度来保证。

（2）能级原则。能级原则是指组织内的职权和责任应按照明确而连续不断的系统，从最高管理层一直贯穿到组织最底层，做到权责分明、分级管理。例如，销售系统中从上至下有销售总经理、销售副总经理、销售主管以及销售专员，不同的职位具有不同的职责、权限、利益。

（3）反馈原则。任何特定组织都是一个闭环系统。管理方式和管理手段构成一个连续闭合的回路，在这个闭环系统中，反馈起着关键的作用。通过反馈，经过处理后输出的信息又返回输入端，以影响系统性能，控制整个系统。只有从管理机制上保证信息反馈的有效运转，才能使管理工作充满活力。例如，销售部下达任务后，同时要制定反馈方案并进行定期的检查，以验证效果、发现问题、及时纠正和改进，只有这样才能保证任务的保质保量完成。

（二）人本原理

人是管理系统的核心，管理活动应在对人的思想、感情和需要进行全面考虑的基础上，充分发挥人的主动性、创造性和积极性。管理的人本原理是指组织的各项管理活动都应以调动和激发人的积极性、主动性和创造性为根本，追求人的全面发展。

1. 内涵及理解

人本原理特别强调人在管理中的主体地位。它不是把人看成脱离其他管理对象的要素而孤立存在的人，而是强调在作为管理对象的整体系统中，人是其他构成要素的主宰，财、物、时间、信息等只有在为人所掌握、为人所利用时，才能体现管理的价值，管理的核心和动力都来自人的作用。

在管理思想发展的每一个阶段，其焦点之一就是对人的看法。泰勒的科学管理理论把人当成"经济人"，认为人的一切行为都是为最大限度地满足自己的利益，工作动机是为了获得经济报酬。梅奥、马斯洛等提出的早期行为科学管理理论则把人当成"社会人"，认为人的社会性需求的满足往往比经济报酬更能激励人。人们不仅有经济需要，更重要的是有人际关系、社会交往等方面的需要。现代管理理论则把人当成"复杂人"，认为人是复杂的，所以人因年龄、地点、时间不同而不同。随着环境的变化，人与人的关系也会改变。现代管理思想高度重视人在管理工作中的重要作用。

管理活动的目标、组织任务的制定和完成主要取决于人的作用，即人的积极性、主动性和创造性的调动和发挥。没有人在组织中发挥作用，组织将不成为组织，各种资源也会因没有人进行组织和使用而成为一堆无用之物。因此，管理主要是人的管理和对人的管理。管理活动必须以人的积极性、主动性和创造性为核心来展开，管理工作的中心任务就在于调动人的积极性，发挥人的主动性，激发人的创造性。因此，人本原理讲求和解决的核心问题是积极性问题。

2. 人本原理的基本原则

（1）激励原则。满足人类各种需求产生的效果通常是不一样的。物质需求的满足是必要的，没有它会导致不满，但是仅仅满足物质需求的作用是很有限的，效果并不会持久。要调动员工的积极性，管理者不仅要注意物质利益和工作条件等外部因素，更重要的是要从精神上给予员工鼓励，使员工从内心情感上真正得到满足。

（2）行为原则。现代管理心理学强调，需要与动机是决定人的行为的基础。人类的行为规律是需要决定动机，动机产生行为，行为指向目标，目标完成后需要得到满足，于是又产生新的需要、动机、行为，以实现新的目标。掌握了这一规律，管理者就可以对员工进行行之有效的科学管理，最大限度地发掘员工的潜能。

（3）能级原则。能级原则，即根据人的能力大小，赋予相应的权力和责任，使组织的每一个人都各司其职，以此来保持和发挥组织的整体效用。一个组织应该有不同层次的能级，只有这样才能构成一个相互配合、有效的系统整体。能级原则也是实现资源优化配置的重要原则。

（4）动力原则。没有动力，员工就会懈怠，组织就不会持续发展。在组织中只有强大的动力，才能使管理系统得以持续、有效地运行。现代管理学理论总结了三个方面的动力来源：物质动力、精神动力、信息动力。物质动力是指管理系统中员工获得的经济利益以及组织内部的分配机制和激励机制；精神动力包括事业的追求、高尚的情操、目标成果的实现等，特别是人生观、道德观的动力作用将影响人的终身；为员工提供大量的信息，通过信息资料的收集、分析与整理，得出科学成果，创造社会效益，使人产生成就感，这就是信息动力的体现。

（5）纪律原则。作为现代社会的组织，没有纪律是不可能长期生存下去的。因此，组织内部从上到下都应该制定员工共同认可的行为规范。员工若违反了纪律，就应该得到相应的惩罚。

3. 运用人本原理需要考虑的因素

管理者运用人本原理，就会在组织中形成人本管理模式，管理者需要考虑以下因素：

（1）组织的业务性质与特点。不同行业、不同组织有自身不同的性质和特点，对人员也有不同的要求。例如，IT 行业竞争激烈、知识更新速度快，促使各 IT 公司必须永远保持应变能力。

（2）组织的主要矛盾。人本管理模式往往是组织在解决发展过程中遇到的主要矛盾与主要问题时逐步形成的。

（3）组织传统及人员情况。人本管理模式与组织创建时形成的传统及人员结构存在内在联系。

（4）组织环境。组织环境对人的心理、情绪及工作都有直接的影响，也是影响人本管理模式形成的主要因素。

（5）管理者的风格与创新精神。组织文化必然打上组织管理者的个人烙印，组织文化实际上是创始团队理念的组织化。

（三）责任原理

管理是追求效率和效益的过程。管理者要充分挖掘人的潜力，就必须规定部门和个人必须完成的工作任务和必须承担的相应责任。责任原理是指组织需要在合理分工的基础上，明确部门与个人必须完成的工作任务和必须承担的责任，从而明确组织期望、奖惩机制，在组织向心力的作用下获得更高的效率。责任原理的本质是保证及提高组织的效益和效率。

1. 明确每个人的职责

挖掘人的潜能的最好办法就是明确每个人的职责。职责是指在合理分工的基础上确定每个人的职位，明确规定各职位应担负的责任。职责是整体赋予个体的责任，也是维护整体正常秩序的一种约束力。

（1）职责界限要清楚。在实际工作中，工作职位离实体成果越近，职责越容易明确；工作职位离实体成果越远，职责越容易模糊。

（2）职责要包括横向联系的内容。管理者在规定某个岗位工作职责的同时，必须规定某职位员工与其他单位、个人协同配合的要求，只有这样才能提高组织的整体效率。

（3）职责一定要落实到每个人。只有落实到个人，才能做到事事有人负责，共同负责实际上是职责不清、无人负责，结果必然导致管理混乱和效率低下。

2. 职位设计和权限委授要合理

（1）权限。明确了职责，就要授予相应的权力。任何管理的实施，都要借助于一定的权力。如果没有一定的人权、物权、财权，任何人都不可能对工作实行真正的管理。

（2）利益。完全负责就意味着责任者要承担全部风险。任何管理者在承担风险时，都应对风险和利益进行权衡，然后决定是否值得承担风险。这种利益不仅包括物质利益，也包括精神上的满足感。

（3）能力。这是完全负责的关键因素。管理者既要有生产、技术、经济、社会、管理、心理等各方面的知识，又应具有人际关系处理技能、一定的实践经验。

（4）能力和职责、权限、利益之间的关系应遵守等边三角形定理（见图2-1）。

3. 奖惩要分明、公正、及时

（1）奖惩要以准确的考核为前提。若考核不细致或不准确，奖惩就难以做到公正、客观。因此，首先要明确工作绩效的考核标准。

（2）及时、公正的惩罚。惩罚与奖励相对，是某种行为发生后为减弱或消除该行为所给予的刺激，可以通过施加厌恶性刺激或取消行为之后的正强化的形式来进行。

（3）建立健全组织和奖惩制度。管理者应使奖惩工作尽可能规范化、制度化，这是实现奖惩公正、及时的可靠保证。

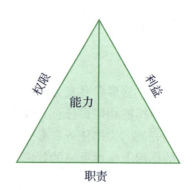

图 2-1　能力和职责、权限、利益等边三角形定理

（四）效益原理

效益原理是指组织的各项管理活动都要以实现有效性、追求高效益作为目标，以较少的投入获得较大的有效产出。对效益的追求是管理活动永恒的主题。有效地发挥管理功能，能够使组织的资源得到充分的利用，为组织带来高效益；反之，落后的管理就会造成资源的损失和浪费，降低组织活动的效率，影响组织的效益。企业应通过加强管理，以较少的劳动力消耗和资本占用，生产尽可能多地满足社会需求的产品，从而不断提高企业的经济效益和社会效益。如今，向管理要效益、管理出效益，已成为人们的共识。

1. 效果、效率、效益的关系

在详细了解效益原理之前，我们首先要理解清楚三个既相互联系又有一定区别的概念：效果、效率和效益。

（1）效果是指人们或组织通过某种行为、力量、手段、方式而产生的结果。结果可能是有效益的，也可能是无效益的。例如，有的企业生产的产品虽然质量合格，但产销不对路，在市场上卖不出去，积压在仓库里，最后产品甚至会变成废弃物。所以，只有那些为社会所接受的效果才是有效益的。

（2）效率是指特定的系统在单位时间内的投入与所取得的效果之间的比率。效率通常被用来衡量管理水平。例如，要衡量某家企业的管理水平，就必须考察企业投入的资金、技术、人力、物力等因素与所获得的利润之间的比率。在一定的时间内，如果消耗的物资、能量等因素越少，产生的效果越大，就意味着效率越高；反之，如果消耗的物资、能量等因素越多，产生的效果越小，就意味着效率越低。

（3）效益是某种活动所产生的有益效果及其达到的程度，是效果和利益的总称。它可分为经济效益和社会效益两类，其中经济效益是人们在社会经济活动中所取得的收益性成果；社会效益则是在经济效益之外的对社会生活有益的效果。

经济效益和社会效益两者既有联系又有区别。经济效益是讲求社会效益的基础，而追求社会效益又是促进经济效益提高的重要条件。两者的区别主要在于经济效益比社会效益更加直接，可以运用若干经济指标来计算，而社会效益相对难以衡量，必须借助于其他形式来间接考核。

2. 效益原理的基本原则

（1）价值原则。效益的核心是价值。管理者必须通过科学、有效的管理，实现经济效益和社会效益的最大化。

（2）投入产出原则。投入产出原则强调以尽可能小的投入来取得尽可能大的产出，从而实现效益的最大化。

（3）边际分析原则。在许多情况下，管理者可通过对投入产出增量的比较分析来考察实际效益的大小，以做出科学决策。

3. 效益原理的基本要求

（1）树立可持续发展的效益观。通过树立可持续发展的效益观，组织可以有效减少环境污染和资源浪费，提高资源利用率，从而降低组织的生产成本。

（2）提高管理工作的有效性。管理工作的有效性应是管理的效率、效果和效益的统一。

（3）追求组织长期、稳定的高效益。管理者要追求组织长期、稳定的高效益，不仅要"正确地做事"，更为重要的是要"做正确的事"。这是因为效益与组织的目标方向密切相关。如果目标方向正确，工作效率越高，获得的效益越大；如果目标方向错误，工作效益越高，反而效益会出现负值。

（4）处理好局部效益和全局效益的关系。如果全局效益很差，局部效益提高就难以持久。局部效益是全局效益的基础，没有局部效益的提高，全局效益的提高也是难以实现的。

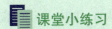 课堂小练习

管理的四大基本原理的核心内容分别是什么？

三、管理理论的发展

人类自进行合作劳动，就有了配合与协作的要求。由于人们在行动的目的、主客观条件、思维差异以及矛盾的普遍存在，共同劳动中的配合与协调很难自发地达到理想状态，因此，为了提高共同劳动的效率与效果，人们在实践中学会了指挥他人和控制劳动过程——管理活动，并逐渐形成了不同类型的管理理论。

（一）第一阶段——古典管理理论

从 19 世纪末期到 20 世纪 20 年代，经过产业革命后，资本主义国家的生产力发展到一定的高度，科学技术有了较大的发展。为了适应生产力的发展要求，当时在美国、法国、德国等国家产生了各有特色的古典管理理论。美国古典管理学家弗雷德里

克·泰勒创建了科学管理理论，法国管理学家亨利·法约尔创建了一般管理理论，德国政治经济学家马克斯·韦伯创建了行政组织理论。美国管理学家卢瑟·古利克和英国管理学家林德尔·厄威克在系统整理泰勒、法约尔、韦伯等人的管理理论的基础上，还提出了适用于一切组织的七种管理职能和八项管理组织原则。古典管理理论的代表人物及其主要思想如图2-2所示。

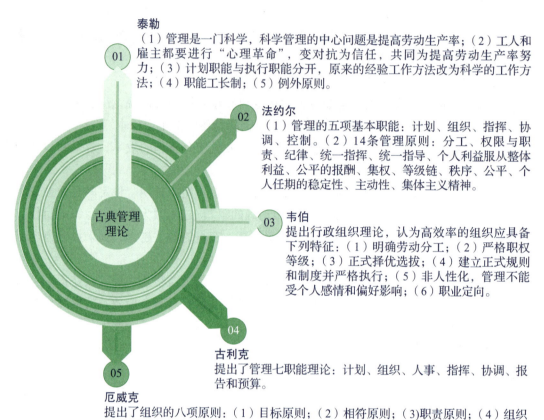

泰勒
（1）管理是一门科学，科学管理的中心问题是提高劳动生产率；（2）工人和雇主都要进行"心理革命"，变对抗为信任，共同为提高劳动生产率努力；（3）计划职能与执行职能分开，原来的经验工作方法改为科学的工作方法；（4）职能工长制；（5）例外原则。

法约尔
（1）管理的五项基本职能：计划、组织、指挥、协调、控制。（2）14条管理原则：分工、权限与职责、纪律、统一指挥、统一指导、个人利益服从整体利益、公平的报酬、集权、等级链、秩序、公平、个人任期的稳定性、主动性、集体主义精神。

韦伯
提出行政组织理论，认为高效率的组织应具备下列特征：（1）明确劳动分工；（2）严格职权等级；（3）正式择优选拔；（4）建立正式规则和制度并严格执行；（5）非人性化，管理不能受个人感情和偏好影响；（6）职业定向。

古利克
提出了管理七职能理论：计划、组织、人事、指挥、协调、报告和预算。

厄威克
提出了组织的八项原则：（1）目标原则；（2）相符原则；（3）职责原则；（4）组织阶层原则；（5）控制广度原则；（6）专业化原则；（7）协调原则；（8）明确性原则。

图2-2 古典管理理论的代表人物及其主要思想

在这一时期，管理的重要性首次被提升到应有的地位，管理被看作任何有组织的社会必不可少的因素，是协调集体、努力达到目标、取得最大成效的过程，管理的科学性、精密性和严格性得到强调。在这一时期，管理学者关注的重点是物而不是人，属于物本管理的理念。首先，在对人的看法上，管理学者只看到经济刺激的作用，忽略了人的社会需要；只看到管理方法的改进对提高工作效率的作用，忽视了人的行为对组织绩效的影响。其次，在对组织的看法上，管理学者大多将组织视为一个封闭的系统，与外部的社会文化环境很少发生关系，因此，组织通常是稳定和可预测的，组织内部的关系是明确的，人在组织中处于被动、从属的地位，只是工具的延伸，而组织本身也仅仅是实现利润目标的工具。

（二）第二阶段——行为科学理论

在古典管理理论时期，从美国推行科学管理的实践来看，一方面，科学管理方法在使生产效率大幅提高的同时，也使工人的劳动变得异常紧张、单调和劳累，因而引起了工人的强烈不满，并导致工人的怠工、罢工，以及劳资关系日益紧张等事件的出现；另一方面，随着经济的发展和科学技术的进步，具有较高文化水平和技术水平的工人逐渐占据了主导地位，体力劳动也逐渐让位于脑力劳动，这使得西方的资产阶级感到单纯用古典管理理论和方法已不能有效控制工人以达到提高生产率和增加利润的目的。对于新的管理思想、管理理论和管理方法的寻求和探索成为必要，管理学者开始注重在微观层面上研究除硬件外造成企业效率下降的影响因素，行为科学学派因此出现。

20 世纪 30 年代初到 50 年代通常被认定为行为科学理论时期。在这一时期，管理学者将研究重点转向对人的研究，他们开始注意运用心理学、社会学、文化人类学等理论方法，研究人的动机、行为、需求、激励、群体交往、沟通及非正式群体等问题。行为科学学派是在梅奥开创的人际关系学说的基础上发展起来的、以人的行为及其产生的原因作为研究对象的学派。行为科学学派的主要代表人物及理论有马斯洛的需求层次理论、赫茨伯格的双因素理论、麦格雷戈的 X-Y 理论。

行为科学学派从心理学、社会学角度侧重研究个体需求及行为、组织行为、激励、领导方式，认为人不仅仅是"经济人"，同时还是"社会人"，将人的管理提升到所有管理对象中最重要的地位，开创了管理理论中的人本主义潮流，引发了许多全新的管理观念和方法，进而形成了现代管理理论的各种人本主义学派。行为科学学派的主要研究方向如图 2 - 3 所示。

需求层次
理论介绍

X-Y 理论
介绍

行为科学学派对管理学的贡献体现在两个方面：

（1）行为科学学派引起了管理对象重心的转变。与传统的古典管理理论将重点放在对事和物的管理上不同，行为科学学派强调要重视人这一因素的作用，将管理的重点放在人及其行为的管理上。这样，管理者就可以通过对人的行为的预测、激励和引导来实现对人的有效控制，并通过对人的行为的有效控制达到对工作的有效控制，从而实现管理的预期目标。

（2）行为科学学派引起了管理方法的转变。随着对人性认识的加深和管理对象重点的变化，管理方法由原来的监督管理转变为人性化管理。行为科学学派强调人的欲望、感情、动机的作用，因而在管理方法上强调满足人的需求和尊重人的个性，以及采用激励和诱导的方式来调动人的主动性和创造性，借以把人的潜力充分发挥出来。从这个意义上看，行为科学理论有利于缓和现代市场经济的内部矛盾和冲突、维持生产力发展。

01 对人的需要、动机和激励的研究
包括"需求层次理论""双因素理论""成就激励理论""期望理论""公平理论"
"归因理论"等。

02 与管理方式有关的"人性"问题的研究
包括"X-Y理论""不成熟-成熟理论"等。

03 有效的领导方式问题的研究
主要包括三大类，即领导性格理论、领导行为
理论和领导权变理论。

04 有关组织团体行为的研究
团体可分为正式团体和非正式团体。团体行为理论主
要研究团体发展动向的各种因素以及这些因素的相互
作用和相互依赖关系。

行为科学
学派

图 2－3　行为科学学派的主要研究方向

　　行为科学研究的对象是人，它告诉了我们对人实施管理时应采取什么行动。但在管理实践中被管理的对象不仅是人，只对人进行研究的管理是不完善的。除了人的行为外，还应有某些技术方面的知识。如果没有这些因素，管理者即使有了行为知识，也将无法应用，这正是行为科学学派的缺陷。例如，管理者往往要从整体、系统的角度研究管理，要考虑建立管理制度，并对组织整体战略进行决策，这些是行为科学学派并未涉及的。

（三）第三阶段——现代管理理论

　　20世纪60年代到70年代末，现代科学技术日新月异的发展、生产社会化程度的日益提高，引起了人们对管理理论的普遍重视。管理理论得到了丰富和发展，出现了许多新的管理理论和管理学说，并形成众多的学派。这些理论和学派在历史渊源和内容上相互影响和联系，形成了百花齐放的局面，哈罗德·孔茨将其称为"现代管理理论丛林"。现代管理理论的代表学派如图2－4所示。

1. 基于管理过程的管理学派

　　基于管理过程的管理学派（以下简称管理过程学派），又称经营管理学派或管理职能学派，其理论渊源是法约尔的一般管理理论，是继传统科学管理理论和行为科学理论之后影响最大、历史最久的一种理论，成为现代管理理论的一个主流学派。该学派把管理看成一个过程，其对象是管理的过程和职能。

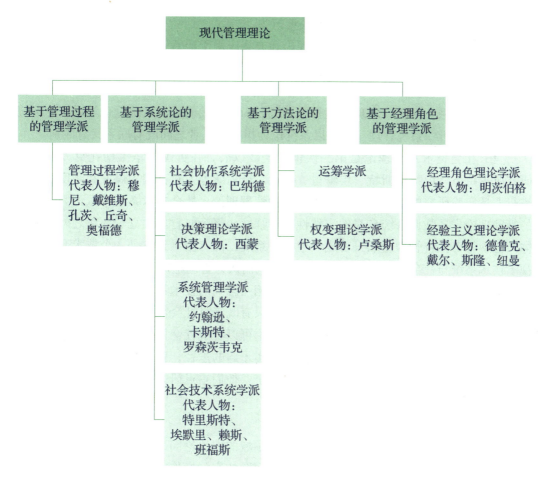

图 2-4 现代管理理论的代表学派

2.基于系统论的管理学派

基于系统论的管理学派可分为社会协作系统学派、决策理论学派、系统管理学派、社会技术系统学派等。

（1）社会协作系统学派从社会学和系统论的观点出发研究管理对象，将组织看成与环境密切联系的开放系统，将组织中的人际关系看成一种社会协作关系，因而取名为社会协作系统学派。这一学派重点研究正式组织内部要素的协调关系，并不注意组织与外部环境的关系。

（2）决策理论学派是以社会协作系统理论为基础，并吸收了行为科学、系统科学、运筹学和计算机科学等学科内容而发展起来的一个学派。其主要代表人物是西蒙，其发展了巴纳德的理论，将决策提高到管理的核心地位。决策理论学者重视人际关系学说，并试图将其与管理组织系统结合起来，将组织看成由决策者个人构成的系统。他们研究了生产者的行为，尤其是决策的组织基础和心理依据。他们认为组织的全部活动和全部过程就是决策。他们虽然将企业组织看成与外界环境相互影响的有机动态系统，但重点是研究组织内部的决策行为。

（3）系统管理学派将系统科学的理论和方法应用于经营管理领域，从社会系统论出发，重点研究企业系统与外界环境的关系。系统管理学派以系统理论为指导，分析管理系统的内在机制，寻求最优方案。系统管理学派是在系统科学理论发展的基础上形成的一种流派。系统管理理论盛行于20世纪60年代前后，系统管理学派认为系统观点、系统分析、系统管理三者都以系统论为指导，三者之间既有联系又有区别。

（4）社会技术系统理论是第二次世界大战以后，在英国的塔维斯托克人际关系研究所主持下，由特里斯特、埃默里、赖斯、班福斯等人对英国采煤业和印度纺织业进行大量实验研究的基础上概括形成的一种管理理论。社会技术系统学派认为，传统的管理理论主要强调系统自身的完整性和持续性，将企业看成独立于环境之外的孤立体。巴纳德等人将管理组织只看成一个社会系统，没有注意到它是一个技术系统，忽视了技术系统与社会系统的相互影响关系。他们认为管理组织（如企业、工厂、矿井）既是一个社会系统，又是一个既密切联系且相互影响的技术系统，是一个随环境变化而变化的动态的、开放的社会-技术系统。只有既满足社会需要又满足技术要求的组织才是最好的组织。所以，社会技术系统理论可以看成社会协作系统理论、系统管理理论的进一步发展。该学派学者认为解决现实矛盾的途径，就是将管理组织的社会系统与技术系统结合起来并建立社会-技术系统。他们重点研究管理组织与环境相互作用的技术系统。

3. 基于方法论的管理学派

基于方法论的管理学派重点探讨了管理领域的方法论问题，如运筹学派、权变理论学派等。如果我们把运筹学看成解决管理问题的实际操作方法，那么，权变理论就是为管理活动处理问题提供的思维方法。

运筹学（或作业研究）理论，又称管理数量理论。管理科学理论有广义和狭义之分。广义的管理科学可理解为一切有关管理的科学理论，如古典管理理论、行为科学理论和现代管理理论等；狭义的管理科学理论则作为运筹学（或作业研究）的同义词。

权变理论即权宜应变理论，是20世纪70年代随行为科学发展而形成的一种理论。它的理论基础是"超Y理论"。权变理论曾受到西方一些管理学者的高度评价，被认为是解决动荡环境情况下管理问题的一种方法。实际上，权变理论提供的是一种应对复杂多变环境的管理理念和思维方法。权变理论的主要代表人物是卢桑斯。

4. 基于经理角色的管理学派

基于经理角色的管理学派以经理所担任的角色为主要研究对象，以经理的职务活动为内容，研究管理的规律，如经理角色理论学派和经验主义学派。经理角色理论由加拿大管理学家明茨伯格等人在20世纪70年代创立，属于组织行为理论范围。它以经理所担任的角色为对象，以经理的职务和工作为内容，研究管理的规律并用以指导实践，提高管理效率，所以称为经理角色理论。经验主义理论，又称经理主义理论，其以大型企业的管理经验为主要研究对象，从企业的实际管理经验出发，并加以概括使其理论化，其目标是为企业经理提供管理的成功经验和科学方法。他们认为，古典管理理论和行为科学理论都不能完全适应企业管理的实际需要。管理科学应该从企业的实际情况出发，概括和总结企业的管理经验，加以理论化，然后传授给企业管理的实际工作者和研究工作者，并提出实际建议。

尽管这些学派都有其局限性，但它们都从不同的角度为管理学的繁荣与发展做出了独特的贡献，尤其是将数学、系统科学等自然科学的新成就应用于管理学，使管理学的系统性和严谨性达到了一个新的高度。

（四）第四阶段——当代管理新理论

20世纪70、80年代以来，西方管理学界出现了许多新的管理理论，代表了管理理论发展的新趋势。这些理论的发展也越来越体现了现代管理理论是近代所有管理理论的综合，是一个知识体系、一个学科群，其基本目标是在不断急剧变化的现代社会中，建立起一个充满创造活力的自适应系统。要使这一系统能够得到持续、高效率地输出，不仅要有现代化的管理思想和管理组织，而且要有现代化的管理方法和手段，它们共同构成现代管理科学。这些理论包括企业文化理论、战略管理理论、企业再造理论等，详细内容将在任务三展开。

📋 课堂小结

　　自从有了人类社会，人们的社会生活就离不开管理。经过长期的积累和总结，人们对管理实践有了初步的认识和见解，从而开始形成管理理论。管理的基本原理包括系统原理、人本原理、责任原理和效益原理，其发展经历了四个阶段，即古典管理理论、行为科学理论、现代管理理论、当代管理新理论。

📖 知识拓展

管理原理与管理原则的比较

　　原理和原则有何区别？原理和原则的含义是不同的。原理是指带有普遍意义的最基本的规律，是具有普遍意义的道理；原则是指说话或行事所依据的法则或标准，原则不是普遍存在的规律，而是在某些特定条件下处理问题的准则。如原则会受到地域和文化的影响，而原理则不会。

　　就管理学而言，现代管理的基本原则是在古典管理理论的基础上，结合管理实践，逐渐提炼、发展形成的。古典管理理论往往把原理和原则混合使用。两者的区别在于：原理是一种高度抽象的范畴，而原则对指导管理实践的作用更为具体。古典管理理论关于管理原则的论述十分丰富。法约尔提出的14条管理原则是围绕着组织结构、效率的发挥和处理人与人之间的关系三个方面展开的。法约尔并没有提出管理的基本原理，而管理学需要的是普遍适用的管理原理。决策理论学派的代表人物西蒙对专业化原则、命令统一性原则、管理幅度原则和部门化原则进行了批判性考察，并得出了否定性结论。

管理原理是在任何情况下都可以普遍运用的，而原则是运用在某些特定的环境和条件下，它是人们处理某些特定管理问题的准绳，它既有严格性又有灵活性。因此，原则是灵活的，是可以适应于一切需要的，关键在于如何使用。这是一门很难掌握的艺术，它要求智慧、经验、判断和注意尺度。

管理的基本职能

任务描述

管理的职能是管理主体对管理客体在管理过程中施加影响的具体体现，是涉及管理者职务和管理机构功能的依据。管理的二重性决定了管理具有两个基本职能，即合理组织生产力的职能和维护社会生产关系的职能。而这两个基本职能的实现，必须依赖于管理的一些具体职能。

知识链接

管理的职能就是指管理活动的职责和功能。管理职能是人们对管理及其规律的认识程度的表象，是一种管理思想、管理文化，且随着人们对不确定性的管理理论和方法的认识与研究而不断发展。考察管理职能的目的有两个：回答管理是干什么的问题；回答管理的既定目标是如何达到的问题。

关于管理的职能，学者们至今尚无完全统一的看法。最早系统地提出管理的各种具体职能的是古典管理理论的奠基人之一——法约尔，他提出"五职能论"，即"管理就是实行计划、组织、指挥、协调、控制"。之后，西方不同学派的管理学者在此基础上进行了发展和补充，先后提出了三职能说、四职能说、五职能说、六职能说乃至七职能说。部分学者对管理职能的划分如表2-1所示。

表 2 – 1 部分学者对管理职能的划分

管理学者	对管理职能的划分										
	计划	组织	指挥	协调	控制	激励	调集资源	通信联系	决策	人力资源	创新
法约尔	√	√	√	√	√						
戴维斯	√	√			√						
布朗	√	√					√				
纽曼	√	√	√		√		√				
孔茨	√	√			√					√	
特里	√	√	√			√					
麦克法兰	√	√	√		√						
梅西	√	√			√				√	√	
希克斯	√	√			√	√		√			√

尽管对管理的职能有不同的理解和分类，但是大多数管理学者都承认：管理的基本职能就是管理工作所包括的几种基本活动。目前管理学界普遍接受的观点是管理具有四大具体的基本职能，即计划、组织、领导和控制。这四种职能贯穿于组织活动的各个方面，是统管全局的、综合性的职能。管理的四大职能及其主要任务如图 2–5 所示。

图 2–5 管理的四大职能及其主要任务

一、计划

计划是指在一定时间内，企业对预期目标和行动方案所做出的选择和具体安排，是企业围绕目标寻找资源的行动，也是使企业中各种活动有条不紊地进行的保证。严格地说，计划职能是一种预测未来、设立目标、决定政策、选择方案的连续过程，要求管理者拟订组织愿景和使命、分析内外环境、确定组织目标，抓住外部的机会和规避外部的风险，经济地使用现有的资源，有效地把握企业未来的发展，使企业获得最大成效。

"凡事预则立，不预则废"，现实生活中，无论人们从事哪项活动，在活动之前都要首先制订计划，预先决定要做什么（What）、为什么去做（Why）、由谁去做（Who）、在什么地方做（Where）、什么时候去做（When）以及如何去做（How）等问题，这也是人们常说的 5W1H。只有这样才能保证活动有条不紊地进行。计划工作主要包括以下内容。

（一）研究活动条件

活动条件研究包括组织的外部环境研究和内部条件研究两部分。组织的外部环境研究是分析组织活动的环境特征及变化趋势，了解环境是如何从昨天演变到今天的，以找出环境变化的规律，并据以预测环境在明天可能呈现的状态。组织的内部条件研究主要分析组织内部对各种资源的拥有状况和对这些资源的利用能力。

（二）制定经营决策

在研究活动条件基础上制定经营决策，就是根据这种研究所揭示的环境机会和威胁，以及组织在资源拥有和利用方面的优势和劣势，确定组织在未来某个时期要达到的总体目标和实现目标的规划方案。

（三）编制行动计划

组织在确定了未来的活动目标和规划方案以后，还要详细分析为了落实这种决策，组织需要采取哪些方面的具体行动，以及这些行动对组织内各部门、各环节未来时期的工作提出的具体要求。编制行动计划的目的就是将决策所确定的目标在时间上和空间上分解并落实到组织的各部门、各环节，对每个单位和每个成员的工作提出具体要求。

二、组织

组织是管理者创建一个有助于实现组织目标的工作关系结构，以使组织成员能够共同工作以实现组织目标的过程。具体做法为围绕战略目标确定适合的组织结构形式

（包括岗位设置、部门划分、组织层级确定），明确各层级、部门、岗位间的工作关系（信息传递方式），进而合理分配任务、配置人力及其他资源，让每一位成员各尽其力、各司其职、各展所长。

组织职能是保证计划有效执行和组织目标得以实现的一种功能。任何一项决策或计划的实施，只有建立在一个高效、协调的组织基础上，才能取得预期的效果。计划工作要想实现，目标和方案就必须落实到企业的每个环节及岗位上，这就是组织工作的任务。

组织职能的主要任务一般包括以下几个方面：

（一）设计组织结构

组织结构是指能够界定组织中所进行活动的分工和协作关系的一种框架。组织结构设计首先需要在组织任务目标分解的基础上，将各部分需要分工开展的工作落实到具体的承载者，同时设计出机制和手段来确保执行具体工作的个人和单位能够密切配合、协调行动，使个体或局部的力量整合成为组织整体的力量。

（二）配备人员

配备人员是指根据各岗位（职位）所从事工作活动的要求，以及组织所拥有员工的素质和技能特征，将适当的人员安置在适当的岗位上，以便使适当的工作能由适当的人去从事。

（三）运行组织

运行组织，即向配备在各岗位上的工作人员发布工作指令，并提供必要的物质和信息条件，从而使组织按设计的方案运行起来。

（四）变革组织

变革组织是指对组织运行的过程进行监控，根据组织活动开展的状况以及组织内外部环境变化的情况，研究和推行必要的组织变革。

组织职能的目的就是要通过建立一个有利于组织成员相互合作、发挥各自才能的良好环境，消除由于工作或职责方面所引起的各种冲突，使组织成员都能在各自的岗位上为组织目标的实现做出应有的贡献，从而发挥整体大于部分之和的优势，使有限的人力资源形成最佳的综合效果。所以说，组织工作是企业管理中一项非常重要的工作，它会随企业战略、规模、技术、活动和环境等的变化而改变。

三、领导

领导是指管理者利用组织所赋予的职权和自身的影响力指挥、影响、激励组织成员，为实现组织目标而努力工作的一种具有很强艺术性的管理活动过程。领导职能主要包括领导影响力的运用、领导方式的选择、对下属的激励和有效沟通等。

领导的任务是在把每个成员安排在适当的岗位上的同时，还要努力促使每个成员以高昂的士气、饱满的热情投身到组织活动中去。领导的本质是一种影响力，是对组织为确立目标和实现目标所进行的活动施加影响的过程，是管理者利用组织赋予的职权和自身的影响力指挥和影响下属为了实现组织目标而努力工作的管理活动过程。领导工作是使人们心甘情愿、群策群力地为实现既定目标而努力的过程，它不仅使人们乐意地工作，而且使他们热情并信心十足地工作。有效的领导要求管理者在合理的制度环境中，针对企业员工的需要及其行为特点，利用自身优秀的素质，采用适当的方式，采取一系列措施提高和维持企业员工的工作积极性。

四、控制

控制是为了保证组织各部门、各环节能够按照既定的计划开展工作，从而实现组织目标的一项管理监控活动。其内容主要包括：根据计划标准，检查各部门、各环节的工作情况，判断其工作结果是否与计划要求吻合以及存在的偏差；如果存在较大的偏差，则分析偏差产生后对业务活动的影响程度及偏差产生的具体原因；在此基础上，还要有针对性地制定并实施纠偏的措施，以确保组织计划和目标的有效实现。

控制职能与计划职能是密不可分的，计划是控制的前提，为控制职能提供目标和标准。管理者必须及时取得计划执行情况的信息，并将有关信息与计划进行比较，发现实践活动中存在的问题，分析原因并采取措施。

控制职能要求管理者纠正组织行为偏差、控制内外风险、收集信息反馈等。管理者在拟定计划的同时，要建立一套控制机制，定期考察计划的落实情况，及时纠正错误行为，同时也要不断地收集信息，确保计划仍然有效，如现在的环境是否和制订计划时一样，如果环境变了，管理者应确认计划是否需要改变等问题。

控制工作既是一个管理过程的终结，又是一个新的管理过程的开始。控制职能绝不仅限于衡量计划执行中出现的偏差，控制的目的在于通过采取纠正措施，把那些不符合要求的活动引回到正常的轨道上来，使管理系统稳步地实现预定的目标。纠正措施可能涉及需要重新拟定目标、修订计划、改变组织结构、调整人员配备，并对指导和领导方式做出重大的改变等。因此，控制工作不仅是实现计划的保证，而且可以积极地影响计划工作。

上述四项管理职能并不是独立存在的，而是相互关联、相互制约、不可分割的一个整体：通过计划职能，明确组织的目标和方向；通过组织职能，建立实现目标的手段；通过领导职能，把个人工作与所要达到的组织目标协调一致；通过控制职能，检查计划的实施情况，保证计划的实现。从四项职能在时间方面的逻辑关系来看，它们通常按照一定的先后顺序发生，即先计划，继而组织，然后领导，最后控制，这是管理职能的总体性。但从不断持续进行的实际管理过程来看，在进行控制工作的同时，往往就开始编制新的计划或修改原计划，并进入新一轮的管理活动，这意味着管理过程是一个各职能活动周而复始的循环过程。

课堂小结

　　管理的基本职能就是管理工作所包括的几种基本活动的内容，管理具有四大具体的基本职能，即计划、组织、领导和控制。计划职能是管理的首要职能，是其他管理活动的基础。组织职能是保证计划有效执行和组织目标得以实现的一种功能。领导是对组织为确立目标和实现目标所进行的活动施加影响的过程。控制工作既是一个管理过程的终结，又是一个新的管理过程的开始。

知识拓展

管理四大职能和五大维度的具体运用

　　管理的四大职能是计划、组织、领导和控制，这些职能需要在五大维度（人员、物质、资金、信息和时间）上开展相应的工作。下面将用一个案例来展示如何运用这些职能和维度来开展工作。

　　某公司的一款新产品要上市，其管理的四大职能和五大维度体现如下：

1. 计划

　　首先，公司需要确定新产品的目标市场、定位、价格策略等关键因素，并对市场进行调研来了解用户需求。这要求在人员维度上组成跨部门的团队，从不同的角度来考虑问题。其次，公司需要确定产品推广和销售计划，以及生产和供应链管理等方面的规划。这需要在物质、资金和时间维度上协调各项资源，确保计划的执行。

2. 组织

　　在组织方面，公司需要建立新产品的相关团队，明确职责和目标，确保各个团队之间协调配合。在人员维度上，需要招募专业的营销、生产、供应链等人员；在物质维度上，需要购买生产设备和原材料；在资金维度上，需要做好预算和财务管理工作，确保资金充足；在时间维度上，需要合理安排时间表，确保各项工作有序进行。

3. 领导

　　在领导方面，公司需要建立有效的沟通渠道和决策机制，确保各个团队和部门之间的有效协调和高效执行。在人员维度上，需要有领导层和中层管理人员来组织和指导团队；在其他维度上也需要有相应的管理措施来确保工作顺利进行。

4. 控制

　　在控制方面，公司需要建立有效的监控和评估机制，对新产品上市的各个环节进行监控，及时发现并纠正问题。在人员维度上，可以通过培训、激励等手段来提高员工的工作质量；在其他维度上，也需要建立相应的控制指标和流程，确保整个项目按照计划执行。

以上是一个简单的案例，展示了在新产品上市的过程中，如何利用管理职能和维度来开展工作。通过计划、组织、领导和控制四大职能，在人员、物质、资金、信息和时间五个维度上加强管理和协调，既可以确保项目的成功实施，也可为企业未来的发展奠定坚实的基础。

管理理论新发展

任务描述

当生产力的发展促使人类社会进入知识经济时代时，首先表现出来的是生产和生活方式的巨大转变，从而形成了适应于知识经济时代的管理理论和经济规律。生产组织的形式是新管理理论形成的主要因素。农业经济的生产方式决定着传统的管理理论，并以此支配着当时的管理实践；工业经济大生产的生产方式决定着古典的管理理论和现代管理理论，以及相应的经济规律。

知识链接

影响管理理论发展的因素除生产力发展外，还包括科学技术的进步和发展、人类各种文化的发展和相互渗透的程度，以及人自身的发展。随着科学技术的快速发展，人类已经形成了"地球村""宇宙岛"概念，人类的思维已经是站在全球角度来看待所遇到的问题。人无论是管理客体还是管理主体都是决定因素。人本身随着社会的发展、受教育程度的提高、文化交流的普及和信息沟通手段的迅速发展，也在不断地发展和变化，其个性化程度成为人类社会发展的主要特征之一。管理理论的形成就成为多因素影响的结果，因此管理理论本身就是一个动态的、不断发展的过程。

当代管理理论加强了对环境、社会和经济各种因素结合的研究，使企业能更快速地反应，也为企业提供了如何提升潜力和预测未来发展趋势的新思路和新工具。当代管理理论兴起的几十年间，企业管理经历着前所未有的、类似脱胎换骨的变革。当然，各学说的划分并非泾渭分明、非此即彼。无论哪一种理论，都是围绕管理的核心问题"效果"（做正确的事）或"效率"（正确地做事）而展开，对于今天的企业，没有哪种理论过时或无用。

一、企业文化理论

第二次世界大战后，脑力劳动创造的经济价值的占比逐渐增大，管理理论开始以人为中心，管理方式也变得越来越人性化。这些变化促进了企业文化理论的诞生。经济文化发展对人的文化素质要求越来越高，生产社会化要求不同文化背景的人在一起工作，强调合作与跨越文化冲突，民主意识随着经济发展而增强。

（一）企业文化的诞生

人类社会对企业文化的深入研究源于美国管理学家对日本企业管理模式的探讨。20世纪中期，美国的企业管理制度被奉为欧洲企业的目标模式。然而，到了70年代初，资源匮乏、国土狭小的日本后来居上，一跃成为世界经济强国。美国企业界日益受到来自日本企业的挑战。一些管理学家对日本企业与美国企业进行比较研究后发现，美国企业更多地重视企业技术、制度、规章、组织机构、财务分析等"硬"因素在企业管理中的作用，而日本企业在管理过程中，企业目标、宗旨、信念和人的价值观等"软"因素相对更为突出。由于这些软因素具有浓厚的文化底蕴，因此管理学家便把日本创造奇迹的企业管理方式称为企业文化。

20世纪80年代初期，美国管理界连续出版了几部专门研究企业文化的论著：《Z理论：美国企业界怎样迎接日本的挑战》《日本企业管理艺术》《企业文化：企业生存的习俗和礼仪》《寻求优势：美国最成功公司的经验》。这四部著作提出了企业文化这一理论体系，标志着企业文化理论的诞生，开启了企业管理理论的一个新阶段。企业文化理论的研究成果引起了美国企业界的高度重视，并被广泛应用。一批富有远见的企业家逐渐达成共识：现代企业间的竞争，既是科学技术和经济实力的竞争，更是企业文化的较量，企业文化建设对于企业的生存和发展具有决定性意义。企业文化对企业长期经营业绩有着重大的作用，具有企业文化特征的公司，其经营业绩远远胜于那些没有企业文化特征的公司。于是，企业文化被明确地提了出来，并迅速得到世界管理界的重视。

企业文化理论的出现有其历史的必然：一是由于生产力的发展，新型办公工具如计算机的普及应用，企业的日常管理规则发生了变化，劳动工具的变化要求思想观念的更新；二是脑力劳动者的数量相对增长，企业管理者要给员工以感情尊重、理智尊重；三是随着生产力的发展，人的需求层次提高，企业必须制定适合现代人特点的管理方法；四是随着竞争加剧，企业为了在竞争中取胜，在提高劳动效率的同时，员工的生产积极性与创造性在劳动中显得越来越重要，企业必须提出符合竞争需要的价值观念，如创新、服务、信誉等；五是企业规模的扩大、跨国公司的出现，不同国籍、不同民族的人在一个公司工作，需要统一思想、统一观念、统一行为。

（二）企业文化的概念

企业文化是指企业内部形成的一种共同的价值观念、行为准则和工作方式，是企业内部员工共同遵循的一种文化体系。它体现为企业的价值观、经营理念和行为规范。员工对企业文化的认同度决定了他的主观能动性的发挥。员工的态度与行为是企业文化的集中体现，也是直接反映企业文化效果的标准。

（三）企业文化的构成

企业文化由企业理念文化、企业制度文化、企业行为文化和企业物质文化四个层次所构成。企业文化的以上四个层次是紧密联系的。物质文化是企业文化的外在表现和载体，是行为文化、制度文化和理念文化的物质基础；制度文化是理念文化的载体，制度文化又规范着行为文化；理念文化是形成行为文化和制度文化的思想基础，也是企业文化的核心和灵魂。

（四）企业文化的作用

（1）凝聚作用。企业文化像一根纽带将员工和企业的追求紧紧联系在一起，使每名员工都能产生归属感和荣誉感。

（2）激励作用。企业文化注重研究人这一因素，强调尊重每一个人，相信每一个人，凡事都以员工的共同价值观念为尺度，这样能最大限度地激发员工的积极性和创造性。

（3）协调作用。企业文化的形成使企业员工有了共同的价值观念，对很多问题的认识趋于一致，增强了他们之间相互的信任、交流、沟通，使企业的各项活动更加协调。

（4）约束作用。企业文化对员工行为具有无形的约束力，经过潜移默化形成一种群体规范和行为准则，实现外部约束和自我约束的统一。

（5）塑造形象作用。优秀的企业文化向社会大众展示企业成功的管理风格、良好的经营状况和高尚的精神风貌，从而为企业塑造良好的整体形象，树立信誉，扩大影响，是企业的无形资产。

二、战略管理理论

战略管理是指对一个企业或组织在一定时期的全局的、长远的发展方向、目标、任务和政策，以及资源配置做出决策和管理的过程。战略管理是将企业内部资源优势与外部竞争条件进行优化的过程，即运用科学方法使企业在正确的方向上发展，扬长避短，克服外部环境变化所带来的冲击，使企业处于有利的竞争地位。战略管理是一个"自上而下"的过程，这就要求高级管理层具备相关的能力及素养。战略管理是企业保持长远发展、做大做强的重要保障。

战略原本是军事用语，战略思维最早出现在《孙子兵法》中，《孙子兵法》作为中国传统兵学之经典，体现出浓厚的战略思维色彩。在英语中，"战略"（strategy）一词来源于古希腊语"strategos"，意为"权利"，也有"军事""指挥"的意思。最早将战略这一概念引入企业经营管理领域的学术著作是菲利浦·塞兹尼克在1957年出版的《经营中的领导能力》。1962年，阿尔弗雷德·钱德勒出版了《战略与结构》，被认为是"现代对战略的理解的第一本集大成者"。1965年，伊戈尔·安索夫出版了《公司战略》，标志着公司战略理论的正式诞生。同年，安德鲁斯出版了《商业政策：原理与案例》。这些著作为企业战略管理提供了坚实的理论基础。随着这些著作的问世，更多的专家学者投入到企业战略的研究之中，对战略的认识也空前繁荣。

纵观企业战略管理的理论研究，目前企业战略管理理论呈现以下四大主要学派。

（一）以安索夫为代表的环境战略学派

伊戈尔·安索夫于1965年出版的《公司战略》、1976年出版的《从战略规划到战略管理》和1979年出版的《战略管理》是公认的战略管理的开山之作。安索夫的环境战略论是由环境、战略、组织三大支柱要素构成的，只有这三个要素协调一致的战略，才能实现企业经营目标；反之，则会降低经营目标的实现率。安索夫将上述三大支柱要素划分为五种类型，即稳定型、反应型、先导型、探索型、创造型，并进一步研究其相互协调与适应关系。

（二）以德鲁克、钱德勒、安德鲁斯为代表的目标战略学派

目标战略学派认为战略是由目标、意志或目的，以及为达到这些目的而制定的方针、计划所形成的一种模式。目标管理促使管理者考虑计划的效果而不仅仅是计划的活动或工作。企业战略管理所要解决的问题是决定企业的长期的目的和目标，并通过经营活动和分配资源来实现目的。

（三）以波特为代表的竞争战略学派

迈克尔·波特以1980年出版的《竞争战略》、1985年的《竞争优势》、1990年的《国家竞争优势》三部著作确立了其在战略管理研究领域的大师地位。竞争战略学派认为企业经营战略的关键是确定企业的竞争优势，因此企业为确定其竞争优势一般采取三种基本竞争战略类型：成本领先战略、差异化战略和集中化战略。同时，迈克尔·波特还认为，一项有效的战略管理必须具备五项关键点：独特的价值取向、为客户精心设计的价值链、清晰的取舍、互动性、持久性。

（四）以普拉哈拉德、哈默为代表的核心能力战略学派

普拉哈拉德、哈默两人于1990年在《哈佛商业评论》上共同发表了《公司的核心竞争力》一文，并于1994年出版了《竞争大未来》一书，马凯兹于1990年发表了

《多元化、归核化与经济绩效》一文，这些构成战略管理的最新理论。核心能力是指企业长期积累而成的一种独特能力，可实现高于竞争对手的价值，具有进入多种市场的潜力，难以复制模仿，是长期利润的源泉。

战略管理理论的代表学者及其主要思想如表 2-2 所示。

表 2-2　战略管理理论的代表学者及其主要思想

代表学者	主要思想
安德鲁斯	企业战略是一种模式，它决定和揭示企业的目的与目标，提出实现目的与目标的重大方针与计划，确定企业经营的业务范围，明确企业应该对员工、顾客和社会做出的各种贡献。
魁因	企业战略的本质在于在经营活动之前，根据企业内部条件和外部环境的变化趋势，有意识地决定企业的目的与目标、方针与政策、活动或项目。在这里，战略作为一种统一、综合、一体化的计划，为企业提供其在各种情况下的备选方案，如实现企业基本目标需要采用的途径、方式和手段等。
普拉哈拉德和哈默	战略在本质上应该是一种意向，它是企业渴望得到的远大前程和领先地位。战略要求企业更加注重未来，寻求发展机会，而不仅仅是着眼于现在。
波特	战略的目标是让企业获得成功，成功取决于企业是否拥有一个有价值的竞争地位，而有价值的竞争地位来源于企业相对于竞争对手的持续竞争优势。战略包括三个层面的问题。首先，战略是定位，定位目的在于创造一个独特的、有价值的、涉及不同系列经营活动的地位，从本质来说，战略就是选择与竞争对手不同的经营活动。其次，战略是取舍，即选择从事哪些经营活动而不从事哪种经营活动。最后，战略是匹配。一个战略的成功取决于许多方面和环节，保持其相互匹配非常重要。
兰佩尔	战略的本质是一种过程，是企业在其生存和发展过程中，在不同阶段对企业的目标、实力和环境所做出的认识和反应行动。
项保华	战略是一种企业与顾客认知互动的过程。
明茨伯格	战略是事后总结而非事先制定的，在战略的形成过程中反复强调反思。战略不是一个经过仔细思考的、向前看的、关于未来意图的表述。相反，战略的形成是从企业发展历程的角度对过去的行为做出合理的解释，使公司成员能够按照过去的模式行事。
亨德森	任何想长期生存的竞争者，都必须通过差异化而形成压倒所有其他竞争者的独特优势。勉力维持这种差异化，是企业长期战略的精髓所在。企业战略的本质就是维持企业的独特竞争优势。

随着管理学理论的不断发展，投入战略管理研究的管理学者越来越多，相信在未来会有更多战略管理学派诞生。

三、企业再造理论

企业再造是指为了飞越性地改善成本、质量、服务、速度等重大的现代企业的运营基准，对工作流程进行根本性重新思考并彻底改革。企业再造理论是 1993 年开始在美国出现的关于企业经营管理方式的一种新的理论和方法，它以一种再生的思想重新审视企业，并对传统管理学赖以存在的基础——分工理论提出了质疑，被称为管理学发展史上的一次革命。

（一）企业再造理论的诞生

1776 年，亚当·斯密在《国富论》中提出了著名的"劳动分工理论"。劳动分工理论阐述了将一项多步骤的劳动进行分解，每个工人只需进行一到两种简单操作。劳动分工使得工作碎片化和专业化，一开始主要应用于生产制造。随着企业规模的扩大和行业多样性的出现，劳动分工逐渐应用于越来越多的工作领域，主要包括职能分工、专业分工、技术分工等。

劳动分工理论提高了社会整体劳动生产效率，创造了大量财富。但碎片化工作也产生了负面的效果，主要表现为：（1）过度分工打破了流程的整体性，降低了个体对工作目标及流程相关性的理解，弱化了员工的协调应变能力；（2）大量的工序节点需要更多的管理人员来完成监督、沟通协调、信息统计等连接工作，增加了公司成本。

实际上，并不是所有工作都适用于劳动分工理论。亚当·斯密在阐述该理论时，强调的主要是制造业中的生产环节。当劳动分工理论被用于并不适用的领域时，该领域就会出现效率低下、组织结构烦冗、公司业绩下滑等表现。针对这种情况，企业从根本上重新思考流程，彻底地重新设计业务流程，以便在诸如成本、质量、服务和速度等关键性衡量指标上实现大幅提升。这种针对流程的彻底打破和重建，避免碎片化工作不利影响的过程，就是企业再造。

"再造"的概念是由美国著名管理学家迈克尔·哈默于 1990 年首先提出的。1993年，他与管理咨询专家詹姆斯·钱皮合著的《企业再造》一书出版。该书成为《福布斯》评选的 20 世纪 20 部最有影响力的商业图书之一。

（二）企业再造理论的内容

企业再造包括企业战略再造、企业文化再造、市场营销再造、企业组织再造、企业生产流程再造和质量控制系统再造。企业再造理论认为，企业再造活动绝不是对原有组织进行简单修补的一次改良运动，而是重大的突变式改革。企业再造是对植根于企业内部的、影响企业各种经营活动开展的，向固有的基本信念提出了挑战；企业再造必须对组织中人的观念、组织的运作机制和组织的运作流程进行彻底的更新，要在经营业绩上取得显著的改进。企业再造理论的"企业再造"就是"流程再造"，其实施方法是以先进的计算机信息系统和其他生产制造技术为手段，以顾客中长期需求为目标，在人本管理、顾客至上、效率和效益的思想的指导下，通过最大限度地减少对产品增值无实质作用的环节和过程，建立起科学的组织结构和业务流程，从而保证企业能以最小的成本、高质量的产品和优质的服务在不断加剧的市场竞争中战胜对手，获得发展的机遇。

（三）企业再造的程序

企业"再造"的具体实施程序分为以下步骤：

（1）对原有流程进行全面的功能和效率分析，发现存在的问题。根据企业现行的作业程序，绘制细致、明晰的作业流程图，然后从功能障碍、重要性、可行性三个方面分析现行作业流程存在的问题。

（2）设计新的流程改进方案并进行评估。设计新的流程改进方案时，可从以下几个方面加以考虑：1）将现在的数项业务或工作合并；2）工作流程的各个步骤按其自然顺序进行；3）给予员工参与决策的权利；4）为同一种工作流程设置若干种实施方式；5）工作应当超越组织的界限，在最适当的场所进行；6）尽量减少检查、控制、调整等管理工作；7）设置项目负责人。对于提出的多个流程改进方案，还要从成本、效益、技术条件和风险程度等方面进行评估，选取可行性强的方案。

（3）制定与流程改进方案相配套的组织结构、人力资源配置和业务规范等方面的改进规划，形成系统的企业再造方案。企业业务流程的实施，是以相应组织结构、人力资源配置方式、业务规范、沟通渠道甚至企业文化作为保证的。只有以流程改进为核心形成系统的再造方案，才能达到预期的目的。

（4）组织实施与持续改善。实施企业再造方案，必然会触及原有的利益格局。因此，管理者必须精心组织，谨慎推进，既要态度坚定，克服阻力，又要积极宣传，形成共识，以保证企业再造的顺利进行。企业再造方案的实施并不意味着企业再造的终结。在社会发展日益加快的时代，企业总是不断面临新的挑战，这就需要对企业再造方案不断地进行改进，以适应新形势的需要。

📋 课堂小结

影响管理理论发展的主要因素是生产力发展，管理理论本身就是一个动态的、不断发展的过程。目前管理理论的新发展包括企业文化理论、战略管理理论、企业再造理论。无论哪一种理论，都是围绕管理的核心问题"效果"（做正确的事）或"效率"（正确地做事）而展开，对于今天的企业，没有哪种理论过时或无用。

📖 知识拓展

管理学派的共性

纵观管理学各学派，虽各有所长、各有不同，但不难寻求其共性，可概括如下：

1. 强调系统化

系统化要求人们要认识到一个组织就是一个系统，同时也是另一个更大系统中的子系统。运用系统思想和系统分析方法来指导管理的实践活动，就是从整体角度来认识问题，以防止片面性和受局部的影响。

2. 重视人的因素

重视人的因素，就是要注意人的社会性，对人的需求予以研究和探索。在一定的环境条件下，尽最大可能满足成员的需求，以保证组织中全体成员齐心协力地为完成组织目标而自觉作出贡献。

3. 重视非正式组织在正式组织中的作用

非正式组织是人们以感情为基础而结成的集体，这个集体有约定俗成的信念，人们彼此感情融洽。管理者应在不违背组织原则的前提下发挥非正式组织的积极作用，从而有助于组织目标的实现。

4. 广泛地运用先进的管理理论与方法

随着社会的发展、科学技术水平的迅速提高，先进的科学技术和方法在管理中的应用越来越重要。所以，管理者必须利用现代的科学技术与方法，促进管理水平的提高。

5. 加强信息工作

由于通信设备和控制系统在管理中的作用越发凸显，因此对信息的采集、分析、反馈等的要求越来越高，即强调及时和准确。管理者必须利用现代技术，建立信息系统，以便有效、及时、准确地传递信息和使用信息，促进管理的现代化。

6. 将"效率"和"效果"结合起来

作为一个组织，管理工作不仅仅是追求效率，更重要的是要从整个组织的角度来考虑组织的整体效果以及对社会的贡献。因此，要将效率和效果有机地结合起来，从而使管理的目的体现在效率和效果之中，即通常所说的效益。

7. 重视理论联系实际

管理者应重视管理学理论的研究和发展，乐于接受新思想、新技术并应用于管理实践，善于归纳和总结，找出规律性的东西，并在实践中创造新的方法，形成新的理论，促进管理学的发展。

8. 强调"预见"能力

社会是迅速发展的，客观环境在不断变化，这就要求管理者运用科学的方法进行预测，并进行前馈控制，从而保证管理活动的顺利进行。

9. 强调不断创新

管理者要积极改革，不断创新。管理意味着创新，就是在保证"惯性运行"的状态下，不满足现状，利用一切可能的机会进行变革，从而使组织更加适应社会条件的变化。

企业案例

福特汽车公司的企业再造

福特汽车公司每天要处理庞大的业务，该公司有 2/3 的汽车部件是从外部供应商购进的，为此需要有上百名员工来负责审核并签发供货账单的应付款项。到了20世纪80年代初，随着竞争的加剧，福特借助计算机汽车公司实现了功能电子化，减少了该环节员工数量，从而削减了管理费和各种行政开支。之后，福特汽车公司管理层了解到日本马自达汽车公司只雇了5个人来处理应付账款，于是管理层决定对应收账款部门进行业务流程再造。

管理层开始思考如何改造应付账款部门，并站在更高的角度重新思考包含应付账款的整个流程。流程再造完成后，福特汽车公司让应收账款部门的新工作遵循新的流程要求，所以"再造"的目标从应收账款部门转向了包含应收账款部门的流程。

很快，管理层发现原有的采购流程非常复杂，应收账款部门需要同时处理采购部门向供货商发出的采购订单、仓库工作人员填写的收货单以及供货商送来的费用清单，只有三份文件项目相符，福特汽车公司才会付钱，但偶尔也会出现问题。当问题出现时，应收账款部门在追查和澄清文件上花费了大量的时间和精力。

福特汽车公司新的采购流程里直接除去了费用清单。新的流程是采购员向供货商下单时，同时将信息录入在线数据库。当货物到达时仓库工作人员核对单货，匹配就收下货物，在数据库中确认收货，不匹配就直接拒收。

可以看到，福特汽车公司的初心是想要改造应收账款部门，但改造的结果是将其合并到了收货部门。每个公司都有很多规章制度，它们很难被改变，福特汽车公司的流程再造打破了原先的硬性规则，让企业发生了焕然一新的改变。

借此总结一下企业再造理论的主要思想：

（1）企业再造出现的根本原因是传统的企业组织模式不再适合企业的发展。

（2）企业再造的核心理念是：顾客是改革的焦点；根据组织目标设计和整合工作流程；分配权力和责任，重塑组织，以支持一线员工的工作。

🏛 学思之窗

向世界传递东方美

花西子于2017年3月诞生于中国杭州西湖畔，是一个年轻国产化妆品品牌，品牌名称"西子"取自宋代诗人苏轼《饮湖上初晴后雨（二首·其二）》中的诗句："欲把西湖比西子，淡妆浓抹总相宜。"该品牌以"东方彩妆，以花养妆"作为核心理念，品牌标志融合中国传统苏式园林窗棂元素、花蕊元素和太极八卦元素，产品和包装均以中国风为主，展现出浓郁的中式风格。其经营产品以唇妆为主打，涵盖底妆、眼妆、卸妆等多个领域，力求打造出展现东方之美的化妆品品牌。花西子通过聚焦年轻人崇尚的个性化消费，向世界传递东方文化，让世界看见东方美。

1. 依托中国传统文化，延续东方传承，打造让国人骄傲的国妆品牌

长期以来，国际品牌一直垄断着我国彩妆的中高端市场，国人对国货彩妆的认可

度不高。随着互联网时代的发展，消费者需要的不仅仅是性价比高的产品，还需要包含文化与美学，甚至能体现国人自信与骄傲的东方品牌。

中国品牌拥有独特的精神文化宝库，那便是中华民族传统文化 5 000 年的传承和积淀。花西子自创立起，便将自己定义为一个文化品牌，建立了专属于自己的"东方彩妆"体系，无论是品牌名称、品牌 LOGO、品牌色，还是产品成分、产品包装、产品工艺等，都可以从中看到中国文化。在研发产品时，花西子沿用古老智慧，以花养妆，打造出的彩妆是养肤的，是温和的，也是安全的；在产品设计中，花西子融入中国雕刻的传统技艺、陶瓷的传统文化，打造出的彩妆颜值高、有质感；在产品典故上，花西子在打造七夕产品时，同心锁口红造型的灵感来源于月老手中的"同心锁"，雕花图案灵感来源于中国古代著名的爱情故事"张敞画眉"……花西子也正是因为在传统文化方面的用心沉淀，成为让国人骄傲的国妆品牌。

2. 赋传统予时尚，传承民族文化，打造让世界惊艳的东方彩妆

东方文化只有不断地融合、创新，才能一直发出光彩，而花西子也在用自己的方式来传承和发展东方文化。花西子选择的切入点是将民族文化与时尚相结合，赋传统予时尚，坚持以"用"来实现民族文化的传承与发展。花西子推出"印象东方"系列项目，走近傣族、苗族文化，探索民族文化和技艺，将这些民族文化和技艺通过新的方式呈现在消费者的面前，形成一种新的风尚、新的潮流，进而吸引更多人参加到保护、传承民族文化和技艺的队伍中来。花西子成立海外官网，入驻海外购物平台，亮相纽约时装周；推出的"苗族印象"系列彩妆先后在纽约时代广场、日本涩谷和新宿、泰国等地的巨幕亮相，展现苗银之美；推出的"傣族印象"系列彩妆成为迪拜世博会中国馆官方指定彩妆产品，展现傣族的文化与风光……新国货品牌花西子迅速崛起、发展，出海也取得了不错的成绩，许多海外人士便是由此感受到中华传统文化的魅力，开始了解并逐渐学习东方美学。

资料来源：魏雯卓. 文化自信背景下新国货品牌的建设研究：以花西子为例［J］. 老字号品牌营销，2022（11）.

引思明理：

在企业的生产、设计、营销，以及企业文化建设的过程中，融入中国文化对企业的成长影响显著，尤其是对企业品牌提升方面。产品的质量建设很难做到改变消费者对产品品牌的原有认知，而融入中华民族文化则会显著改变这一认知，具有较好的提升和促进作用。因此，在企业的产品设计、营销理念等运营管理过程中，要注重中国文化的融入，大胆地坚持中国文化自信。我国企业在国际化的进程中，坚持中国元素的融入，讲好中国故事，弘扬中国优秀文化理念，传递东方美学文化，也是贯彻落实党的二十大"传承中华优秀传统文化"的具体体现。

同步测试

一、判断题

1. 管理思想发展的每一个阶段，其焦点之一就是对人的看法。（   ）

2. 要调动员工的积极性，最重要的就是关注员工物质利益和工作条件等外部因素。（   ）

3. 领导职能是管理的首要职能，是其他管理活动的基础，是企业行动的指南。（   ）

4. 控制职能与计划职能是密不可分的，计划是控制的前提，为控制职能提供目标和标准。（   ）

5. 经济效益是讲求社会效益的基础，而追求社会效益又是促进经济效益提高的重要条件。（   ）

6. 行为科学研究的对象是物。（   ）

7. 企业再造理论对传统管理学赖以存在的劳动分工理论提出了质疑，被称为管理学发展史上的一次革命。（   ）

二、单选题

1. 古人云："运筹帷幄之中，决胜千里之外"，这里的"运筹帷幄"反映了管理的哪一个职能？（   ）
   A. 计划　　　　　　B. 组织　　　　　　C. 领导　　　　　　D. 控制

2. （   ）职能是管理的首要职能，是其他管理活动的基础，是企业行动的指南。
   A. 计划　　　　　　B. 组织　　　　　　C. 领导　　　　　　D. 控制

3. 最早提出管理的职能并系统总结14条管理原则的是（   ）。
   A. 马斯洛　　　　　B. 法约尔　　　　　C. 泰勒　　　　　　D. 梅奥

4. 提出"需求层次理论"的是美国心理学家（   ）。
   A. 梅奥　　　　　　B. 泰勒　　　　　　C. 马斯洛　　　　　D. 法约尔

5. （   ）创立了"人际关系学说"并提出了关于"社会人"的观点。
   A. 泰勒　　　　　　B. 梅奥　　　　　　C. 赫茨伯格　　　　D. 巴纳德

6. 决策理论学派的创始人，并在1978年获得诺贝尔经济学奖的是（   ）。
   A. 卢桑斯　　　　　B. 西蒙　　　　　　C. 梅奥　　　　　　D. 古利克

7. "学习型组织理论"是（   ）提出来的。
   A. 伊戈尔·安索夫　　　　　　　　　B. 迈克尔·波特
   C. 迈克尔·哈默　　　　　　　　　　D. 彼得·圣吉

8. 以下有关管理的表述，（   ）是正确的。
   A. 管理的本质是协调　　　　　　　　B. 管理是指对事的管理

C. 管理的目的是提高效率　　　　　　D. 管理的中心任务是协调日常事务

三、多选题

1. 管理的基本原理包括（　　　　）。

A. 系统原理　　　　　　　　　　B. 人本原理

C. 责任原理　　　　　　　　　　D. 相关原理

E. 效益原理

2. 人本原理的基本原则包括（　　　　）。

A. 激励原则　　　　　　　　　　B. 行为原则

C. 能级原则　　　　　　　　　　D. 动力原则

E. 纪律原则

3. 目前管理学界普遍接受的观点是管理具有以下几大基本职能，即（　　　　）。这几种职能贯穿于组织活动的各个方面，是统管全局的、综合性的职能。

A. 计划　　　　　　　　　　　　B. 组织

C. 领导　　　　　　　　　　　　D. 控制

E. 监督

4. 企业文化通常是由（　　　　）几个层次所构成。

A. 企业精神文化　　　　　　　　B. 企业理念文化

C. 企业制度文化　　　　　　　　D. 企业行为文化

E. 企业物质文化

5. 纵观企业战略管理的理论研究，目前企业战略管理理论呈现以下（　　　　）主要学派。

A. 环境战略学派　　　　　　　　B. 目标战略学派

C. 文化战略学派　　　　　　　　D. 竞争战略学派

E. 核心能力战略学派

四、思考题

1. 泰勒倡导的科学管理的主要内容有哪些？

2. 竞争战略学派的基本理论观点是什么？

项目三　企业组织结构变革

·任务目标·

知识目标

- 了解企业组织结构变革的原因和企业组织结构变革的类型。
- 熟悉企业组织结构的类型和企业组织结构变革的模式。
- 掌握影响企业组织结构变革的关键要素和企业组织结构变革的趋势。

技能目标

- 能够在熟悉不同企业组织结构特点的基础上，选择适合企业的组织结构类型。
- 能够在分析企业自身现状的基础上找到适合企业自身的组织结构变革类型。
- 能够在判断企业组织结构变化趋势的基础上对企业组织结构进行调整。

素养目标

- 培养实际运用能力和勇于探索的精神。

内容导图

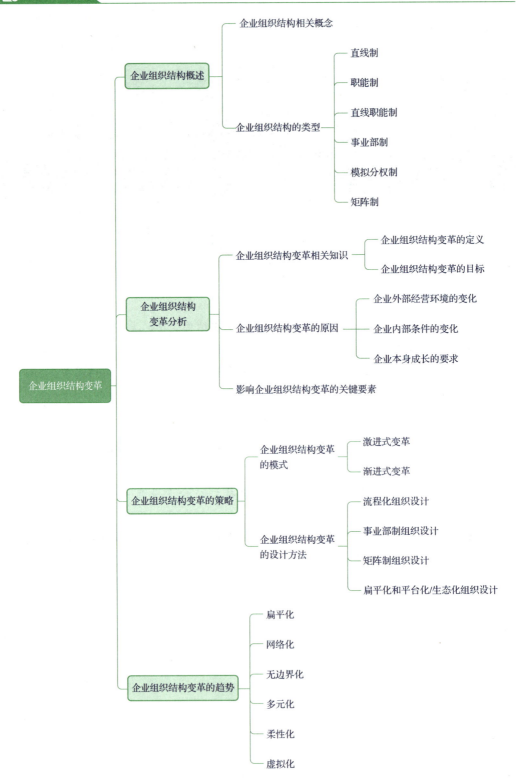

企业组织结构概述

任务描述

企业组织结构是一种决策权的划分体系以及各部门的分工协作体系。企业需要根据总体目标，将企业管理要素配置在一定的方位上，确定其活动条件，规定其活动范围，形成相对稳定的、科学的管理体系。

知识链接

一、企业组织结构相关概念

组织结构是组织的全体成员为实现组织目标，在管理工作中进行分工协作，在职务范围、责任、权力方面所形成的结构体系。企业组织结构的概念有广义和狭义之分。

狭义的组织结构是指为了实现组织的目标，在组织理论的指导下，经过组织设计形成的组织内部各个部门、各个层次之间固定的排列方式，即组织内部的构成方式。

广义的组织结构除了包含狭义的组织结构内容外，还包括组织之间的相互关系类型，如专业化协作、经济联合体、企业集团等。

组织结构表明了组织各部分的排列顺序、空间位置、聚散状态、联结方式以及各要素之间的相互关系，是企业整个管理系统的"框架"。组织结构作为组织在职、责、权方面的动态结构体系，其本质是为实现组织战略目标而采取的一种分工协作体系，因此组织结构并不是一成不变的，它会随着组织的重大战略调整而发生变化。

二、企业组织结构的类型

（一）直线制

直线制（见图 3-1）是最早出现也是最简单的组织结构类型之一。直线制的特点是企业各级行政单位从上到下实行垂直领导，下属部门只接受一个上级的指令，各级主管对所属部门的一切问题负责。厂部不另设职能机构（可设职能人员协助主管工作），一切管理职能基本上都由行政主管自己执行。

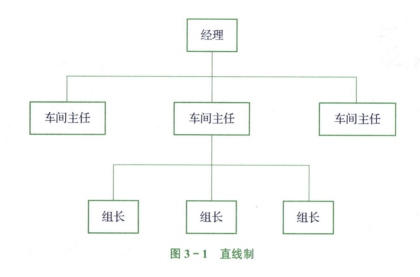

图 3 - 1 直线制

直线制的特点、优势、劣势如表 3 - 1 所示。

表 3 - 1 直线制的特点、优势、劣势

特点	组织中每一位主管人员对其直接下属拥有直接职权 组织中的每一个人只对他的直接上级负责或报告工作 主管人员在其管辖范围内，拥有绝对的职权或完全职权
优势	结构比较简单、责任分明、命令统一
劣势	要求行政负责人通晓多种知识和技能，亲自处理各种业务

（二）职能制

职能制（见图 3 - 2）是各级行政单位除主管外，还相应地设置一些职能机构。如在厂长下面设立职能机构和人员，协助厂长从事职能管理工作。这种组织结构要求行政主管将相应的管理职责和权力交给相关的职能机构，各职能机构有权在自己业务范围内向下级行政单位发号施令。因此，下级行政单位负责人除了接受上级行政主管的指挥外，还必须接受上级各职能机构的领导。

职能制的特点、优势、劣势如表 3 - 2 所示。

表 3 - 2 职能制的特点、优势、劣势

特点	各级管理机构和人员实行高度的专业化分工，各自履行一定的管理职能 实行直线参谋制 企业管理权力高度集中

续表

优势	按职能划分部门，其职责容易明确规定 整个组织系统有较高的稳定性 有利于强化专业管理，提高工作效率 管理权力高度集中，便于最高领导层对整个企业实施严格的控制
劣势	横向协调性差 适应性差 企业领导负担重 不利于培养素质全面的、能够负责企业经营事务的管理人才

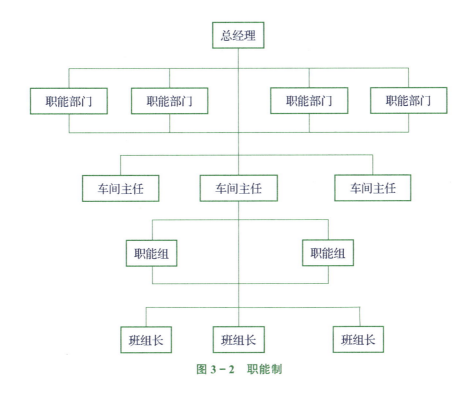

图 3 - 2　职能制

（三）直线职能制

直线职能制（见图 3 - 3），又称直线参谋制，是在直线制和职能制的基础上，吸取这两种组织结构的优点而建立起来的。大多数企业采用这种组织结构类型。直线职能制将企业管理机构和人员分为两类：一类是直线领导机构和人员，按命令统一原则对各级组织行使指挥权；另一类是职能机构和人员，按专业化原则，从事组织的各项职能管理工作。直线领导机构和人员在自己的职责范围内有一定的决定权和对所属下级的指挥权，并对自己部门的工作负全部责任。职能机构和人员是直线指挥人员的参谋，不能对直接部门发号施令，只能进行业务指导。

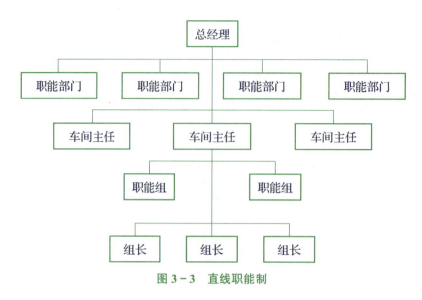

图 3 - 3　直线职能制

直线职能制的特点、优势、劣势如表 3 - 3 所示。

表 3 - 3　直线职能制的特点、优势、劣势

特点	高度的专业化分工 实行直线参谋制 管理权力高度集中
优势	职能明确 系统稳定 强化专业管理，有助于效率提高 便于高层管理
劣势	横向协调性差 适应性差 领导负担重 不利于经营型人才的培养 对组织的目标认识有限

（四）事业部制

直线职能制有利于信息高效、有序流动，但是当企业规模扩大、信息传递链条延长时，信息传递的及时性和精准性面临挑战，这从根本上阻碍了企业发展。于是，企业探索出事业部制组织结构（见图 3 - 4），从高度集权走向适度分权。

事业部制适用于规模庞大、品种繁多、技术复杂的大型企业。事业部制是分级管理、分级核算、自负盈亏的一种形式，即一家企业按照区域或者产品类别分成若干个事业部，从产品设计、原料采购、成本核算、产品制造，一直到产品销售，均由事业部及所属工厂负责，实行单独核算、独立经营，企业总部只保留人事决策、预算控制和监督职权，并通过利润等指标对事业部进行控制。有的事业部只负责指挥和组织生

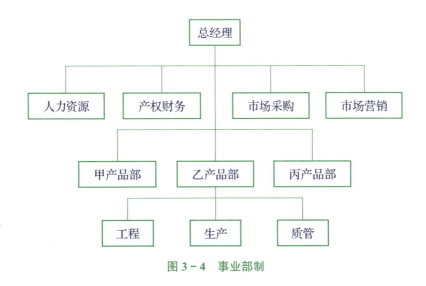

图 3 - 4　事业部制

产，不负责采购和销售，实行生产和供销分立，如今这一类型的事业部正在被产品事业部所取代。

实行事业部制的企业的总部和分部的关系是：总部对分部保持适度控制权，分部则对自己具有独立自主权；总部保留通用职能，分部独立设置业务针对性职能。由此，通过适度分权，总部与分部有效联动、共同发展，突破了企业规模增长瓶颈，使企业兼备规模性和创新性。

依据业务聚焦类型以及设立目的，可将事业部制分为三种类型：

（1）产品事业部。产品事业部主要聚焦于企业的产品战略，通过产品的多样化经营来实现范围经济。例如，美的集团通过设立家用空调、厨房电器、洗衣机、冰箱、热水器等事业部实现了企业产品类型的多样化经营。

（2）地区事业部。地区事业部主要聚焦于企业的市场扩张及协调战略，通过跨区域、多区域协调经营实现规模经济。例如，华为通过成立地区事业部的方式实现了横向一体化和国际化战略。

（3）顾客事业部。顾客事业部主要聚焦于企业的消费者战略，通过集中式、综合化、全方位的服务提供来实现体验经济。例如，联想转变以往按业务划分事业部的方式，针对不同客户群设立大客户事业部、中小企业事业部和消费事业部，为客户提供有针对性、个性化、综合化的服务，优化了客户体验。

事业部制的特点、优势、劣势如表 3 - 4 所示。

表 3 - 4　事业部制的特点、优势、劣势

特点	按企业的产出将业务活动组合起来成立专业化的经营部门 纵向关系：集中政策、分散经营，处理企业高层领导与事业部的关系 横向关系：以利润为中心，独立核算 企业高层和事业部内部依然是职能制

续表

优势	高度的稳定性、良好的适应性 决策效率高、积极性好，有助于提升整体效率 有利于全面经营管理型人才的培养 有利于增强企业活力
劣势	资源重复建设 易失去深度竞争优势 产品线间的整合和标准化变得困难

（五）模拟分权制

模拟分权制（见图 3 - 5）是一种介于直线职能制和事业部制之间的组织结构类型。许多大型企业，如钢铁、化工企业，由于产品品种或生产工艺过程所限，难以分解成几个独立的事业部；由于企业的规模庞大，以致高层管理者感到采用其他组织结构类型都不便于管理，这时就出现了模拟分权制。这些大型企业在各个生产单位模拟事业部制的独立经营、单独核算，但并不是真正的事业部。这些生产单位有自己的职能机构，享有尽可能大的自主权，设置的目的是调动各生产单位的积极性，改善企业生产经营管理。由于各生产单位生产上的连续性，因此很难将它们截然分开。以石油化工企业为例，甲单位生产出来的产品直接成为乙单位的原料，这一过程无须停顿和中转。因此，甲单位与乙单位之间的经济核算，只能依据企业内部的价格，而不是市场价格。这些生产单位没有自己独立的外部市场，这是模拟分权制与事业部的差别所在。

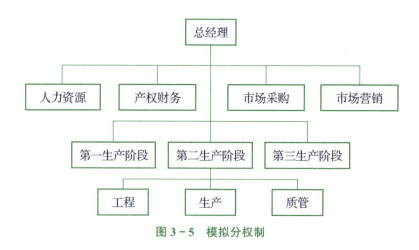

图 3 - 5　模拟分权制

（六）矩阵制

事业部制尝试通过适度分权来解决企业规模增加与企业创新效率降低之间的矛盾。一方面，资源浪费、协调成本增加等问题，导致资源使用效率存在"帕累托优化"；另一方面，竞争日益激烈、需求日益复杂等问题，使得独立设置分部的方式不再是应对市场需求变化的最佳方式。据此，企业在维持科层制的基础上探索出矩阵制组织结构（见图3-6）。

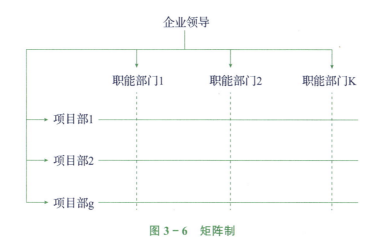

图3-6 矩阵制

矩阵制是在组织结构上，既有按职能划分的垂直领导系统，又有按产品（项目）划分的横向领导系统。具体来说，在垂直领导系统的基础上增加了横向领导系统，由此形成项目小组+职能成员的基本组织模式。每个项目小组成员均来自现有直线职能部门，他们既受直线职能部门的领导又受所在项目小组的领导。项目小组保证了组织对市场的即时响应。

矩阵制在利用既有资源能力的基础上，实现了企业对市场需求高柔性、高效率、低成本的响应，真正做到了突破企业内部纵向和横向边界，跨部门、同级化、系统性协作。

矩阵制是为了改进直线职能制横向联系差、缺乏弹性的缺点而形成的一种组织结构类型。它的特点表现在围绕某项专门任务成立跨职能部门的专门机构上。例如，某企业组成了一个专门的产品（项目）小组从事新产品开发工作，在研究、设计、试验、制造各个不同阶段，各相关部门派人加入小组，并由专门人员协调相关部门的人员和工作，保证任务的完成。

矩阵制的特点、优势、劣势如表3-5所示。

表3-5 矩阵制的特点、优势、劣势

特点	适应于产品种类较多、管理环节复杂的企业
优势	获得适应环境所需的双重协作 人力资源实现共享 适应于复杂决策和经常性变革
劣势	人事权、支配权较难平衡 双重领导，员工需要具有较强的人际关系技巧

📋 **课堂小练习**

列举一家企业，说明并分析其企业组织结构类型。

📅 **课堂小结**

在第二次工业革命的推动下，企业建立了高度结构化的、正式的、理性化的科层制组织结构。随着市场环境的不断变化以及企业规模的不断发展，科层制组织结构经历了从直线制到职能制、直线职能制、事业部制、矩阵制等的不断调整。科层制组织结构极大提升了企业生产效率，具有严密性、合理性、稳定性和适用性等优势，推动了全球经济稳步发展。但同时，科层制组织结构具有不少弊端。在较为稳定的工业化时代，企业更加注重规模经济、生产效率，这些弊端尚不明显。但在如今的数字化时代，企业外部环境复杂多变，具有极大的不确定性，科层制组织结构面临适应动态环境、不断创新迭代、满足员工自主需求以及组织开放协同的挑战，亟须进行转型升级。

📖 **知识拓展**

数字化时代科层制组织结构面临挑战

科层制，又称官僚制，是一种理性化的管理组织结构，是指企业按照职能层级等因素划分为不同的部门和层级，形成一种分工明确、职责明确、管理层次分明的组织结构类型。在科层制组织结构中，每个部门和层级都有其特定的职责和权力，通过协调、合作和沟通，实现企业的目标和使命。

在工业化时代，企业发展普遍基于机械式思维，企业规模呈线性增长，科层制组织结构能够适应较为稳定的市场环境。进入数字化时代，动态、不确定性、非线性发展成为显著特征，以命令、控制为基础的科层制在数字化时代面临诸多挑战。

1. 适应动态环境的挑战

在工业化时代，市场环境相对稳定，企业基于金字塔式的科层制组织结构能够提高生产效率，产生规模经济，从而获得竞争优势。但在数字化时代，企业外部环境发生巨大变化，具有易变性、不确定性、复杂性和模糊性。一方面，从供给侧来看，互联网的发展使传统行业的边界被打破，跨界竞争频发，企业面临众多"看不见的对手"；另一方面，从需求侧来看，用户个性化需求越来越明显，企业仅凭单一产品进行市场渗透难以获取持续竞争力，企业需要快速洞察用户个性化需求并及时响应。

科层制组织结构在纵向平均有 6 个管理层级，除一线员工外，其他人难以感知市场需求。在大型企业金字塔式组织结构下，自上而下的流程极大降低了企业的决策速度。企业无法灵活、敏捷地对市场环境做出反应，难以适应动态多变的外部环境，从而导致企业调整滞后而错失良机。

2. 不断创新迭代的挑战

在工业化时代，资源的形态是相对固定的，如土地、资本；而在数字化时代，技术、数据等无形资源更为重要。在动态、多变的外部环境下，企业的任何竞争优势都无法长期保持，企业只有不断地进行技术、产品、管理、商业模式的创新，才能保持并提升市场地位。但科层制组织结构按照一套牢牢控制员工行为的规则行事，每个较低位置都在较高位置的严密控制和领导之下，因循守旧、不敢创新，一线员工想要推进新项目，但因层级限制等原因没有自我发挥的余地，导致企业缺乏创造力。

3. 满足员工自主需求的挑战

在数字化时代，Z 世代（又称网络世代，指 1995—2009 年出生的一代人）员工成为职场主力军。他们思维活跃，对自我有明确的认知，对生活有清晰的追求和目标。在大型组织中，一线员工参与重大项目的机会并不多。传统的雇佣关系以及下级必须服从上级的管理模式，使得员工难以实现自我价值，同时也不利于企业的长远发展。在科层制组织结构下，这种基于命令与服从的管理模式，使得员工的积极性受到打击，降低了员工的工作投入度。

4. 组织开放协同的挑战

在工业化时代，企业及行业间有明显边界，企业以做大规模、提高效率为主要目标，以封闭和单赢获得竞争优势。但随着数字化时代的到来，企业及行业间的边界被打破。一方面，由于交易成本大幅下降，很多企业开始将业务流程外包，将精力集中于自己具有绝对优势的核心业务领域；另一方面，互联网的发展使企业的经营活动不受时间和地域的限制，出现了专门从事整合外部资源的互联网企业，将原本的外部活动纳入企业的管理运作体系。与过去内生的竞争优势相比，企业不再只是专注于做大自身规模，而是对合作伙伴以及客户开放，从而双方实现价值共创。

传统的科层制组织结构比较封闭，员工将大部分时间花在内部事务上。一方面，组织内部边界明显，部门间形成了"部门墙"，不利于内部协同，极大降低了组织效率；另一方面，组织外部边界明显，与供应商、客户等利益相关方之间产生隔阂，不利于外部协同。

企业组织结构变革分析

任务描述

　　适宜、高效的组织架构能够最大限度地释放企业的能量，使企业更好地发挥协同效应，达到"1+1>2"的合理运营状态。组织架构不合理会严重阻碍企业的正常运作，出现企业内部信息传导效率降低、失真严重，企业做出的决策低效甚至错误，部门设置臃肿，部门间责任划分不清，工作中互相推诿、互相掣肘，企业内耗严重等问题。要清除这些企业发展"病灶"，只有通过组织结构变革来实现。

知识链接

一、企业组织结构变革相关知识

（一）企业组织结构变革的定义

　　在数字化时代，企业内外部环境复杂多变，企业资源也在不断整合与变动，具有极大的不确定性。这些变化给企业带来了机遇与挑战，同时也要求企业关注组织结构变革，以适应动态环境的变化，满足员工自主需求，应对来自组织开放协同的挑战。

　　企业组织结构变革是指企业根据内外部环境变化，及时对组织中的要素（如组织的管理理念、工作方式、组织结构、人员配备、组织文化及技术等）进行调整、改革和革新的过程。改革组织结构包括划分或合并部门、改革职位及其权责范围，协调各部门之间的关系，调整管理幅度和管理层次，下放或收回部分自主权。组织结构的本质是企业员工的分工协作关系，其内涵是企业员工在职、权、责三方面的结构体系。

（二）企业组织结构变革的目标

　　企业组织结构变革的目标是改变原有部门设置不合理、机构臃肿的情况，以达到人员分流、减员增效的目的，从而使组织整体、组织中的管理者以及组织中的成员对外部环境的特点及其变化更具适应性。企业组织结构变革的目标具体包括以下几个方面：

（1）组织更具环境适应性。组织只有顺势调整自己的任务目标、组织结构、决策程序、人员配备管理制度，才能在动荡的环境中生存并发展。

（2）管理者更具环境适应性。一方面，管理者要调整过去的领导风格和决策程序，使组织更具灵活性和柔性；另一方面，管理者要根据环境变化重构层级之间、工作团队之间的各种关系，从而使组织变革的实施更具有针对性和可操作性。

（3）员工更具环境适应性。如果企业要使员工更具环境适应性，就必须不断对员工进行再教育和再培训，在决策过程中要更多地重视员工的参与和对员工授权，根据环境的变化改造和更新整个企业文化。

二、企业组织结构变革的原因

一个运作良好的企业必须有一个完善的组织结构。任何设计得再完美的组织，在内外部环境发生重大变化时都必须进行改革，这样才能更好地适应组织内外部条件变化的要求。传统的科层制组织结构适合于相对稳定的外部环境，而现代企业的外部环境发生了一系列变化，动态性、复杂性凸显。为了追求自身的生存和发展，企业必须依据外界环境的变化和自身的条件进行新的战略调整，企业管理组织结构也要适应经营战略的要求，为实现企业战略目标服务。组织结构变革是任何组织都不可回避的问题，而能否抓住时机顺利推进组织结构变革则成为衡量管理工作有效性的重要标志。

（一）企业外部经营环境的变化

近年来，企业外部经营环境发生了较大变化，如地理范围和产品范围扩大、产业结构调整、政府经济政策调整、科技发展引起产品和工艺的变革、企业承担的社会责任增加、企业面临数字化转型等。互联网革命大大分化了企业所处的经济、技术和社会环境，加之要求、机会和压力日益变化无常，传统的科层制难以满足企业的要求，这就要求企业更迅速地做出多种多样的反应。企业组织结构是实现企业战略目标的手段，企业外部环境的变化必然要求企业组织结构做出适应性调整。

（二）企业内部条件的变化

除外部经营环境的变化外，企业内部条件也发生了较大变化，这些变化包括以下几个方面：

（1）技术条件的变化，如企业实行技术改造，引进新的设备以及技术、生产、营销等部门的调整。

（2）人员条件的变化，如人员结构的变化、人员素质的提高等。

（3）管理条件的变化，如实行计算机辅助管理、实行优化组合等。

（三）企业本身成长的要求

企业处于生命周期的不同阶段，对组织结构的要求也各不相同，如小企业成长为中型或大型企业、单一品种企业成长为多品种企业、单厂企业成为企业集团等。企业组织结构变革伴随着企业成长的各个阶段，不同的成长阶段要求不同的组织结构模式与之相适应。

课堂小练习

你认为目前企业经营环境发生了哪些变化？

三、影响企业组织结构变革的关键要素

（一）企业战略

企业在发展过程中需要不断地对战略形式和内容做出调整。新的战略一旦形成，组织结构就应该随之调整，以适应新战略实施的需要。企业组织结构随着企业战略的改变而变化，随着企业战略的升级与发展，相应的组织架构调整也就成为必然。

企业战略可以在两个层次上影响组织结构：一是不同的战略要求开展不同的业务和管理活动，由此影响管理职务和部门的设置；二是战略重点的改变会引起组织业务活动重心的转移和核心职能的改变，从而使各部门、各职务在组织中的相对位置变化，相应地就要求对各管理职务以及部门之间的关系做出调整。

由此可见，企业战略决定了组织结构的不同形式。例如，与单一经营发展阶段相适应的是早期的层级结构（直线制、职能制、直线职能制）；与市场和产品多样化阶段相适应的是事业部制；与以项目为中心的经营活动相适应的是矩阵制；以产品为中心划分事业部的大型跨国公司，采用的是与之相适应的多维立体式组织结构。

（二）外部环境

环境变化是组织结构变革的一个主要影响因素。外部环境因素可作用于组织，对其管理活动及生产经营活动产生影响；同时，组织也可以作用于环境，组织可以改变甚至创造适应其发展所需的环境。

环境之所以会对组织结构产生重大的影响，是因为任何组织都或多或少是一个开放的系统。组织作为整个社会经济大系统的一个组成部分，它与外部的其他社会经济子系统之间存在各种各样的联系，所以，外部环境的发展和变化必然会对组织结构产生重要的影响。

（三）技术

组织的任何活动都需要利用一定的技术和借助反映一定技术水平的特殊手段来进

行。技术以及技术设备的水平不仅影响组织活动的效果和效率，而且会对组织的职务设置与部门划分、部门间的关系，以及组织结构的形式和总体特征等产生影响。

（四）组织规模和成长阶段

伴随着组织的发展，工作流程及内容日趋复杂、员工人数逐渐增多，此时组织结构应随之调整，从而适应组织规模扩张所带来的新情况。组织变革伴随着企业成长的各个时期，不同成长阶段要求不同的组织模式与之相适应。管理者需要在组织步入新的发展阶段之际，及时地、有针对性地变革组织结构。

（五）业务发展

企业战略的升级或调整必然带来业务发展的变化。企业为了确保战略实现和业务发展，为客户提供满足其需求的产品和服务，就需要基于业务中心、业务流程、业务运作模式等对组织结构进行相应的调整，以保障业务链条的高效运营。

（六）发展阶段

企业在不同发展阶段需要有不同的组织结构来支撑。当企业处于初创期时，组织规模相对较小，企业以快速提升业绩、占领市场为目的。在初创期，企业组织结构的设置和调整更多以职能制为主，强调集权且专业化水平较低，企业尚不具备实施专业化的基础（规模、资源与平台等）。当企业发展至一定规模后，业务规模壮大、业务管理成熟度提高，组织结构设置开始向事业部制、矩阵制发展。企业要对发展阶段进行综合分析与判断后确定不同阶段的组织结构。

（七）管控模式

当企业发展为集团后，集权与分权就显得尤为重要，适度的集权与分权既能发挥集团整合资源、搭建平台的优势，又能发挥各子公司或事业部的灵活性、自主性和激励性。根据总部对下属单位的集权、分权程度的不同，管控模式可分为财务管控模式、战略管控模式和运营（集中）管控模式。企业基于战略地位、业务相关性、发展阶段、管理理念、管理现状、发展阶段及企业文化等，可能会出现过渡管控模式，或者企业在不同的业务单位采取不同的管控模式。例如，当业务板块战略地位重要、处于快速发展阶段、与集团业务相关性不大时，企业会采用战略管控模式；当业务相关性大、战略地位比较重要、资源整合优势大时，企业会采用运营（集中）管控模式。

（八）组织规模

组织规模是影响组织结构调整的一个重要因素。随着组织规模的变化，企业应对组织结构进行调整，方能支撑业务的发展。

（九）管理者的个人风格和企业文化

管理者的个人风格和企业文化也是影响组织管控模式和组织结构调整的重要因素。例如，某企业文化是集权型，管理者的个人风格也是强权型的，那么企业的组织结构设置就倾向于集权型，反之亦然。

（十）管控基础

管控基础是指一个企业或业务板块的管理成熟度。当企业管理成熟度相对较高、业务板块管理成熟度较低时，组织结构设置一般倾向于集权管控，便于将企业的管理经验和管理沉淀应用到新业务板块，减少新业务板块在管理上的探索，使企业能将主要精力投入在业务开拓与发展上。

近年来，互联网企业在逐步打造前台、中台和后台的管控模式。前台重在围绕客户和需求整合资源，快速响应和满足客户需求，为客户持续创造和提升价值；中台为

未来企业
组织的特点

前台业务运营和创新提供通用专业能力共享平台，实现专业化、系统化、组件化、开放化；后台为整个企业提供基础管理、职能服务支持和风险管控等，旨在实现专业化支持与服务。

企业要在变化的时代背景下保持持续的竞争力，组织结构的设置与调整要随政治、经济、技术、行业、竞争对手等外部环境的变化而变化，要基于外部环境和技术的变化而做出调整。

📋 课堂小结

数字化时代使得企业内外部环境发生了极大变化。这些变化给企业带来了机遇与挑战，企业只有注重组织结构变革，才能适应动态环境的变化，满足员工自主需求，应对来自组织开放协同的挑战。影响组织结构变革的要素是多方面的，但其目标都是使组织、管理者和员工都更具环境适应性。

组织结构的功能在于分工和协调，是保证战略实施的必要手段。企业基于组织结构将其目标和战略转化成一定的体系或制度，融入企业的日常生产经营活动中，并发挥指导和协调的作用，以保证企业战略的实现。

📖 知识拓展

组织结构变革的启示

（1）企业发展的不同阶段，组织层级不同，权力构成、领导方式各有特点。

（2）随着企业组织规模的扩大，组织结构会更复杂，企业需要进行制度的规范化、权力的细化、层级的深化设计。

（3）组织结构的设置与员工的心理与行为有着密切的关系。企业组织结构的设置

必须考虑员工的特点，照顾员工的选择，满足员工的需求。

（4）不存在完美的组织结构。在发展过程中，企业必须不断地调整组织结构，以满足发展需求。

（5）在企业发展过程中，内外部因素同时影响企业组织结构的变革，因此企业要全面地了解企业的发展状况和外部环境变化，有针对性地进行组织结构变革。

（6）管理者制定的经营战略对企业具有指导作用。为实现战略目标，企业应当根据战略目标调整组织结构，以获取利益。

企业组织结构变革的策略

任务描述

企业在进行组织结构变革时，只有对本企业的战略目标及特点进行深入的了解和分析，才能正确把握企业组织结构的类型和特征。由于组织变革是一项系统工程，涉及方方面面的关系，因此必须讲究策略。

知识链接

一、企业组织结构变革的模式

对于企业组织变革的必要性，曾有人认为，企业要么实施变革，要么就会失败。然而事实并非如此，有些企业进行了组织变革，反而加快了其破产。这就涉及组织结构变革模式的选择问题。这里将比较两种典型的组织结构变革模式：激进式变革和渐进式变革。激进式变革力求在短时间内，对企业进行大幅度的、全面的调整，以求彻底打破初态组织模式并迅速建立目的态组织模式。渐进式变革则是通过对企业进行小幅度的、局部的调整，力求通过一个渐进的过程，实现初态组织模式向目的态组织模式的转变。

（一）激进式变革

激进式变革是对企业进行大幅度的、全面的调整，以致企业根本性质的改变。这种变革期限较短，能够以较快的速度达到目的。与此同时，激进式变革会导致组织的平稳性差，严重的时候会导致组织崩溃，这就是为什么许多企业的组织变革反而加速了企业破产。

激进式变革的一个典型实践是"全员下岗、竞争上岗"。改革开放以来，为适应市场经济的要求，许多国企进行了大量的管理创新。一些企业在组织实践中采取"全员下岗、竞争上岗"的变革方式，这种方式体现了深刻的系统思维。当组织趋于僵化、保守，小幅度变革不足以打破初态组织模式的稳定性时，只能通过"全员下岗、竞争上岗"，激发企业员工的工作热情和积极性。只要竞争是公平、公正、公开的，就有助于形成新的吸引力，促使企业形成新的稳定的组织模式。此类变革如能成功，其成果具有彻底性。

一般而言，激进式变革适用于比较极端的情况，除非是非常时期，如企业经营状况严重恶化，否则企业一定要慎用这种变革模式，因为这种变革模式会给企业带来非常大的冲击。

（二）渐进式变革

渐进式变革是持续的、小幅度变革，是通过局部的修补和调整来实现变革。这种变革主要是在原有的组织结构的基础上进行局部调整，对企业产生的影响较小，而且可以经常性地、局部地进行调整，直至达到目的状态。渐进式变革的优点是阻力较小、易于实施，有利于维持企业的稳定性。渐进式变革的缺点是缺乏总体规划、变革持续的时间长，导致企业长期不能摆脱旧机制的束缚。

企业应当在实践中综合利用这两种变革模式。在内外部环境发生重大变化时，企业采取激进式变革可以适应环境的变化。但是激进式变革的运用不宜过于频繁，否则会影响企业的稳定性，甚至导致企业的破产。在两次激进式变革之间或在更长的时间里，企业应当进行渐进式变革。这两种变革模式各有利弊，也都有着丰富的实践，企业应当根据承受能力来选择适合的组织变革模式。

> **课堂小练习**
>
> 试列举激进式变革和渐进式变革取得成功的实例。

二、企业组织结构变革的设计方法

在激活组织、激发个体方面，企业可以通过明确个体责任，赋予个体相应权限，为个体配置资源，同时给予个体相应的利益，做到责、权、利的统一。企业组织结构变革的设计方法包括：流程化组织设计、事业部制组织设计、矩阵制组织设计、扁平化和平台化／生态化组织设计。

（一）流程化组织设计

流程化组织设计是指根据目标客户群的要求，从销售端商务活动领域逐渐向后端开始延伸，形成由功能型团队构建起来的价值创造流程链条。

1. 福特公司的实践

20 世纪 20 年代，福特汽车工厂中大量的操作工人没有受过良好的教育，他们属于纯体力劳动者。福特汽车公司依靠这些工人创造了一个世界级的公司。福特汽车公司是如何做到的呢？每位工人负责生产流程的一道工序，每道工序包含多项操作，保证该环节的操作顺利完成。福特汽车公司为生产线制定了操作指南，并帮助工人熟练掌握每一项操作，实现了流水线作业。

2. 华为的实践

华为是在知识工作者的活动领域进行流程化组织设计的成功典范。华为运用了 PACE 方法。PACE 的英文全称是 Product and Cycle-time Excellence，即产品及周期优化法。如同福特汽车公司对工人的动作进行分解一样，华为对知识工作者也进行了动作分解，形成了流程化组织。与福特汽车公司对工人的管理不同的是，华为的 PACE 方法更多的是依靠经验数据库和专家库来支持流程的运作。华为依靠专家的支持而不是管理者的支持来帮助每个知识工作者顺利地完成任务，在组织形态上积累知识、分享知识，确保了价值创造流程的高效运作，不仅减少了管理者对流程的干预，而且减少了传统意义上的管理职能工作。

华为在高度专业化分工的基础上形成了一体化组织。华为成功的本质在于建立了一个便于知识工作者价值创造的流程化组织。在这样的情况下，整个组织发展动力不是来自高层自上而下的推动，而更多的是来自市场需求的拉动以及市场竞争的压力。因为各个价值创造流程、各个环节的投入和产出是衔接在一起的，这样就形成了内在的推动力。

（二）事业部制组织设计

按照不同的产品区域、客户群进行划分，企业内部可设立多个事业部，各个事业部在经营管理上具有自主权，在财务上实行独立核算。20 世纪 20 年代，通用汽车公司、杜邦公司开始实行事业部制。20 世纪 90 年代，中国企业纷纷采用了事业部制。

通用汽车公司成立于 1908 年。1923 年，阿尔弗雷德·斯隆担任通用汽车公司总裁并着手推进了一系列的改革。在组织策略方面，斯隆提出了集中政策控制下分散作业的组织结构形式，也就是后来的事业部制。总部在保证集中管控的前提下，将经营管理权限适度下放到各分散作业的独立性的经营组织中，使分权得到了很好的平衡。

在人力资源策略方面，斯隆认为首席执行官的职责不应该受到限制，这样才能促使公司高级管理人员集中精力制定适合的营销战略。同时，需要将职能业务集中起来交由专业部门执行和完成。

一系列管理举措的落实使得通用汽车公司抓住了市场需求多元化的机遇，通过差异化定位和多品牌开发获得了消费者的认可。集中基础上的有效授权也使管理层从日常的经营管理中解放了出来，激发了企业经营性人才的积极性，让决策层和执行层有机结合起来，共创绩效。

（三）矩阵制组织设计

矩阵制组织设计不仅保留了直线职能制下纵向管理的优势，而且有利于企业响应外部市场机会。基于快速传递信息和快速响应客户的需要，矩阵制组织设计有利于企业更加灵活、高效地协同不同业务。

早期华为研发部门采用了直线制和矩阵制管理方式。从纵向上看，华为的研发依然分为中研、中试、生产三大部门；从横向上看，每个项目都有产品经理负责。华为在组织管理方式上进行了调整，对项目管理进行了改进，进一步重组和优化了开发流程，使产品开发的质量有了很大的提高。

2000年以后，华为研发的组织结构的变化更加明显，原有的部门设置被打破，华为建立了企业管理平台、技术平台、运作支持平台，实行全面的项目管理，建立了许多跨部门的矩阵制组织。华为有了良好的项目管理环境，实现了公司范围内的跨部门协作，极大地提高了产品在全球市场的竞争力。

（四）扁平化和平台化／生态化组织设计

扁平化组织是指管理层次少而管理幅度大的一种组织结构形态。平台化／生态化组织是指能够根据市场变化做到高度灵活、自我更新，并在产业链上不断地延伸，深化企业间的相互协作，贯通或者掌控产业价值链的各个环节，将价值链的起点和终点实现连接，价值链之间形成互联互通的一种组织结构形态。平台化／生态化组织在经营上更加注重各环节的协同和聚合效应，注重对外部合作伙伴的合作与协同，而不那么关注竞争本身。

海尔集团经历了五个发展阶段：品牌战略发展阶段、多元化战略发展阶段、国际化战略发展阶段、全球化品牌战略发展阶段、网络化战略发展阶段。海尔集团在品牌战略发展阶段和多元化战略发展阶段，主要采用的是直线职能制和事业部制的组织结构。到国际化战略发展阶段，海尔集团在事业部制的基础上将组织结构转变为矩阵制，将原来属于各事业部的研发、销售、财务、人力等部门进行整合，成立统一的研发中心、营销中心、财务中心、人力资源中心。之后，在实行市场链接的基础上，海尔集团在2005年开始推行自主经营体"人单合一1.0"双赢模式，之后过渡到"人单合一2.0"共创共赢生态圈模式。

　　海尔集团"人单合一"的管理实践使用户资源内化为企业内部的战略性资源。雷神科技是海尔集团"人单合一"模式下孵化的创客公司。海尔集团通过雷神科技等创客公司的实践，让用户内化为企业的员工，通过用户资源的引入，更加有效地促进了组织行为的改进。同时，海尔集团建立了资源开放平台，如海达源、海立方等，让一流的资源能够无障碍地进入，并快速地组合为用户创造价值。

　　在海尔"人单合一"的管理实践中，人、单、酬是三个核心的管理要素，最终目的是实现组织的自演进，构建生态圈，进行快速、有效的资源协同，为用户创造价值。在海尔集团，平台主、小微主、创客成为三种主要的角色。平台主不是上级领导，而是专门向平台上的创业团队提供服务；小微主是创业团队，这个创业团队在平台上茁壮成长；创客是指员工从雇佣者、执行者转变为创业者、合伙人。

　　流程化组织、事业部制组织、矩阵制组织、扁平化组织、平台化／生态化组织之间的内部逻辑关系可以这样来理解：流程化组织、扁平化组织、事业部制组织是直线职能制的优化或者变种；矩阵制组织是直线职能制双维度设计上的升级版本；平台化／生态化组织则是直线职能制多维度设计上的更高级版本。这五种组织设计方法共同的逻辑基础是基于用户体验，以组织设计的三大原则为导向，即顾客、员工、合作者。

> **课堂小结**
>
> 　　企业在进行组织变革时，必须对本企业的战略目标及其特点进行深入的了解和分析，比较激进式变革和渐进式变革各自适用的情况，找到适合本企业的变革方式，将不同变革策略在实践中加以综合利用。

企业组织结构变革的趋势

任务描述

　　知识经济、全球化不仅给现代组织管理提供了新的机遇，而且带来了新的挑战。20世纪80年代之后，组织结构正在悄然发生变化，现有的组织结构形式已经不能满足企业发展的需要，国内外企业组织结构发生了较大的变革。

> **知识链接**
>
> 在互联网时代，随着经济的高速发展，企业之间的竞争越来越激烈。企业需要适应复杂、不确定的外部环境，应对消费者瞬息万变的需求，这就要求企业根据内外部环境对组织结构做出相应的变革。目前，企业组织结构变革的趋势主要有以下几个方面。

一、扁平化

组织结构的扁平化，就是通过减少管理层次、裁减冗余人员来建立一种紧凑的组织结构，使组织变得灵活、敏捷，提高组织效率和效能。管理学家彼得·德鲁克认为，未来的企业组织不再是一种金字塔式的等级制结构，而会逐步向扁平式结构演进。企业要运用契约关系和市场关系来替代传统企业中的行政关系和产权关系，这就使得由强权力关系构筑的金字塔、层级式组织形态受到挑战，而扁平化、网络式组织结构成为有效形态。

扁平化组织结构的优势主要体现在以下几个方面：

（1）信息流通畅、决策周期缩短。组织结构的扁平化可以减少信息的失真，增加上下级的直接联系，改变信息沟通的方式，提高决策效率。

（2）创造性、灵活性加强，提高生产效率，增强员工工作积极性。

（3）降低成本。管理层次和员工人数的减少，工作效率的提高，必然带来产品成本的降低，从而使企业的整体运营成本降低，增强市场竞争优势。

（4）有助于提升组织的反应能力和协调能力。企业的所有部门及人员更直接地面对市场，减少了决策与行动之间的时滞，提升了对市场和竞争动态变化的反应能力，从而使组织能力变得更柔性、更灵敏。

二、网络化

随着信息技术的飞跃发展，信息的传递不必再遵循自上而下或自下而上的层级，就可实现部门与部门、人与人之间直接的信息交流。企业内部的这种无差别、无层次的、复杂的信息交流方式促进了组织的网络化发展。

（一）本质特征

网络组织的本质特征在于强调通过全方位的交流与合作实现创新和双赢。全方位的交流与合作既包括企业之间超越市场交易关系的密切合作，也包括企业内部各部门之间、员工之间广泛的交流与合作关系，而且这些交流与合作是以信息技术为支撑的，并将随着信息技术的发展而得到不断的强化。由于网络关系不能完全取代组织中的权威，因此网络组织中的层级结构始终是需要保持的，只不过在组织结构网络化的条件下，采取的是层级更少的扁平化结构。

（二）表现形式

组织结构网络化主要表现为企业内部结构网络化和企业间结构网络化。

1. 企业内部结构网络化

企业内部结构网络化是指在企业内部打破部门界限，各部门及成员以网络形式相互连接，使信息和知识在企业内快速传播，实现最大限度的资源共享。

2. 企业间结构网络化

（1）纵向网络。纵向网络是由行业中处于价值链不同环节的企业共同组成的网络型组织，如供应商、生产商、经销商等上下游企业之间组成的网络。这种网络打破了传统企业间明确的组织界限，大大提高了资源的利用效率以及企业对市场的响应速度。

（2）横向网络。横向网络是指由处于不同行业的企业所组成的网络。这些企业之间发生着业务往来，在一定程度上相互依存。这些企业间在股权上相互关联，在管理上相互参与，在资源上共享，在重大战略决策上采取集体行动，各方之间保持着长期和紧密的联系。

组织的网络化使传统的层次型组织和灵活、机动的项目小组同时存在，使各种资源的流向更趋合理化，通过网络凝缩时间和空间，加速企业全方位运转，提高企业的效率和绩效。

三、无边界化

无边界化是指企业各部门间的界限模糊化，目的在于使各种边界更易于渗透，打破部门之间的沟通障碍，有利于信息的传送。在具体的模式上，比较有代表性的无边界模式是团队。团队是员工打破原有的部门界限，组合起来直接面对顾客和对企业总体目标负责，以群体和协作优势赢得竞争优势的企业组织形式。这种组织是企业组织结构创新的典型模式。

团队一般可以分为两类。一类是专案团队。成员主要来自企业各部门的专业人员，其使命是为解决某一特定问题而组织起来，问题解决后即宣告解散。另一类是工作团队。工作团队一般是长期性的，成员常从事日常性业务工作。无边界是一种非常具有新意的企业组织结构创新思想。

四、多元化

企业不再被认为只有一种合适的组织结构，企业内部不同部门、不同地域的组织结构不再是统一的模式，而是根据具体环境及组织目标来构建不同的组织结构。管理者要学会利用多种组织工具，了解并且有能力根据某项任务的业绩要求选择合适的组织工具，从一种组织转向另一种组织。

五、柔性化

柔性化是指企业能够根据环境的变化调整组织结构，建立临时的以任务为导向的团队式组织。组织柔性的本质是保持变化与稳定之间的平衡，它需要管理者具有很强的管控力。

随着信息化、网络化、全球化的日益发展，企业内外部信息共享、人才共用已成为主要特征。全球范围内跨国公司的发展和企业集团的壮大，已初步形成了一种跨地区、跨部门、跨行业、跨职能的具有高度柔性化的机动团队化组织。这种柔性化组织最显著的优点是灵活便捷、富有弹性，因为该组织结构可以充分利用企业的内外部资源，增强组织对市场变化与竞争的反应能力，有利于组织较好地实现集权与分权、稳定性与变革性的统一，强化了部门间的交流合作，使不同方面的知识共享后形成合力，有利于知识技术的创新，大大降低成本，促进企业人力资源的开发，并推动企业组织结构向扁平化发展。

如何提升
组织的
柔性化能力

六、虚拟化

组织结构的虚拟化是指使用技术将人、资金、知识或者构想构建在一个无形（实物形态指统一的办公大厦、固定资产和固定的人员等）的组织内，以实现一定的组织目标的过程。

虚拟企业不具有常规企业所具有的各种部门或组织结构，而是通过网络技术将实现组织目标所需的知识、信息、人才等要素联系在一起，组成一个动态的资源利用综合体。

在信息经济时代，人与人、物与物、人与物之间的连接不仅依靠传统基础设施，更加依靠互联网。虚拟空间的出现打破了时空对信息传递的束缚，信息流通具备零时间、零距离、零成本、无边界的特征。虚拟企业是一种网络型组织，最终的价值创造和实现要依赖于与其利益相关者之间的合作，因此，它运用并行、动态、开放的价值网络来取代传统企业线性、静态、封闭的价值链条。

虚拟组织具有以下特点：

（一）价值创造碎片化

区别于传统企业通过自研发、自供给、自生产、自销售、自运营来封闭式地完成整个价值创造过程的模式，虚拟组织将以往完整的价值链条进行拆分，只做自己最擅长的某些区段或环节，其他区段或环节则在全社会范围内进行优化配置。虚拟企业打破了组织边界，缓解了企业与市场之间的对立局面。这样一来，分工就从组织内转向组织间，从产业间、行业间转向产品间、部件间甚至区段间、环节间。

（二）价值网络动态化

虚拟企业作为"网主"，根据需求在全社会"织网"，并随时调整"节点"，以保证网络中的"节点"是当下最优的，进而保证外部的最新成果随时可以被企业所用，使企业永远与市场"合拍"。动态化是虚拟企业能够持久保持竞争优势的主要原因。

（三）企业去管理化

从成本角度来看，虚拟企业减少了固定成本，增强了经营灵活性。

从风险角度来看，对于整个价值网络，节点企业的机会主义行为被网络的动态化所约束，因为每个企业都希望以诚信"入围"，单个"节点"故障对系统整体带来的影响会因存在"节点替补者"而降低，所以，传统企业风险通过融入价值网络被"外部化解决"，经营趋于"零风险"。

从激励角度来看，契约化、市场化关系让各个"节点"具有很强的自主性，这意味着它们对自己的利益负责，而利益又来源于对"网络"的贡献度，所以这些"节点"在契约化、市场化关系下具有很强的自我激励，通过更新、强化自己来获得"入围资格"，通过"溢出效应"带动"网络"优化。

从投入角度来看，企业更多地使用制度、品牌、网络等非物质化资源创造价值，实体投入规模占比下降。

从生产过程来看，各价值创造环节依靠网络连接、协调，虚拟化运营能力增强。

> **课堂小练习**
>
> 请从企业组织结构变革的六个趋势中选择一个并运用实例加以说明。

> **课堂小结**
>
> 企业组织结构是管理学研究的重点。随着市场经济的发展，企业的内部环境和外部环境都会发生变化，企业也会不断调整组织结构以适应发展的需要。目前企业组织结构的变革主要有扁平化、网络化、无边界化、多元化、柔性化、虚拟化趋势。企业只有结合自身情况设计适合自己的组织结构，才能在竞争日趋激烈的时代里立于不败之地。

万科组织结构演变历程

万科企业股份有限公司（以下简称万科）成立于1984年。在近40年的发展历程中，万科曾连续数年蝉联房地产行业领军企业的地位，是国内领先的城乡建设与生活服务商。这与万科的发展战略有关。万科曾先后采取了4种不同的组织结构。

1. 直线型组织结构（1984—1989年）

1984年，万科的前身——深圳现代科教仪器展销中心的公司成立，其主要业务包括销售进口的办公设备和视频器材，随后其业务逐渐发展到多个领域。虽然经营范围多元化，但是由于资源较为分散、业务结构混乱、投资关系复杂、管理和运营混乱，企业的毛利率逐渐降低，投资的回报率变得非常有限。由于1987年至1988年的贸易形势非常严峻，万科由此调整了业务经营范围。凭借已经建立的市场信息网络，万科抓住了进入工业和房地产两大新行业的机会。在1988年底，万科进行了股份制改造，公司的资本结构改变以获得更多的资金注入。在创业初期的几年里，由于业务种类单一、市场规模较小，万科采取了直线型组织结构（见图3-7）。在直线型组织结构中，作为企业的最高决策者，总经理负责对企业各方面的全部决策做出统一指示，对企业的影响举足轻重。

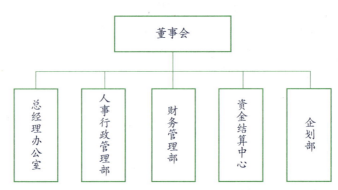

图3-7　万科早期采取的直线型组织结构

2. 职能型组织结构（1990—2000年）

股份制改造完成后，万科的资金规模扩张速度较快，这也对公司经营和管理的规模化和专业化提出了要求。到1994年底，万科通过资金参股、合作等形式，从依靠进口业务获得资金发展为以商业贸易、工业、房地产和文化传播为支柱的综合型经营实体。从20世纪90年代中期开始，万科开始由多元化回归专业化，以房地产为主要业务领域。专业化战略起到了关键作用，令万科一举成为我国房地产行业中的领头羊。在房地产行业中，万科进行了进一步细分，由过去公寓、别墅和写字楼并举转变为以中心城市的中高档居民楼为主打产品。随着经营活动的不断丰富、市场规模的不断扩大，万科的组织结构和职位责任也在不断地完善过程中，到1994年底，其庞大而明确的职能型组织结构已经初显（见图3-8）。

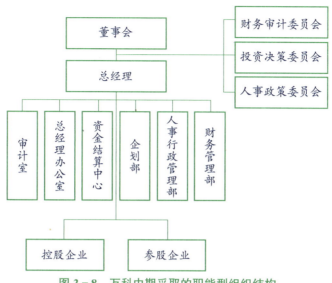

图3-8　万科中期采取的职能型组织结构

3. 矩形超事业部制组织结构（2001—2018年）

自2001年起，万科采取的是矩形超事业部制组织结构，即在总部和各事业部之间增加了职能部门这个管理层级。这样调整的原因在于，万科的规模非常庞大，如由总部直接领导事业部和子公司／分公司，则会导致巨大的管理跨度，为总部的高层管理者增加诸多管理压力；同时，由于万科采用标准化经营模式，各个事业部和子公司／分公司的很多标准化事项需要总部进行决策，导致很多重复性劳动。因此，在总部和各个事业部和子公司／分公司之间增加一个管理层级，使得万科的组织结构中既有灵活、柔性的事业部制度，也有必需、刚性的职能部门，在集权和分权之间实现了平衡，在分权的基础上进行适当的集权，以协调集团的资源和力量，完成各个事业部共同的产品和市场开发、服务和技术支持，避免重复劳动导致的管理效率低下和不经济。万科的组织结构包含三个层级：总部及其职能部门、区域公司及其下属部门，以及各地的项目公司（见图3-9）。万科对区域公司采取的是区域管理运营模式，区域公司对项目公司采取的则是职能型的项目管理方式。研究表明，区域公司所拥有的项目数量会影响其采取的组织结构类型，随着项目数量的增加，最高效的组织结构需要按照"职能型—项目型—网络型—矩阵型"的路径转变，2015年下半年，万科的组织结构更加扁平化。在这一体系中，万科真正实现了从专业型总部向战略管控型总部的转变，为日后迈向千亿级房企奠定了基础。

4. 新的组织结构（2018年至今）

2018年9月，万科对内宣布调整总部组织结构，撤销万科总部全部部门设置，成立了集团总部、事业集团（BG）、事业单元（BU）（见图3-10）。新的决策体系取代原本部门负责人管理的形式。通过组织重构，万科总部结构精简，走向扁平化管理。

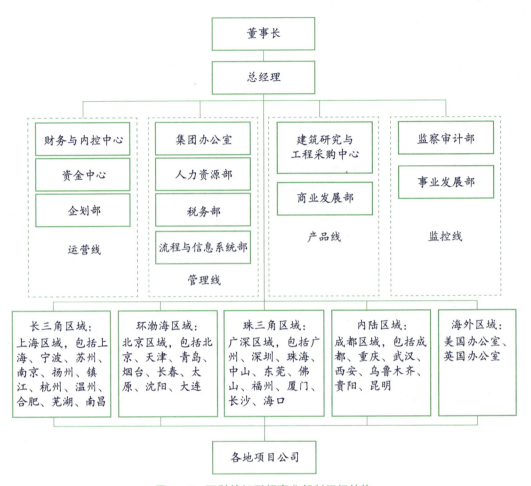

图 3－9　万科的矩形超事业部制组织结构

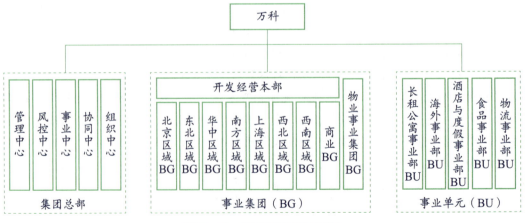

图 3－10　万科新的组织结构

资料来源：黄泽宇. 房地产企业组织结构演变探究：以万科集团为例［J］. 中国人力资源开发，2016（12）.

娃哈哈集团数字化改造

创立于 1987 年的娃哈哈，经过了 30 多年的发展，已成为国内食品饮料领域的领军企业。创始人宗庆后顺应当时的市场环境，独辟蹊径，进军儿童饮料市场，成为当时民营企业中的佼佼者。20 世纪 90 年代初，宗庆后又创造性地提出了有娃哈哈特色的"联销体"制度，将不同层次的经销商形成以合同为基础的联合销售系统。"联销体"模式也是娃哈哈在全国快速发展的重要基础。然而，2005 年以后，随着电商的兴起，娃哈哈的业务也受到很大影响，销售额出现持续下滑。在 2012—2017 年间，娃哈哈又陆续尝试了"OAO"等不同模式，但市场反响一般。尤其是受新冠疫情的影响，线下门店的销售大幅下滑，严峻的现实倒逼娃哈哈思考合适的数字化转型之路。

调研发现，娃哈哈虽然有非常庞大的线下经销体系，但是，因为没有实现数字化管理，货物在流通过程中的状态和销售情况难以追踪。娃哈哈也意识到了这些问题，从 2018 年起，就开始构建数字化供应链体系，把跟娃哈哈有业务联系的所有批发商、经销商、终端小店都纳入这个数字化网络中。娃哈哈对数字化转型的探索主要有以下五个方面：

1. 建立数据驱动的智能饮料生产线

为了解决"柔性"生产线的问题，从 2017 年起，娃哈哈联合西门子公司，在杭州下沙投产了国内首条数字化智能饮料生产线，该生产线还入选国家工信部智能制造示范项目。智能化生产线建成后，娃哈哈的饮料生产线有了革命性的变化，实现对生产过程的精准控制。

2. 建立数据驱动的管理中台

娃哈哈是传统的制造企业，要转型，就要有"数字大脑"。从 2019 年起娃哈哈开始探索建立"私有云"，即娃哈哈自己的数据中台。娃哈哈通过建立数据中台，压缩组织的层级结构，提升集团的决策效率。例如，娃哈哈全国有 80 多个生产基地、上百家分公司，通过数字中台打通每个部门之间信息沟通不畅的瓶颈，提高集团的决策和运营效率。所有分公司和经销商的销售数据可以实时反馈并且相关的报表在当天就能通过"数字大脑"自动生成。娃哈哈集团高层参与，全力推进公司的数字中台建设。

3. 建立数据驱动的供应链网络

娃哈哈从 2018 年开始就一直持续地鼓励所有的经销商、批发商，还有终端小店进入数字化的供应链网络中。对娃哈哈来说，未入网前，对经销商的销售情况不甚清楚，对终端小店的管理乏力。入网后，公司所有的市场推广活动的效果、给经销商的折扣以及促销政策等，娃哈哈都可以非常精准地了解，并且终端小店也是由经销商去发展和管理，这样，经销商和终端小店就从原来的弱关系转为强关系，这对于提高经销商的渠道效率大有裨益。2021 年 7 月 30 日，娃哈哈正式推出了"快销网"，进一步打通供应链配送体系，布局大数据网络，实现数字赋能实体经济。

娃哈哈构建的数据驱动供应链网络，并不是要去经销商化，而是依托多年经营的庞大经销网络，联合经销商一起进行数字化变革。娃哈哈不仅鼓励经销商、批发商、终端小店入网，还充分激发每一家终端小店的潜力。它们既是经营商，又是配送商。当消费者下单后，后台系统可以迅速匹配到离消费者最近的终端小店，以最快的速度把商品送给消费者。

4. 建立数据驱动的销售管理体系

娃哈哈建立的数据驱动销售管理体系主要包括两个维度：通过数字技术实现对销售员的管理和对产品的管理。娃哈哈全国直管的销售人员有 7 000 多名，是直接通过数字系统进行管理的。通过数字系统，娃哈哈不仅仅加强了对销售人员的管理，更重要的是能精确了解供应链上各个环节的价格情况和各项制度的执行情况。同时，娃哈哈通过对客户数据进行分析，为终端小店提供精确的用户画像，从而为新品的开发维护、为终端的铺货提供更精确的策略支持。

5. 建立数据驱动的营销平台

从 2018 年开始，娃哈哈蓄力打造自己的数字营销平台，分别是："康有利"（保健品电商平台）、"快销网"（食品饮料电商平台）、跨境电商平台，以及"哈宝游乐园"。这四大数字营销平台在功能和人群定位上也各不相同。例如，保健品电商平台"康有利"意在打造让更多顾客都能"买得起"和"放心买"的大健康垂直电商平台。"康有利"已于 2020 年 6 月 18 日正式上线，不仅销售娃哈哈自有产品，也将逐步吸纳国内外知名保健品品牌入驻。"快销网"是娃哈哈推出的零售营销管理平台，结合娃哈哈的线下渠道优势，积极推进线上线下的融合，通过"快销网"搭建经销商与门店终端的桥梁，让渠道通路更加有效率，终端门店也可以通过"快销网"掌握商品的实时动态。跨境电商平台主要将国外优质产品带给国内消费者，并通过"出口转内销"，帮助出口企业解决部分销售问题。2018 年正式上线运营的"哈宝游乐园"，积极建立与年轻消费群体的连接纽带，通过赞助大学生创新大赛、营销大赛等活动，迅速吸引人气。"哈宝游乐园"也是娃哈哈积极让品牌回归年轻消费者视野的新尝试。

娃哈哈数字化实践的关键性事件如图 3-11 所示。

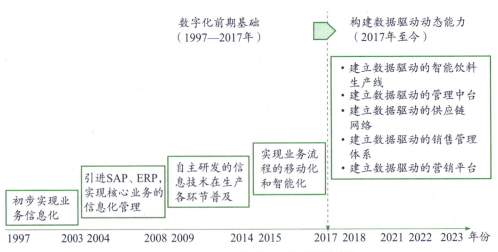

图 3-11　娃哈哈数字化实践的关键性事件

资料来源：陈瑜，陈衍泰，谢富纪. 传统制造企业数据驱动动态能力的构建机制研究：基于娃哈哈集团数字化实践的案例分析［J］. 管理评论，2023（10）.

引思明理：

　　数字化转型是企业利用互联网、大数据技术对企业组织结构、运营管理方式等进行现代化变革的过程。随着人工智能、区块链、物联网等新技术的普及，"数字化"越来越频繁地运用在企业管理之中。党的二十大报告指出："完善中国特色现代企业制度，弘扬企业家精神，加快建设世界一流企业。"企业在持续发展主营业务的同时，需要抢抓科教兴国战略和创新驱动发展战略的机遇，全方位推进科技创新、企业创新、组织创新和产品创新，提升综合实力，加快建设世界一流企业。

同步测试

一、判断题

1.组织结构并不是一成不变的，它也会随着组织的重大战略调整而进行调整。（　　）

2.科层制组织结构能够适应动态的、不确定性的市场环境。（　　）

3.企业处于生命周期的不同阶段，对组织结构的要求也各不相同。（　　）

4.企业发展战略决定了组织结构的不同形式，如与单一经营发展阶段相适应的是矩阵制结构。（　　）

5.越是常规化的技术，越需要更大的组织结构灵活性。（　　）

6.当企业处于初创期时，组织规模相对较小，组织结构的设置和调整更多以职能制为主，强调集权，且专业化水平很低。（　　）

7.不存在一种完美的组织结构，在发展过程中，企业必须不断地调整组织结构，以满足发展需求。（　　）

8.外部环境对组织结构的影响不大，组织结构的形式更多取决于内部环境。（　　）

9.层级化的组织结构有助于增强组织的反应能力和协调能力。（　　）

10.渐进式变革有利于维持组织的稳定性。（　　）

二、单选题

1.（　　）组织结构适用于规模庞大、品种繁多、技术复杂的大型企业。

A.直线制　　　　B.职能制　　　　C.直线职能制　　　　D.事业部制

2.（　　）是在组织结构上，既有按职能划分的垂直领导系统，又有按产品（项目）划分的横向领导系统。

A.矩阵制　　　　　　　　B.模拟分权制

C.事业部制　　　　　　　D.直线职能制

3.企业发展战略决定了组织结构的不同形式，如与以项目为中心的经营活动相适应的是（　　）。

A.层级制　　　　　　　　　　　　B.分权事业部制

C.矩阵制　　　　　　　　　　　　D.多维立体制

4.一般而言，（　　）适用于比较极端的情况，除非是非常时期，否则企业一定要慎用这种变革模式，因为这种变革模式会给企业带来非常大的冲击。

A.激进式变革　　　B.渐进式变革　　　C.战略性变革　　　D.战术式变革

5.（　　）是指企业各部门间的界限模糊化，目的在于使各种边界更易于渗透，打破部门之间的沟通障碍，有利于信息的传送。

A.网络化　　　　　B.无边界化　　　　C.扁平化　　　　　D.柔性化

6.（　　）是虚拟企业能够持久保持竞争优势的主要原因。

A.虚拟性　　　　　B.动态化　　　　　C.柔性　　　　　　D.盈利性

三、多选题

1.在数字化时代下，企业外部环境发生巨大变化，呈现（　　）特征。

A.易变性　　　　　　　　　　　　B.多样性

C.不确定性　　　　　　　　　　　D.复杂性

E.模糊性

2.根据总部对下属单位的集权、分权程度的不同，管控模式可分为（　　）。

A.人力管控模式　　　　　　　　　B.财务管控模式

C.运营（集中）管控模式　　　　　D.战略管控模式

E.集权管控模式

3.依据业务聚焦类型以及设立目的，可将事业部制分为（　　）。

A.产品事业部　　　　　　　　　　B.项目事业部

C.地区事业部　　　　　　　　　　D.顾客事业部

E.服务事业部

4.企业的组织结构的类型包括（　　）。

A.直线制　　　　　　　　　　　　B.职能制

C.直线职能制　　　　　　　　　　D.事业部制

E.矩阵制

四、思考题

1.是否存在完美无缺的组织结构？为什么？

2.企业组织结构的类型有哪些？

3.组织结构变革的模式包括哪些？各自适用于什么情况？

4.简述企业组织结构变革的趋势。

项目四 企业经营战略

·任务目标·

知识目标

- 了解现代企业经营思想的概念及经营战略的构成要素。
- 熟悉现代经营环境与资源、具体的经营战略。
- 掌握企业竞争战略和成长战略、经营战略的分析方法。

技能目标

- 能够在熟悉企业经营战略的基础上，选择适合企业的经营战略，提升企业核心竞争力。
- 能够在明确现代企业经营的环境与资源的基础上，充分、有效地利用企业的人力资源。
- 能够在熟练掌握企业竞争策略的基础上，根据企业的资源与发展阶段，采用适合的竞争策略。

素养目标

- 培养将所学知识悟化为实际问题的解决能力。

内容导图

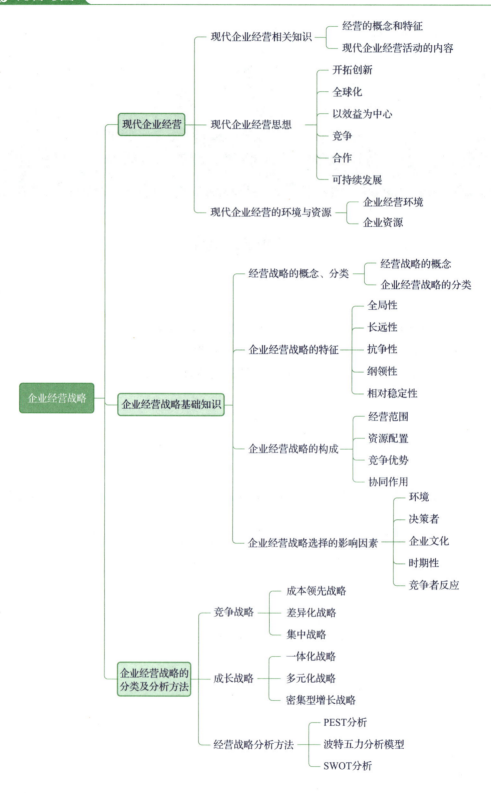

现代企业经营

任务描述

企业经营是在既定的愿景、方向、目标的前提下，通过整合资源，努力将梦想转化为现实的动态过程。现代企业经营活动受到环境和资源的影响，了解现代企业经营的相关知识对做好企业经营至关重要。

知识链接

一、现代企业经营相关知识

随着我国计划经济体制向社会主义市场经济体制的转变，企业成为自主经营、自负盈亏、独立核算的经济主体。这要求企业必须建立一套适应市场需要的运营机制，使企业能及时了解有关信息，适时调整产品结构，不断满足市场需要，增强自身竞争力。

（一）经营的概念和特征

1. 经营的概念

经营是指企业的经济系统根据企业所处的外部环境和条件，把握机会，发挥自身的特长和优势，为实现企业总目标而进行的一系列的有组织的活动。经营包含企业为实现其预期目标所进行的一切经济活动，即供、产、销、服务等活动。

现代企业经营是指企业经营者为获得最大的物质利益而运用经济权力，使用最少的物质消耗创造出尽可能多的能够满足人们各种需要的产品的经济活动。

2. 现代企业经营的特征

（1）企业的经济系统特征。企业作为社会经济元素，是社会经济系统的成员，是进行自主经营、自负盈亏、独立核算的生产经营单位。同时，企业又自成系统。企业本身是由众多内部组织机构组合而成的整体系统，内部具有相对完整的经济结构，是包含生产、分配、流通、消费四个环节的统一体，具有相对独立和完整的运行机制。

（2）企业经营受到内外部环境的制约。企业是一个与环境相互作用的开放系统，其经营活动受到外部环境的影响和制约。外部环境的变化无时无刻不在影响和制约企业的生存和发展，企业必须对复杂的外部环境进行分析。

企业所处的环境可以分为特定环境与一般环境。特定环境是直接对企业的活动产生影响的因素，包括顾客、竞争对手、供应商、相关政府部门、所属产业的各种团体、相关技术等。一般环境是指间接地对企业活动产生影响的因素，如文化、社会、经济、技术、政治与法律等。这些环境因素主要从宏观方面对企业的经营活动产生影响。

企业核心
竞争力的
识别标准

（3）企业须提升核心竞争力。核心竞争力是一种独特的、别人难以靠简单模仿获得的能力，体现了企业自身的优势与特长。企业所掌握的先进的专有技术、独特的企业文化、较强的资源整合能力都可以成为企业的核心竞争力。企业只有拥有核心竞争力，才能得到持续发展。

（4）经营目标决定企业的经营活动。企业的经营目标是多元的，但基本目标是满足顾客需求，提供优质产品或服务，同时企业获得经济效益，保证企业经济系统顺畅地运转，并为企业和员工的进一步发展提供有利的条件。企业经营目标的实现是企业经济系统从事经营活动的最终结果。

（二）现代企业经营活动的内容

现代企业经营活动的内容主要包括以下几个方面：

（1）生产活动。生产活动是将投入转变为产出的活动，是企业的一项基本的经营活动。生产活动的目的是满足人们的物质需求和精神需求。

（2）营销活动（或称销售活动）。营销活动是指借助一定的物质技术设备，运用商品－货币关系，通过多种方式和途径，引导产品从生产者到达消费者或者使用者，从而实现产品由实物形态到货币形态转化的活动。

（3）供应活动。供应活动是指用货币向供应单位购买企业经营所需的物质资料的活动。供应活动是企业经营活动的起点。

（4）财务活动。财务活动是企业经营过程中发生的涉及资金的活动，包括资金的筹集、资金的运用和资金的分配等一系列活动。财务活动是其他各项经营活动的"血液"。

（5）人力资源开发活动。人力资源开发在现代企业中的作用越来越重要，它是提高企业竞争力的关键所在。

二、现代企业经营思想

经营思想是企业经营者解决各种经营问题、处理各种关系的规范性的指导思想。

它是在一定的社会经济条件下，在企业经营实践中不断演变而成的指导企业经营活动的一系列指导观念。经营思想会受到当时的生产力、生产关系和上层建筑等因素的制约。企业的经营思想必须顺应当时的社会经济发展水平、国家政策、法律法规以及人与人、人与社会、人与企业、企业与社会之间的关系。企业要顺应时代潮流，跨越经济周期和发展障碍，追求持续增长和转型升级，就要不断改进经营思想。现代企业经营思想包括以下几个方面：

（一）开拓创新

开拓创新是企业处理现状和变革之间的关系的经营思想。创新是企业家抓住市场的潜在机会，对经营要素、经营条件和经营组织的重新组合，以建立效能更强、效率更高的新的经营体系的变革过程。企业的开拓创新思想主要体现于以下三个方面：

（1）技术创新，包括新产品开发、老产品改造、新技术和新工艺的采用以及新资源的利用；

（2）市场创新，即开拓新市场；

（3）组织创新，包括变革原有的组织形式、建立新的经营组织。

（二）全球化

全球化是指企业需要建立一种全球化、开放性的理念，不断学习、研究和适应市场的变化和不确定性，从而促使企业持续发展。

（三）以效益为中心

企业的生产经营活动的目的是创造社会财富、创造价值。因此，企业必须将提高经济效益作为经营管理的中心任务。提高经济效益并不是单纯为了盈利，还要有利于提高社会综合的经济效益，在服务社会的前提下为企业创造更多的利润。

（四）竞争

竞争是市场经济的显著特征，有竞争才有创新，有竞争才有发展，有竞争才能使社会资源得到最优配置。企业要牢固树立竞争观念，明确企业间的竞争是优胜劣汰。企业要把握自己的优势，从而扬长避短，在竞争中取得成功。

（五）合作

互联网时代的企业经营理念强调共赢，因为任何一个企业都不可能在所有方面大包独揽。企业只有将自己的资源与其他企业的资源整合，与其他企业建立战略合作关系，才能使自己集中精力发展比竞争对手更擅长的关键性业务，从而达到优势互补、共同提升竞争力的目的。

（六）可持续发展

企业为了自身的发展需要利用资源、创造价值，但是这种发展不应损害下一代人的生活质量，不应损害人类的长远利益。企业的可持续经营要求企业将其社会、经济和环境的价值观念和实践纳入一种长远战略之中，关心社会的总体利益，关注人类的未来。

> **课堂小练习**
>
> 试举例说明企业可通过哪些方式实现可持续发展。

二、现代企业经营的环境与资源

企业与环境之间存在密切联系。一方面，环境是企业赖以生存的基础。企业经营的一切要素都要从外部环境中获取，如人力、材料、能源、资金、技术、信息等，没有这些要素，企业就无法开展生产经营活动。同时，企业的产品也必须通过外部市场进行营销，没有市场，企业的产品就无法得到社会的认可，企业也就无法生存和发展。环境既能给企业带来机遇，也会对企业造成威胁。关键在于企业如何认识环境，把握机遇，避开威胁。另一方面，企业是一种具有活力的社会组织，它并不是只能被动地被环境所支配，而是在适应环境的过程中对环境产生影响，推动社会进步和经济繁荣。企业与环境之间的基本关系是在局部与整体的基本架构之下的相互依存和互动的动态平衡关系。因此，企业必须研究环境，主动适应环境，在环境中求得生存和发展。

（一）企业经营环境

1. 企业经营环境的含义

企业经营环境是指存在于企业外部并影响企业的经营活动的各种客观因素。

2. 企业经营环境的内容

企业经营环境包括经济环境、科技环境、政治与法律环境、社会文化环境和自然生态环境五个方面。

（1）经济环境。经济环境是指构成企业生存和发展的社会经济状况及国家的经济政策，包括社会经济结构、经济体制、宏观经济政策等要素。衡量这些因素的经济指标有实际收入、平均消费水平、消费支出结构、实际国民生产总值、利率和通货供应量、政府支出总额等。

（2）科技环境。科技环境是指企业所处的环境中的科技要素，以及与该要素直接相关的各种社会现象的集合。科技环境包括国家科技体制、科技政策、科技水平和科技发展趋势等。随着科技的发展，新技术、新能源、新材料和新工艺的出现与运用，企业在经营战略管理上需要做出相应的决策，以获得新的竞争优势。

（3）政治与法律环境。政治与法律环境是指那些制约和影响企业的政治因素和法律体系，以及其运行状态。政治环境包括国家的政治制度、国家的权力机构、国家颁布的方针政策、政治团体和政治形势等因素。这些因素对企业的生产经营活动具有控制和调节的作用。法律环境包括国家制定的法律、法规、法令以及国家的执法机构等因素。这些因素在监控企业的生产经营活动的同时，保障企业的合法权益和合理竞争，促进公平交易，维护消费者的利益等。企业在生产经营中要树立法律意识，遵纪守法，并能够运用法律手段保护自己的正当权益。

（4）社会文化环境。社会文化环境是指企业所处的社会结构、社会风俗和习惯、信仰和价值观念、行为规范、生活方式、文化传统、人口等因素的形成和变动。其中，人口因素是一个极为重要的因素，包括人口规模、地理分布、年龄分布、迁移等方面。社会文化环境决定人们的消费观念、消费水平、市场大小，是为企业带来市场机会的主要因素。

（5）自然生态环境。自然生态环境是指企业所处的自然资源与生态环境，包括土地、森林、河流、海洋、生物、矿产、能源、水源、环境保护、生态平衡等方面的发展变化。环境保护、实现可持续发展是每一个企业的责任。自然生态环境对企业的生产经营具有极为重要的影响。

（二）企业资源

1. 企业资源的含义

企业资源是企业所拥有、使企业得以运营的要素集合，包括有形资产（如厂房、现金、人员和顾客等）以及无形资源（产品质量、员工技能、市场声誉等）。企业对环境的控制能力取决于其所掌握的资源，企业拥有的资源决定了它的竞争优势。

2. 企业资源的类别

企业资源可以分为有形资产、无形资产和人力资源三类。

（1）有形资产。有形资产是具有实物形态的资产，主要包括房屋、机器、设备等。狭义的有形资产通常是指企业的固定资产和流动资金。广义的有形资产包括企业的资金、资源、产品、设备、装置、厂房、人才、信息等一切生产要素在内。人们可以从企业的财务报表获知其有形资产的数量。我们在衡量某项有形资产的战略价值时，不仅要看到数量，而且要注意评价其产生竞争优势的潜力。

企业可以通过多种方法提升有形资产的回报率，如采用先进的技术和工艺，以增加资源的利用率；通过与其他企业的联合，尤其是与供应商和客户的联合，以充分地利用资源。由于不同的企业掌握的技术不同，人员构成和素质也有很大差异，因此不同企业对一定的有形资产的利用能力也有所不同。换句话说，同样的有形资产在不同能力的企业中表现出不同的战略价值。

（2）无形资产。无形资产是指企业拥有或者控制的没有实物形态的可辨认非货币性资产，其价值无法用会计方法来衡量。无形资产包括企业拥有的"软性"资产，如专利、软件、品牌、商标、标识、特许经销权、科研开发资源、创意、专门知识、与客户关系等。

大部分无形资产是不可能直接从市场上获得的，如企业的经营能力、技术诀窍和企业形象等。无形资产往往是企业在长期的经营实践中逐步积累起来的，虽然不能直接转化为货币，但却同样能给企业带来效益，因此同样具有价值。专有技术是重要的无形资产，其具有先进性、独创性和独占性。一旦拥有了某项专利、版权和商业秘密，企业就可以凭借这些无形资产构建自己的竞争优势。

（3）人力资源。人力资源是指企业内的智力劳动和体力劳动者。企业中最重要的人力资源是那些能够为企业提供技能、知识以及推理和决策能力的员工，具有这些能力的员工又被称为企业的人力资本。

一个企业最重要的资源之一就是人力资源。人力资源作为企业的第一资源要素，是形成企业核心竞争力的基础。企业要在激烈的竞争中生存和发展，必须高度重视人力资源管理，建立健全人力资源管理制度，提升人力资源管理水平，以此提高企业的竞争力。

事实表明，那些能够有效地利用人力资源的企业会获得更快的发展。这是因为无论企业的有形资产和无形资产方面多么富有，没有人来正确地运用，企业就无法获得长期的成功。在知识经济时代，人力资源在企业中的作用越来越凸显。

从以上对经营的分析可以看出，经营含有筹划、谋划、计划、规划、组织、治理、管理等含义。与管理相比，经营侧重动态性谋划发展的内涵，而管理侧重使企业正常、合理地运转。经营和管理合称经营管理。

课堂小练习

在知识经济时代，人力资源在企业中的作用主要体现在哪些方面？

课堂小结

经营环境不仅是影响企业生产经营活动的外部条件，而且是制约企业生存和发展的重要因素。企业经营是在既定的愿景方向、目标的前提下，通过整合资源努力将梦想转化为现实的动态过程。现代企业需要具备开拓创新、全球化、以效益为中心、竞争、合作、可持续发展等思想。企业的资源可以分为有形资产、无形资产和人力资源三类。

企业经营战略基础知识

任务描述

　　企业经营战略是企业为了适应未来环境的变化，寻求长期生存和稳定发展而制定的总体性和长远性的谋划与方略。它关系到企业的长远利益、企业的成败。制定企业经营战略是确定企业未来一定时期的战略目标，以确保企业长期的生存，并实现持续发展。

知识链接

一、经营战略的概念、分类

（一）经营战略的概念

　　经营战略是在符合和保证实现企业使命的条件下，在充分利用环境中存在的各种机会和创造新机会的基础上，确定企业与环境的关系，规定企业从事的经营范围、成长方向和竞争策略，合理地调整企业结构和分配企业的全部资源，从而使企业获得竞争优势。

　　企业经营战略是企业为了取得竞争优势，谋求长期的生存和稳定发展，在调查预测和把握企业外部环境和内部条件变化的基础上，以正确的战略思想，根据企业目标对企业较长时期全局的发展作出的纲要性、方向性决策。

（二）企业经营战略的分类

　　企业经营战略可以按照不同的标准进行分类。一般来说，通常有以下几种分类方法：

1. 依据企业经营战略的目的分为竞争战略和成长战略

　　竞争战略是企业在特定产品与市场范围内，为了取得优势，维持和扩大市场占有率所采取的战略。竞争战略的重点是提高市场占有率和销售增长率。

成长战略是企业确定以发展为目标，开拓新的经营领域，建立新的利润增长点，保证企业获得成长机会所采取的战略。

2. 依据竞争态势分为发展战略、维持战略和紧缩战略

发展战略是促进企业经营不断发展的一种战略。这种战略的特点是不断开发新产品和新市场，掌握市场竞争的主动权。

维持战略是企业在一定时期内采取以守为攻、伺机而动、以安全经营为宗旨、回避风险的一种战略。

紧缩战略是企业在特定时期采取缩小生产规模或放弃某些产品生产的一种战略。这是一种战略性撤退，有利于企业集中优势，扭转经营中的不利地位。

课堂小练习

试分析紧缩战略和培养企业核心竞争力之间的关系。

3. 依据企业成长方向分为产品战略、市场战略和投资战略

产品战略包括产品创新战略、产品开发战略、产品换代战略、产品多样化战略等，其目的是增强产品的竞争力。

市场战略包括市场渗透战略、市场开拓战略、市场细分战略、国际市场战略、市场营销组合战略等，其目的是把握市场机会，扩大市场份额。

投资战略包括市场投资战略、技术发展投资战略、企业联合与兼并投资战略等。

4. 依据战略层次分为总体战略、业务层战略和职能层战略

总体战略是企业最高层次的战略。它是有关企业全局发展的、整体的、长期的战略。

业务层战略是一种分散经营战略，主要针对不断变化的外部环境，研究企业内的各个经营单位在各自的经营领域里如何有效地竞争，如何保证企业整体的竞争优势，以及各经营单位如何有效地控制资源的分配和使用。

职能层战略是按经营职能分别确定绩效与运用经营资源，是企业各职能部门为追求企业竞争优势而制定的长期规划。

不同战略层次包含的战略类型如表4-1所示：

表4-1 不同战略层次包含的战略类型

战略层次	战略类型
总体战略	一体化战略
	加强型战略
	多元化战略
	并购战略
	防御型战略

续表

战略层次	战略类型
业务层战略	一般竞争战略
	创新竞争战略
职能层战略	市场营销战略
	财务战略
	生产战略
	研究与开发战略
	人力资源战略

二、企业经营战略的特征

企业经营战略的特征包括全局性、长远性、抗争性、纲领性和相对稳定性。

（一）全局性

这是企业经营战略最根本的特征。企业经营战略以企业的全局为出发点，根据企业总体发展的需要而制定。它所规定的是企业的总体行动，追求的是企业的总体效果。虽然它必然包括企业的局部活动，但是这些局部活动是作为总体行动的有机组成部分在战略中出现的。

（二）长远性

企业经营战略是企业谋取长远发展要求的反映，也是企业对未来较长时期（5年以上）内如何生存和发展的通盘筹划。

（三）抗争性

企业经营战略是关于企业在激烈的竞争中如何与竞争对手抗衡的行动方案，同时也是企业迎接来自各方面的冲击、压力、威胁和挑战的行动方案。企业制定和执行经营战略就是为了取得竞争优势地位，战胜对手，为自己取得更为广阔的生存与发展空间。

（四）纲领性

企业战略规定的是企业总体的目标、发展方向和重点，以及所采取的基本行动方针、重大措施和基本步骤，这些都是原则性的、概括性的规定，具有行动纲领的意义。

（五）相对稳定性

企业经营战略规定了企业的发展目标，具有长远性。只要战略实施的环境未发生重大变化，那么企业经营战略中所确定的战略目标、战略方针、战略重点、战略步骤等应保持相对稳定，不应朝令夕改。同时，企业员工在处理具体问题、不影响全局的情况下，应该具有一定的灵活性。

三、企业经营战略的构成

企业经营战略的构成要素包括以下几个方面：

（一）经营范围

经营范围是指企业从事生产经营活动的领域。经营范围不仅反映了企业目前与外部环境相互作用的程度，也反映了企业战略计划与外部环境发生作用的要求。确定企业的经营范围时，应该以那些与企业最密切相关的环境为准。因此，对于大多数企业来说，应该根据所处的行业、产品和市场来确定经营范围。

（二）资源配置

资源配置是指将有限的资源（如人力、物资、时间、资金等）合理地分配和利用，以实现最优的效益和目标。资源配置的好坏会影响企业实现目标的程度。企业资源是企业现实生产经营活动的支持点。企业只有以其他企业不能模仿的方式，取得并运用适当的资源，形成自身的优势，才能更好地开展生产经营活动。如果企业的资源匮乏或者处于不利的境况，企业的经营范围便会受到限制。

（三）竞争优势

竞争优势是指企业通过其资源配置的模式与经营范围的决策，在特定的产品与市场领域中，所具有的比竞争对手优越的特性和条件。竞争优势主要来自四个方面：一是产品成本和质量；二是企业拥有的特殊资产和专门知识；三是通过设置障碍来阻止竞争对手进入；四是借助更多的资源或者更大的投入在市场上击垮竞争对手。

（四）协同作用

协同作用是指企业从资源配置和经营范围的决策中所能寻求到的各种共同努力的效果。一般来讲，企业的协同作用可以分为四类：

（1）投资协同作用。这种作用产生于企业内各经营单位联合利用企业的设备、共同的原材料储备、共同研究开发的新产品，以及分享企业专用的工具和专有的技术。

（2）作业协同作用。这种作用产生于充分利用已有的人员和设备，进行最终产品的生产所产生的优势。

（3）销售协同作用。这种作用产生于企业的产品使用共同的销售渠道、销售机构和推销手段。这样，企业便可以在促销费用上减少投入，以获得更大的收益。

（4）管理协同作用。当企业的经营领域扩大到新的行业，企业若在管理上遇到过

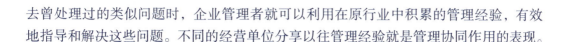

去曾处理过的类似问题时,企业管理者就可以利用在原行业中积累的管理经验,有效地指导和解决这些问题。不同的经营单位分享以往管理经验就是管理协同作用的表现。

四、企业经营战略选择的影响因素

企业经营战略的选择会对企业的未来产生重大的影响,因而企业在制定决策时必须非常慎重。在实际工作中,企业管理者往往在对各项可能的战略态势进行全面评价后,发现可供选择的方案不止一种。在这种情况下,一些因素会对选择产生影响,这些因素在不同的企业和不同的环境中起到的影响作用是不同的,但了解这些因素对企业管理者制定合适的经营战略方案来说是非常必要的。总的来说,企业经营战略选择的影响因素有以下几种:

(一)环境

环境是经营战略产生的载体,也是经营战略方案得以实现的保障。企业总是生存在一个受到股东、竞争者、客户、政府、行业协会等影响的环境之中。企业对这些环境力量中的一个或多个的依赖程度也影响企业战略管理的过程。对环境的较高的依赖程度会减少企业在战略选择过程中的灵活性。此外,当企业对外部环境的依赖性较大时,企业还会邀请外部环境中的代表对经营战略的选择提供建议。

(二)决策者

决策者的知识、心理、观念、能力等各种因素会对决策产生影响。例如,企业管理者对风险的态度影响企业经营战略的选择。风险承担者一般会采取进攻性战略,以便在被迫对环境的变化做出反应之前做出主动的反应。风险回避者一般会采取防御性战略,只有环境迫使他们做出反应时,他们才不得不这样做。

(三)企业文化

企业文化制约组织及其成员的行为方式。任何企业都存在文化。企业文化和经营战略的选择是一个动态平衡、相互影响的过程。企业在选择经营战略时,不可避免地会受到企业文化的影响。

(四)时期性

时期性是指企业进行经营战略选择前的时间限制。时间限制的压力不仅减少了能够考虑的战略方案的数量,而且限制了可以用于评价的方案的信息和数量。研究表明,在时间压力下,人们倾向于把否定的因素看得比肯定的因素更重要,因而往往选择防御性战略。时期性还表现为战略规划的时间长短。战略规划期长,则外界环境的预测相对复杂,不确定性因素增加,这就使得经营战略方案决策的复杂性增加。

（五）竞争者反应

在企业经营战略的选择过程中，企业必须分析和预计竞争者对本企业不同战略的反应。企业必须对竞争对手的反击能力做出恰当的估计。在寡头垄断的市场结构中，当市场上存在一个极为强大的竞争者时，竞争者反应对战略选择的影响更为重要。

📖 课堂小结

企业经营战略是根据企业目标对企业较长时期全局的发展做出的纲要性、方向性的决策。企业经营战略可根据不同的标准进行分类，其构成包括经营范围、资源配置、竞争优势、协同作用。企业经营战略是企业高层管理者为解决企业未来发展问题而做出的全局性、长远性的谋划与方略，它指明了企业发展的方向和道路。

📖 知识拓展

企业对待战略管理的常见误区

国内外的成功企业都对战略管理高度重视。随着全球化的到来，企业的成功已经不再依赖于经营战术的精心设计，更不依赖于某一种成功的产品或一个出色的点子，企业要提升自身的战略管理能力。很多企业对战略管理没有全面的认识。企业对战略管理的漠视或实施错误的战略管理均会导致失败。企业对待战略管理的常见误区主要有以下几种：

1. 对企业战略管理的理解过于简单

很多企业的管理者对战略管理概念和重要性的理解只停留在表面和口头上，对战略管理的框架及内涵缺乏完整的了解。战略管理是企业经营管理的最高境界，也是企业经营决策层的首要任务。缺少战略管理或者是缺少战略思维的企业，就好比是在汪洋中的一条船，随波荡漾，不知道企业的未来究竟是什么样子，发展到何种程度才是企业的追求。当今世界，企业经营环境时刻变化，竞争力量此消彼涨，竞争对手虎视眈眈，市场机会稍纵即逝，企业一定要有明确的发展规划和风险防范机制，不断了解竞争环境的变化，努力适应环境，审视目标的实现情况和能力的局限性，使企业沿着正确的轨道向既定的目标前进。

2. 战略规划的口号化

科学、规范的战略规划制定过程是理性和严谨的思考和分析过程。这一过程不仅涉及大量的对企业的外部竞争环境的调查分析，而且涉及对企业内部存在的优势、劣势的客观评价与认识。只有这样，才能充分发挥企业优势，使得优势与外部机会相结合，同时规避和防范外部威胁。诚然，战略规划不能没有目标规划，但重要的是得出这些目标的分析过程及目标的可行性论证过程。企业战略规划不是只得出几条口号式的目标，而是建立一套目标体系。

3. 战略规划的内部化倾向

企业应在对外部的经营环境（宏观经济的影响、所在行业的发展趋势、竞争态势、行业发展的驱动因素、技术发展的影响等）及内部的资源条件（销售业绩、财务状况、人力资源现状、技术水平、现行战略的优势和劣势等）进行严谨分析的基础上进行战略规划。企业既要有大量的外部调研和信息分析，又要秉持严谨、中立的态度，不能因为个别领导的好恶而改变看法。但是，很多企业没有专门的精力调研并分析外部竞争环境，无从获得竞争对手的信息，这样就很难全面分析外部竞争环境。此外，在企业内部，由于各种有形或无形的等级约束，参与制定战略的人员很难始终保持中立的立场。严重内部化倾向的战略规划会给企业带来负面的影响，因为执行一个错误的战略会使企业走向衰败。

4. 战略管理过程简单化

一些企业的管理者意识到了企业战略对企业发展的重要作用，但谈到具体如何制定，则知之甚少。目前，有的企业受限于规模，并没有专门的战略发展部门。企业管理者对战略规划认识的不足会造成对待战略管理的简单化。战略管理的过程除规范的制定过程之外，企业管理者还需要考虑战略规划方案的有效实施。也就是说，战略规划的实施也是企业战略管理的重要内容，战略管理也是企业管理的重要组成部分。有效地实施一个科学的战略规划比制定一个战略规划更为复杂。

如果没有明确的战略规划目标，原来比较成功的企业有可能会走向成功经验的误区，这时企业会犯经验主义错误，殊不知外部环境已经发生了天翻地覆的变化。成功经验的误区还可能表现为无序扩张、盲目投资等"投资饥渴"症状，导致企业有限的资源被浪费。缺少战略规划，会使企业管理层缺少系统思考，对企业缺乏全盘调度，资源配置不系统、重点不突出，工作无重点。

企业经营战略的分类及分析方法

任务描述

战略是企业用于提升核心竞争力、获取竞争优势的一系列综合的、协调的约定和行动。如果企业选择了某种经营战略，表明了企业为实现其经营目标，谋求长期发展而做出的带有全局性的经营管理计划。

知识链接

根据企业经营战略的目的，可将企业经营战略分为竞争战略和成长战略。

一、竞争战略

竞争战略即构建业务单元在市场竞争中的优势，包括成本领先战略、差异化战略、集中战略。每个业务单元可根据企业的资源与发展阶段，采用其中的一种战略类型。

（一）成本领先战略

1. 成本领先战略的含义

成本领先战略，又称低成本战略，是指将成本控制到比竞争者更低的程度。成本领先战略是企业通过有效途径降低成本，使企业的全部成本低于竞争者的成本，在行业内确立和保持整体成本领先的地位，从而获取竞争优势的一种战略类型。

2. 成本领先战略的优点

（1）成本领先者具有低成本地位，具有较强的对供应商的议价能力，以获取市场竞争的主动权。

（2）成本领先者可以抵御竞争者的进攻，有效防御来自竞争者的威胁，特别是在生产过剩、消费者购买力下降、发生价格战时，起到保障企业的作用。

（3）成本领先者为潜在进入者设置了障碍，减少了可能的竞争者，提高了行业的进入壁垒。

（4）成本领先者可以有效地应付来自替代品的竞争。当替代品出现时，成本领先者仍然可以占领一部分对价格更敏感的消费者，或者通过进一步降价来抵御替代品对市场的威胁。

3. 实现成本领先战略的措施

（1）实现规模经济：规模经济生产和分销是实现成本领先战略的重要措施。

（2）充分利用生产能力：生产能力过剩将显著增加单位产品的成本。

（3）产品的再设计：设计出易于制造的产品，广泛采用标准化部件。

（4）采用先进的工艺技术：降低能源、原材料消耗，进一步降低成本。

4. 成本领先战略的适用条件

成本领先战略是一种先发制人的战略，它要求企业有持续的资本投入和融资能力，生产技能在该行业处于领先地位。成本领先战略的适用条件包括以下几个方面：

（1）市场需求具有较大的价格弹性。

（2）所处行业的企业大多生产标准化产品，价格因素决定了企业的市场地位。

（3）实现产品差异化的途径很少。

（4）多数客户以相同的方式使用产品。

（5）客户购买产品时，转换销售商的成本相对较小，因而客户倾向于购买价格最优惠的产品。

（二）差异化战略

1. 差异化战略的含义

差异化战略，又称特色优势战略，是使企业产品或服务与竞争者产品或服务有明显的区别，形成与众不同的特点而采取的一种战略。这种特色可以带来产品或服务的溢价，并且溢价应超过因差异化所增加的成本。一家企业将其产品或服务差异化的机会几乎是无限的，企业是否利用这些机会，关键在于差异化能否为客户创造价值，能否为企业增加利润。

2. 差异化战略的优点

（1）差异化的产品或服务能够满足某些消费群体的特定需要，促使其建立品牌忠诚，为企业产品带来较高的溢价，增加企业的利润。

（2）差异化的产品或服务可以使企业占据主动地位，降低客户对价格的敏感度，提高这些产品或服务的售价。

3. 实现差异化战略的措施

（1）差异化的着眼点应是客户所关心的产品或服务的某些特殊性质。

（2）企业的产品或服务在某些方面具有独特性，但不一定就是差异化，客户认可最重要。企业应防止超出客户需要的过度差异化，避免无意义的差异化，否则会使得成本增加过多。产品或服务溢价太高会导致客户不愿意承受，企业形象受损。

课堂小练习

成本领先战略和差异化战略能否同时实行？请举例说明。

（三）集中战略

1. 集中战略的含义

集中战略，又称专一化战略、聚焦战略，它是将目标集中某一特定的购买群体、产品线的某一部分或某一地域市场上，即在行业的很小竞争范围内建立起独特的竞争优势的一种战略。集中战略是中小企业广泛采用的一种战略。

2. 集中战略的优点

集中战略是成本领先战略和差异化战略在具体特殊客户群范围内的体现。企业以高效率、更好的效果为某一特殊对象提供服务，从而超过面对广泛市场的竞争者。企业主要着眼于在其市场上取得成本优势，或者在其市场上取得差异化的形象，或二者兼得。

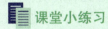

新兴产业：
以成本领先扩张、
以差异化立足

3. 实现集中战略的措施

（1）企业应扩充现有产品线，在产品线内开发新产品。

（2）企业应细分市场，选择重点客户和重点地区，集中资源以实现本地化优势。

二、成长战略

成长战略是一种使企业在现有的战略水平上向更高一级目标发展的战略。在实践中，成长战略分为一体化战略、多元化战略、密集型增长战略等多种类型。

（一）一体化战略

1. 一体化战略的含义

一体化战略，又称企业整合战略，是指企业以当前活动为核心，充分利用自己在产品、技术、市场上的优势，主要通过在纵向和横向两个方面上合并或兼并其他企业，使企业不断地向经营业务的深度和广度发展，以取得规模经济增长的一种战略。

一体化战略有利于深化专业化分工协作，提高资源的利用深度和综合利用效率。如果企业所在行业很有发展前途，而且企业在供、产、销等方面实行一体化能提高效率，加强控制，扩大销售，则可实行一体化战略。

2. 一体化战略的基本形式

一体化战略有两种基本形式：纵向一体化和横向一体化。其中，纵向一体化又可分为后向一体化和前向一体化；横向一体化又称为水平一体化。纵向一体化和横向一体化具有各自的优势和劣势。企业在实施一体化战略时，也要采取一些措施避免被其他企业一体化。

（1）后向一体化。物资从反方向移动称为后向一体化，即企业通过收购或兼并若干原材料供应商，拥有和控制其供应系统，实行供产一体化。例如，某汽车制造商过去向橡胶和轮胎公司采购所需轮胎，现在该汽车制造商决定自己生产轮胎，这就是后向一体化。

（2）前向一体化。物资从顺方向移动称为前向一体化，即企业通过收购或兼并若干商业企业，或者拥有和控制其分销系统，实行产销一体化。例如，一家生产企业设有批发销售机构，在全国各地设有产品专卖商店，自产自销，这种产销一体化就是前向一体化。

（3）水平一体化。相同的企业或产品组成联合体称为水平一体化，即企业收购、兼并原来属于竞争者的同种类型的企业，或者在国内外与其他同类企业合资生产并组成联盟等。水平一体化的实质是资本在同一产业或部门内的集中，目的是扩大生产规模、降低产品成本、巩固市场地位。水平一体化的实现方式主要有两种：契约式联合、合并同行业企业。例如，我国东南沿海地区的某些现代化企业利用自己在商标、技术、市场、资金等各方面的优势，与西部欠发达地区的企业进行联合，或以其他形式进行合作经营等。

（二）多元化战略

按照业务间关联程度，多元化战略可分为相关多元化和不相关多元化两种形式。

1. 相关多元化

相关多元化是指企业新发展的业务与原有业务相互间具有战略上的适应性，它们在技术、工艺、销售渠道、市场管理技巧、产品等方面具有共同或相似的特点。相关多元化战略又可分为同心多元化和水平多元化。

（1）同心多元化。同心多元化，即企业利用原有的技术、特长、经验等开发新产品，增加产品种类，从同一圆心向外扩大业务经营范围。例如，某汽车制造厂增加拖拉机生产。同心多元化的特点是原产品与新产品有着较强的技术关联性，虽然这些产品的用途是不同的。冰箱和空调就是用途不同但生产技术联系密切的两种产品（关键技术都是制冷技术）。

（2）水平多元化。水平多元化，即企业利用原有市场，采用不同的技术来开发新产品，增加产品种类。例如，原来生产化肥的企业投资农药项目。水平多元化的特点是原产品与新产品的基本用途不同，但存在较强的市场关联性，企业可以利用原来的销售渠道销售新产品。

2. 不相关多元化

不相关多元化是指企业从与现有的业务领域没有明显关系的产品、市场中寻求成长机会的策略，即企业所开拓的新业务与原有的产品、市场没有相关之处，所需要的技术、经营方法、销售渠道必须重新取得。

外界环境与市场需求在不断变化，新的市场需求不断出现，企业单一经营与多元化经营相比存在风险。当产品的市场需求出现低潮时，单一经营企业难以渡过难关。多元化经营企业则可以利用不同产品或服务高低潮的时间差，抵御经营风险。

企业实现多元化增长的必要性在于：某一产品或服务的市场需求容量总是有限的，企业难以通过扩大生产规模来扩大企业规模。企业实施多元化战略有内部和外部两方面的原因，企业应慎重选择，避免多元化战略的失败。

（三）密集型增长战略

密集型增长战略，又称集约化或专业化成长战略、产品－市场战略，是指企业在原有生产范围内充分利用在产品和市场方面的潜力，以快于过去的增长速度来求得成长与发展的战略。

密集型增长战略有利于企业实现规模经济，获得较高的运作效率，能在行业中或市场上建立较强的竞争力、成本领先或差异化优势。同时，管理者会在业务、技术、市场、管理诸多方面具有更深的了解和更丰富的经验，对追加资源要求也相对较低。

三、经营战略分析方法

战略分析是企业管理中非常重要的一环，对于企业的发展和竞争优势具有至关重要的作用。在经营战略分析中，有三种基本方法被广泛采用，它们分别是 PEST 分析、波特五力分析模型和 SWOT 分析。

（一）PEST 分析

PEST 是从政治（Politics）法律、经济（Economic）、社会（Society）文化、技术（Technology）四个方面，基于企业战略来分析企业外部宏观环境的一种方法。企业战略的制定离不开宏观环境，而 PEST 分析能从各个方面把握宏观环境的现状及变化的趋势，有利于企业抓住发展机会，及早发现并避开环境威胁。PEST 分析的内容包括：

1. 政治法律环境

政治环境包括一个国家的政治制度与体制，执政党的性质，政府的方针、政策、法令等。不同的国家有着不同的社会性质，不同的社会制度对组织活动具有不同的限制和要求。即使是国外社会制度保持不变的同一国家，在不同时期，由于执政党的不同，其政府的方针特点、政策倾向对组织活动的态度和影响也是不断变化的。

法律环境因素包括政府制定的法律、法规。这些因素常常影响企业的经营行为，尤其是对企业长期的投资行为有着较大影响。

2. 经济环境

经济环境主要包括宏观和微观两个方面。宏观经济环境是指一个国家的人口数量及其增长趋势，国民收入、国民生产总值及其变化情况以及通过这些指标能够反映的国民经济发展水平和发展速度。微观经济环境是指企业所在地区或所服务地区的消费者的收入水平、消费偏好、储蓄情况、就业程度等因素。这些因素直接决定企业目前及未来的市场大小。

经济环境因素包括 GDP、利率水平、财政货币政策、通货膨胀率、失业率水平、居民可支配收入水平、汇率、能源供给成本、市场机制、市场需求等。

3. 社会文化环境

社会文化环境是指一个国家或地区的居民教育程度和文化水平、民族特征、文化传统、宗教信仰、风俗习惯、价值观念、审美观点等。文化水平会影响居民的需求层次；宗教信仰和风俗习惯会禁止或抵制某些活动的进行；价值观念会影响居民对组织目标、组织活动以及组织存在本身的认可与否；审美观点会影响人们对组织活动内容、活动方式以及活动成果的态度。

社会文化环境因素包括人口环境和文化背景等。人口环境因素包括人口规模、年龄结构、人口分布、种族结构以及收入分布等。文化背景因素包括生活方式、习俗以及知识体系等。

4. 技术环境

技术环境是指企业业务所涉及国家和地区的技术水平、技术政策、新产品开发能力以及发展动态等。企业除了要考察与企业所处领域直接相关的技术手段的发展变化外，还应及时了解国家对科技开发的投资和支持重点、该领域技术发展动态、研究开发费用总额、技术转移和技术商品化速度、专利及其保护情况等。

技术环境因素包括与企业市场有关的新技术、新工艺、新材料的出现和发展趋势以及应用背景。

由于 PEST 分析涉及的变量因素较多，如果通过数学建模来对所有因素进行量化分析基本没有可行性，因此 PEST 分析主要用于为企业战略制定者提供对趋势、机会和挑战的判断依据，而非结论。

（二）波特五力分析模型

五力分析模型是迈克尔·波特于 20 世纪 80 年代初提出的，对企业战略制定产生了全球性的深远影响。波特五力分析模型用于竞争战略的分析，有助于企业分析面对的行业竞争环境。五力分别是：供应商的议价能力、购买者的议价能力、潜在竞争者进入的能力、替代品的替代能力、行业内竞争者的竞争能力。这五种力量的不同组合变化最终影响行业利润变化。

1. 供应商的议价能力

供方主要通过提高投入要素价格与降低单位价值质量的能力来影响行业中现有企业的盈利能力与产品竞争力。

2. 购买者的议价能力

购买者主要通过其压价与要求提供较高的产品或服务质量的能力来影响行业中现有企业的盈利能力。

3. 潜在竞争者进入的能力

潜在竞争者在给行业带来新生产能力、新资源的同时，也期望在已被现有企业瓜分的市场中赢得一席之地，这就有可能会与现有企业发生原材料与市场份额的竞争，最终导致行业中现有企业盈利水平降低，严重的话还有可能危及这些企业的生存。竞争性进入威胁的严重程度取决于两方面的因素：进入新领域的障碍大小与预期现有企业对于进入者的反应情况。

4. 替代品的替代能力

两个处于同行业或不同行业中的企业可能会由于所生产的产品互为替代品，从而产生相互竞争行为，这种源自替代品的竞争会以各种形式影响行业中现有企业的竞争战略。

5. 行业内竞争者的竞争能力

大部分行业中的企业的利益都是紧密相关的，各企业竞争战略的目标都在于使得自己的企业获得竞争优势。现有企业之间的竞争表现在价格、广告、产品介绍、售后服务等方面，其竞争能力与许多因素有关。

（三）SWOT分析

SWOT分析是战略分析中最为常用的一种方法。SWOT代表着企业的优势（Strengths）、劣势（Weaknesses）、机会（Opportunities）和威胁（Threats）。

1. 方法简介

SWOT由优势（S）、劣势（W）、机会（O）、威胁（T）四要素构成。企业可以通过SWOT分析，对企业内外部条件进行综合和概括，了解自身的优势和劣势、面临的机会和威胁，识别内部和外部环境的关键因素，从而抓住机会，应对威胁，为制定战略和做出决策提供指导，进而制定有效的战略。

SWOT分析实际上是在对企业的市场环境和企业资源的综合分析的基础上，分析企业的优势与劣势、面临的机会和威胁的一种方法。优劣势分析主要是着眼于企业自身的实力及其与竞争对手的比较，而机会和威胁分析将注意力放在外部环境的变化及其对企业的可能影响上。

2. 具体解释

（1）优势与劣势（SW）。竞争优势表明一个企业具有超越其竞争对手的能力。在有能力向同一个客户群体提供产品和服务的若干企业中，如果其中一个企业有更高的盈利率或盈利潜力，或者能为客户提供更好的服务，就可以认为这个企业比其他企业更具有竞争优势。企业内部的优势和劣势也表现在企业的资金、技术设备、员工素质、产品、市场、管理技能等某一方面的强弱。企业综合的优势和劣势要在经过综合评估之后确定。

（2）机会与威胁（OT）。随着世界经济一体化过程的加快、技术的日新月异，企业所处的环境更为开放和动荡。环境变化的影响具有两重性：环境威胁和环境机会。环境威胁是指环境中一种不利的发展趋势所形成的挑战。如果不采取果断的战略行为，这种不利趋势将导致企业的竞争地位被削弱。环境机会是指环境中对企业有利的因素，如政府支持、高新技术的应用、良好的购买者和供应者关系等。

课堂小结

依据企业经营战略的目的，企业经营战略可分为竞争战略和成长战略。竞争战略即构建业务单元在市场竞争中的优势，包括成本领先战略、差异化战略、集中战略。成长战略是一种使企业在现有的战略水平上向更高一级目标发展的战略，分为一体化战略、多元化战略、密集型增长战略等多种类型。目前广泛采用的战略分析方法包括PEST分析、波特五力分析模型和SWOT分析。

极兔速递的经营战略

物流行业一直是国民经济中不可缺少的组成部分，随着近几年电商行业的迅猛发展，物流行业借此也迎来了新的机遇和挑战。物流企业作为物流行业的核心力量，承担着货物运输、仓储管理、配送服务等重要职责。在竞争激烈的市场环境下，物流企业需要制定有效的经营发展战略，以保持竞争优势并实现可持续发展。

极兔速递创立于 2015 年，是一家全球综合物流服务运营商。极兔速递的快递服务覆盖东南亚，包括印度尼西亚、越南、马来西亚、菲律宾、泰国、柬埔寨及新加坡等国家及地区，亦为亚洲首家进驻沙特阿拉伯、阿联酋、墨西哥、巴西和埃及的成规模快递运营商。2019 年 9 月，极兔速递筹划布局中国市场；2020 年，极兔速递正式进入中国市场。

1. "地缘套利"模式

地缘套利是利用不同国家发展的不平衡、行业势能差和信息差来进行投资决策。极兔速递创始人李杰曾经是 OPPO 印度尼西亚公司的 CEO，靠建立代理商体系一路开疆扩土，不到 3 年就将市场占有率提升到了 20%。而随着 OPPO 在印度尼西亚发展过程中遇到物流服务差的难题，李杰敏锐地发现了其中的商机。极兔速递最开始主要承包 OPPO 的配送业务，OPPO 在印度尼西亚的快速发展无形中也为极兔速递的诞生提供了优渥土壤。

再观极兔速递，这种套利方式就是把 OPPO 成熟的、已经跑通的理念运用到极兔速递。在物流行业赛道上，行业规模决定潜力，物流服务的渗透率决定增长空间。2017 年，极兔速递借助东南亚电商发展的势头快速成长，在印度尼西亚站稳脚跟后又很快进入东南亚其他市场，市场占有率高达 22%。受 OPPO 影响，极兔速递有强烈的中国基因，复制了成熟的中国快递行业模式。例如，印度尼西亚的揽件费用一直以来居高不下，极兔速递决定做免费揽件；再如，当地本土物流快递企业经常放假，极兔速递主打全年无休。此外，极兔速递还大力推广顺丰的直营模式，并开创了 7×24 小时无休快递服务，降维打击本地企业。

2. 区域代理模式

极兔速递的快速崛起在于选择了区域代理模式。通过对各个国家采用独特运营模式，极兔速递迅速扩张，为一些地区地理位置分散的商户和消费者提供服务并助推了电商交易增长。极兔速递的区域代理模式是先在当地招募代理，让代理们自费加入，等业绩做上来再花钱收购代理们反哺，集团总部制定市场的整体运营策略及执行计划，包括转运中心的密度及地理位置、干线运输路线规划及网络承载能力，其中区域代理负责区域日常管理运营。区域代理的管理职责包括建立本地营运、销售和营销、客户服务及员工和网络合作伙伴培训体系。这样极兔速递无须投入巨额的资金，便可以减少单位成本、提升经营杠杆，并且凭借全球综合技术系统以及提供定制服务的能力，克服各市场的多重运营挑战，具有强有力的运营控制力和高度灵活性，可以更高效地快速抢占市场。极兔速递的招股书显示，截至2022年12月31日，极兔速递已拥有104个区域代理及约9600个网络合作伙伴。极兔速递还拥有280个转运中心，超过8100辆干线运输车辆，其中包括4020辆自有干线运输车辆及3800条干线路线，以及超过2.1万个揽件及派件网点。

3. 中国市场三板斧

（1）极兔速递与拼多多相依。

在东南亚市场上，极兔速递背靠OPPO的营销网络，以速度和服务迅速占领市场。而在2019年，中国的快递物流市场已趋于饱和，无论是阿里巴巴菜鸟联盟中的三通一达，还是专注直营模式的顺丰，抑或京东平台越做越大的自有物流供应链体系，几乎包圆了电商平台的大部分配送需求。而电商物流快递领域的一个常识性规律是：商流决定物流。简言之，随着电商在全球范围的兴起与普及，电商已经成为推动快递物流发展的主要动力，而越是头部的电商平台，在快递物流行业越有话语权。但2019年下半年至2020年初，电商黑马拼多多在下沉市场撕开了一个口子，其单量的市场占比直追淘宝、京东等主流平台。国内电商格局的洗牌也是物流快递的新机遇，而极兔CEO李杰与拼多多创始人黄峥又同是出自步步高系，极兔速递在中国市场的发展自然也会多一分助力。正是以拼多多的海量订单，加上极低的价格，极兔速递闯出了一条自己的生路。

（2）快递包裹0.8元发全国。

极兔速递一进入中国市场，就采用了低价策略，这一点和拼多多一样。由于极兔速递的猛攻，当时国内几家快递公司也正在打价格战，没想到极兔速递的价格更低。如果极兔速递要想抢占国内快递市场份额，要站稳脚跟，必须靠低价快速占领市场。为了进军中国市场，极兔速递打出义乌"0.8元发全国"的口号。在很长一段时间里，极兔速递不断用补贴让利的方式降低自身配送价格，以此方法在市占率本可观的情况下，再度使自身的市场规模呈现几何级数增长，"薄利多销"这一经典模式帮助极兔速递在市场中反而成为赚钱较多的一方。与此同时，极兔速递将赚来的钱再投入革新设备、研发技术、提升产能中，从而提高了自身的业务效率。

（3）蹭网抢单。

所谓的蹭网即意味着，比如一辆运送快递的车辆在干线上的运量已经达到80%，还剩下20%则是增量，收了是赚，但不收也没关系，就可以以很便宜的价格收取这20%的增量。极兔速递就采用这种方法借道已有网络"搭便车"，一方面是因为自身在国内网络实力的确较弱。极兔速递自身的网络覆盖面在很多区域还没有达到，作为一个成长型企业，尤其是在当时价格战激烈之时，争夺加盟商资源对自身而言存在机会。采用这种方式，可以争取到更多商家客户，提高自己的业务量，同时成本也更为低廉。另一方面是因为想要在乡镇区域实现共配。一般加盟制的快递公司都会要求加盟商独家经营快递品牌，但是在实际操作中可能会有一些"悬念"，在一些乡镇区域会允许共配存在，但乡镇的共配需要建立在共建基础上。共配一般出现在农村网点，通常是因为一些县级以下的网点本身单量不够，所以几家快递共建基础设施、共同配送以节省成本。

资料来源：董依. 物流企业经营发展战略研究：以极兔速递为例［J］. 商场现代化，2024（6）.

学思之窗

安踏的世界，世界的安踏

"做世界的安踏"是安踏集团的发展目标。

安踏集团成立于1991年，是一家专门从事设计、生产、销售运动鞋服、配饰等运动装备的综合性、多品牌的体育用品集团。2022年，它的年营业收入为339.28亿元，同比增长40.7%；净利润为53.44亿元，增幅达到30.25%。

近几年，中国体育产业发展空间巨大，人们的健康意识提高，更是带来了更多的体育用品消费。

1. 把握机会，与体育和奥运结缘

1999年，安踏开始在CCTV-5体育频道投放广告，开创了"体育明星代言+CCTV"的营销模式。2000年，安踏与悉尼奥运结缘，其营业额增至2亿元。2005年，安踏成立运动科学实验室。2008年北京奥运会，安踏携手央视推出系列广告。2009年，安踏签约成为中国奥委会最高级别的"战略合作伙伴"，助力中国体育健儿征战世界赛场。随后，安踏成为2010年温哥华冬奥会、2012年伦敦奥运会、2016年里约奥运会、2020年东京奥运会（于2021年7月23日开幕）、2022年北京冬奥会等赛事的运动装备提供商。

2. 跨国并购，实施多品牌策略

2007年，安踏在香港上市。2009年，安踏收购斐乐在中国的商标使用权和专营权，打造高端运动时尚品牌。2015年，安踏收购英国户外休闲、登山运动品牌Sprandi。2016年，安踏收购日本滑雪户外品牌迪桑特。2017年，安踏收购童装品牌小笑牛（Kingkow）。2019年，安踏收购芬兰体育巨头Amer Sports，布局户外生活方式。Amer Sports旗下拥有始祖鸟、萨洛蒙、威尔胜、阿托米克等十多个知名户外运动品牌，产品线覆盖全面，在欧洲、美国和亚洲等世界主要市场均有布局。

3. 勇于转型变革，拥抱数字化

安踏是最早进行"零售转型"（由"品牌批发"转为"品牌零售"）的运动鞋服企业。近几年来，安踏逐渐重视直面消费者模式和数字化转型，将门店转为直营门店，这些门店的运营标准、货品体系、服务体系均保持一致。安踏削减了品牌端与用户端之间的经销层级，简化了包括经销商、加盟商、代理商在内的多种销售渠道，提升了用户体验和运营效率。同时，安踏加大数字化建设，借助数字化手段和工具赋能前端

零售渠道，降本增效、提高运营效率，实现后端的精细化运营。

资料来源：肖涧松．现代市场营销［M］．4版．北京：高等教育出版社，2023.

引思明理：

企业应致力于产品质量的提升、品牌的塑造，以及新产品的研发与迭代，以更好地满足市场需要，获得更好的经济效益。安踏努力践行"推动中国产品向中国品牌转变、中国速度向中国质量转变、中国制造向中国创造转变"的经营策略，为中国企业和品牌的发展树立了榜样。

同步测试

一、判断题

1. 企业的生产经营活动的目的是创造社会财富、创造价值。因此，企业必须以提高经济效益作为企业经营管理的中心任务。（   ）

2. 竞争战略是促进企业经营不断发展的一种战略。这种战略的特点是不断开发新产品和新市场，掌握市场竞争的主动权。（   ）

3. 维持战略是一种战略性撤退，有利于企业集中优势，扭转经营中的不利地位。（   ）

4. 人力资源战略属于职能层战略。（   ）

5. 经营战略不应该朝令夕改。但在处理具体问题、不影响全局的情况下，也应该有一定的灵活性。（   ）

6. 差异化形成的特色可以带来产品的溢价，所以企业要不惜成本形成产品或服务的差异化。（   ）

7. 集中战略是大型企业广泛采用的一种战略。（   ）

二、单选题

1. （   ）决定人们的消费观念、消费水平、市场大小，是为企业带来市场机会的主要方面。

   A. 经济环境　　　　　　　　　　　　B. 技术环境

   C. 政治法律环境　　　　　　　　　　D. 社会文化环境

2. SWOT分析是战略环境分析的重要方法，其中T代表的含义是（   ）。

   A. 劣势　　　　　　B. 机会　　　　　　C. 威胁　　　　　　D. 优势

3. （   ）是促进企业经营不断发展的一种战略。这种战略的特点是不断开发新产品和新市场，掌握市场竞争的主动权。

   A. 发展战略　　　　　　　　　　　　B. 维持战略

C.紧缩战略　　　　　　　　　　　　D.成长战略

4.企业经营战略最根本的特征是（　　　）。

A.长远性　　　　　B.全局性　　　　C.纲领性　　　　D.相对稳定性

5.（　　　）是经营战略方案产生的载体，也是经营战略方案得以实现的保障。

A.环境　　　　　　B.决策者　　　　C.组织　　　　　D.时间

三、多选题

1.企业的开拓创新思想主要体现于以下（　　　）几个方面。

A.技术创新　　　　　　　　　　　B.市场创新

C.消费创新　　　　　　　　　　　D.组织创新

E.生产创新

2.企业的经营环境包括（　　　）几个方面。

A.经济环境　　　　　　　　　　　B.技术环境

C.政治法律环境　　　　　　　　　D.社会文化环境

E.自然生态环境

3.企业资源可以分为（　　　）几类。

A.有形资产　　　　　　　　　　　B.无形资产

C.流动资产　　　　　　　　　　　D.长期资产

E.人力资源

4.战略分析是企业管理中非常重要的一环，目前广泛采用的战略分析方法包括
（　　　）。

A.企业内部环境分析　　　　　　　B.PEST 分析

C.波特五力分析模型　　　　　　　D.SWOT 分析

E.业务定位分析

5.企业竞争战略即构建业务单元在市场竞争中的优势，包括（　　　）。

A.成本领先战略　　　　　　　　　B.差异化战略

C.集中战略　　　　　　　　　　　D.多元化战略

E.一体化战略

四、思考题

1.什么是企业核心竞争力？如何识别企业的核心竞争力？

2.什么是波特的五力分析模型？请谈一谈其在现实生活中的运用。

项目五　企业供应链管理

· 任务目标 ·

知识目标

- 了解供应链管理思想提出的时代背景。
- 了解供应链管理的发展趋势。
- 熟悉供应链的相关知识。
- 熟悉供应链管理的特点和供应链管理的核心理念。
- 掌握供应链管理的基本原理和供应链管理的方法。
- 掌握供应链管理的关键问题。

技能目标

- 能够在熟悉供应链管理方法的基础上，掌握 QR 和 ECR 的不同运用场景。
- 能够根据实际情况熟练使用推动式供应链或者拉动式供应链并找到推拉转换点。

素养目标

- 培养以供应链思维提升产业竞争力和实现价值、创造增值的意识。
- 培养协作共赢的合作精神。

内容导图

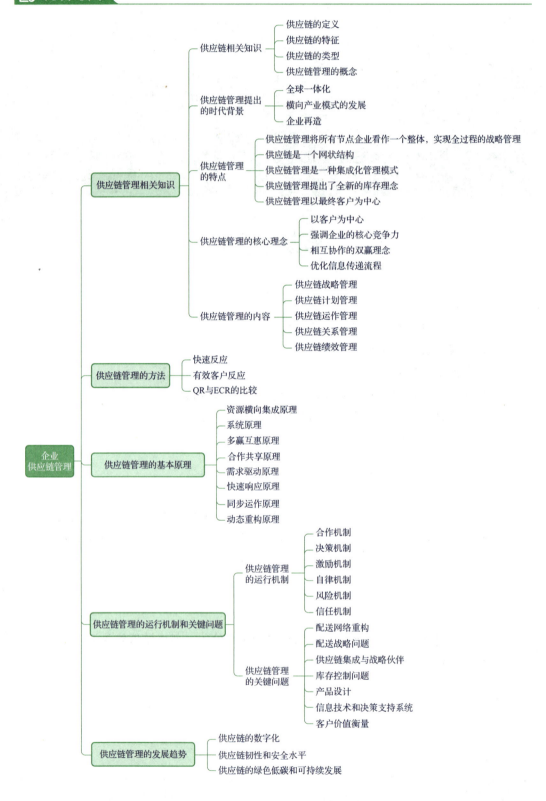

供应链管理相关知识
- 供应链相关知识
  - 供应链的定义
  - 供应链的特征
  - 供应链的类型
  - 供应链管理的概念
- 供应链管理提出的时代背景
  - 全球一体化
  - 横向产业模式的发展
  - 企业再造
- 供应链管理的特点
  - 供应链管理将所有节点企业看作一个整体，实现全过程的战略管理
  - 供应链是一个网状结构
  - 供应链管理是一种集成化管理模式
  - 供应链管理提出了全新的库存理念
  - 供应链管理以最终客户为中心
- 供应链管理的核心理念
  - 以客户为中心
  - 强调企业的核心竞争力
  - 相互协作的双赢理念
  - 优化信息传递流程
- 供应链管理的内容
  - 供应链战略管理
  - 供应链计划管理
  - 供应链运作管理
  - 供应链关系管理
  - 供应链绩效管理

供应链管理的方法
- 快速反应
- 有效客户反应
- QR与ECR的比较

企业供应链管理

供应链管理的基本原理
- 资源横向集成原理
- 系统原理
- 多赢互惠原理
- 合作共享原理
- 需求驱动原理
- 快速响应原理
- 同步运作原理
- 动态重构原理

供应链管理的运行机制和关键问题
- 供应链管理的运行机制
  - 合作机制
  - 决策机制
  - 激励机制
  - 自律机制
  - 风险机制
  - 信任机制
- 供应链管理的关键问题
  - 配送网络重构
  - 配送战略问题
  - 供应链集成与战略伙伴
  - 库存控制问题
  - 产品设计
  - 信息技术和决策支持系统
  - 客户价值衡量

供应链管理的发展趋势
- 供应链的数字化
- 供应链韧性和安全水平
- 供应链的绿色低碳和可持续发展

供应链管理相关知识

任务描述

当今世界各种技术和管理问题日益复杂化和多样化，这种变化促使人们认识问题和解决问题的思维方法也发生了变化，逐渐从点和线性空间的思考向面和多维空间思考转化，管理思想朝着横向思维方式转化。在经济全球化的背景下，横向思维正成为企业界的热门话题和新的追求，供应链管理就是其中一个典型代表。

知识链接

一、供应链相关知识

（一）供应链的定义

供应链是指围绕核心企业，从配套零件、原材料开始，制成中间产品以及最终产品，最后通过销售网络把产品送到消费者手中的，将供应商、制造商、分销商直到最终用户连成一个整体的功能网结构。

从以上定义可以看出，供应链的核心功能就是作为一条输送线，用于输送信息、物料、现金。供应链管理的目的便是维护这条输送线的高效和畅通。产品供应链以客户需求为目标，以产品交付为目的，聚焦于产品性能和成本；服务供应链以客户价值为目标，以服务交付为目的，聚焦于服务的客户体验和时效性。

（二）供应链的特征

供应链由所有加盟的节点企业组成，其中有一个核心企业（可以是产品制造企业，也可以是大型零售企业）。节点企业在需求信息的驱动下和信息共享的基础上，通过供应链的职能分工与合作（生产、分销、零售等），以资金流、物流和服务流为媒介，实现整个供应链的不断增值。

从供应链的结构模型（见图5-1）可以看出，供应链是一个网链结构，由核心企业、供应商、供应商的供应商、客户、客户的客户组成。一个企业是一个节点，节点企业和节点企业之间是一种需求与供应关系。

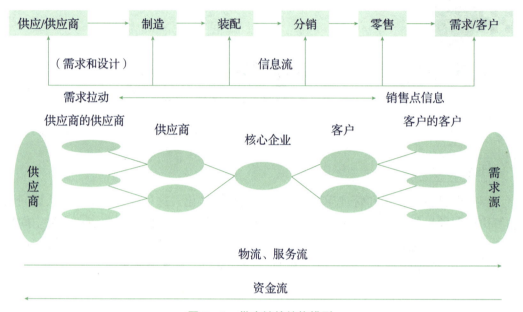

图5-1　供应链的结构模型

供应链具有以下特征：

1. 复杂性

因为供应链节点企业组成的层次不同，供应链往往由多个、多类型甚至多国企业构成，这些企业涉及不同的组织文化或民族文化背景，所以供应链结构模式比单个企业的结构模式更为复杂。

2. 动态性

基于企业战略和适应市场需求变化的需要，节点企业需要动态更新，这就使得供应链具有明显的动态性。

3. 面向客户需求

供应链的形成、存在、重构都是基于一定的市场需求，并且在供应链的运作过程中，客户的需求拉动是供应链中物流、信息流、资金流运作的驱动源。

4. 交叉性

节点企业可以是这条供应链的成员，同时又是另一条供应链的成员，众多的供应链形成交叉结构，增加了协调管理的难度。尤其是在信息系统的建设和使用上，会产生接口的协调问题，此时需要有信息技术的支持使之标准化，从而满足节点企业处在多条供应链上交叉点的现实需求。

（三）供应链的类型

供应链可以分为内部供应链和外部供应链两类。内部供应链是指企业内部产品生产和流通过程中所涉及的采购部门、生产部门、仓储部门、销售部门等组成的供需网络。外部供应链是指企业外部的，与企业相关的产品生产和流通过程中涉及的原材料供应商、生产商、储运商、零售商以及最终消费者组成的供需网络。内部供应链和外部供应链共同组成了企业产品从原材料到成品到消费者的供应链。

根据不同的划分标准，供应链可划分为不同的类型。

1. 按照供应链驱动力的来源划分

（1）推动式供应链。推动式供应链以制造商为核心，根据产品的生产和库存情况，有计划地将商品推销给客户，分销商和零售商处于被动接受的地位，其驱动力来源于供应链上游制造商的生产。在这种运作模式下，各个企业之间的整合度较低，企业由于不了解客户需求变化，通常采取提高安全库存量的办法来应对需求的变动，因此，整个供应链的库存量较高，企业对市场变化反应迟钝。这种运作模式适用于供应链管理初级阶段中产品或市场变动较小的情况。推动式供应链如图5-2所示。

制造商推动的供应链：整合度低、需求变化大、缓冲库存量高

图5-2　推动式供应链

（2）拉动式供应链。拉动式供应链的驱动力产生于最终客户，企业的产品生产受需求驱动，根据实际客户需求而不是预测需求进行协调。在拉动式供应链模式下，需求不确定性很高、周期较短，企业主要的生产战略是按订单生产、组装和配置，整个供应链的整合度较高、信息交换迅速，这样可有效降低库存，并可根据用户的需求实现定制化服务，为客户提供更大的价值。

采取这种运作模式的企业，其供应链系统库存量低、响应市场的速度快，但这种运作模式对供应链要求较高，对供应链运作的技术基础需求也较高。拉动式供应链适用于用户需求不断变化、供大于求的市场环境。拉动式供应链如图5-3所示。

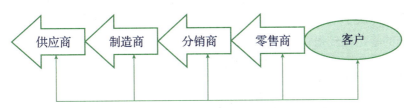

客户拉动的供应链：整合度高、数据交换迅速、缓冲库存量低、反应快速

图5-3　拉动式供应链

（3）推－拉混合式供应链。通常情况下，企业会根据不同情况采取推－拉组合的运作模式。

推动式供应链和拉动式供应链的优缺点如表5－1所示。

表5－1　推动式供应链和拉动式供应链的优缺点

优缺点	拉动式供应链	推动式供应链
优点	稳定供应链的生产负荷 提高设备利用率 缩短商品交货时间 增加商品交货可靠性	降低各类库存和流动资金占用 减小库存变质和失效的风险
缺点	须备有较多原材料、在制品和制成品库存占用资金较多 市场需求发生变化时应变能力弱	不能及时获取资源风险 不能及时交货以满足市场需求风险

📋 **课堂小练习**

企业如何根据所在行业及产品特性选择适合自己的供应链运作模式？

2. 按照供应链容量与用户需求关系划分

（1）平衡型供应链。一个供应链具有一定的、相对稳定的设备容量和生产能力（所有节点企业能力的综合，包括供应商、制造商、运输商、分销商、零售商等），但是客户需求处于不断变化的过程中，当供应链的容量能满足客户需求时，供应链处于平衡状态。

（2）倾斜型供应链。当市场需求变化加剧时，供应链企业不是在最优状态下运作，导致供应链成本增加、库存增加、浪费增加等问题，供应链则处于倾斜状态。

平衡型供应链可以实现各主要职能之间的均衡，如采购追求低采购成本、生产追求规模效益、分销追求低运输成本、市场追求产品多样性、财务追求资金周转快；而倾斜型供应链则使这些职能及其绩效水平恶化。

3. 按照供应链存在的稳定性划分

（1）稳定供应链。稳定供应链是指由相对稳定、单一的市场需求组成的供应链。稳定性一方面取决于市场需求的稳定性，即当市场的一切需求相对稳定的环境下所形成的供应链的稳定性较强；另一方面，在供应链中的核心企业对成员企业具有很强的辐射能力和吸引能力，且经过长期运作形成了较强的系统性、一致性的情况下，供应链的稳定性较强。

（2）动态供应链。动态供应链是指基于相对频繁变化、复杂的需求而形成的供应链。在客观上，需求频繁变化、复杂的市场环境下形成的供应链必然是动态的，因为需求的变化必然导致供需关系的变化，而基于供需关系所形成的供应链也就必然发生变化。

4. 按照供应链追求的目标划分

（1）有效性供应链。有效性供应链，又称效率型供应链、功能型供应链，主要体现在供应链的物料转换功能上，即以最低的成本将原材料转化为半成品、成品，以及在供应链中的运输等。

（2）响应性供应链。响应性供应链，又称创新型供应链，主要体现在供应链对市场需求的响应功能上，即把产品分配到满足客户需求的市场，对未预知的需求做出快速反应等。

有效性供应链和响应性供应链的区别如表 5－2 所示。

表 5－2　有效性供应链和响应性供应链的区别

区别点	有效性供应链	响应性供应链
首要目标	以最低的成本供应需求	对需求做出快速响应
定价策略	因为价格是主要的客户驱动因素，所以边际收益较低	因为价格不是主要的客户驱动因素，所以边际收益较高
库存战略	最小化库存以降低成本，持有产成品库存	维持缓冲库存来应对需求 / 供应的不确定性，按订单生产
提前期策略	缩短，但不能以增加成本为代价	大幅缩短，即使付出巨大的成本代价
选择供应商的方法	选择重点是依据成本和质量	选择重点是依据速度、柔性和质量
产品设计战略	以最低产品成本产生最大绩效	利用模块化方法，延迟实现产品的差异化
生产策略	通过提高产能利用率来降低成本，按库存生产	维持生产能力的柔性来缓冲需求 / 供应的不确定性，按订单生产
适用情况	需求可预测性强、预测误差小、产品生命周期长、新产品上市频率低、产品单一	需求可预测性差、预测误差大、产品生命周期短、新产品上市频繁、产品个性化强

（四）供应链管理的概念

供应链管理（Supply Chain Management，SCM）是指在满足一定的客户服务水平的条件下，为了使整个供应链系统成本达到最小而将供应商、制造商、仓库、配送中心和渠道商（批发商、零售商）等有效地组织在一起进行的产品制造、转运、分销及销售的管理方法。

供应链管理的概念包括以下几个要点：

（1）凡是对成本有影响并在满足客户需求过程中起作用的环节都在供应链管理考虑之列。

（2）供应链管理的目标是整个系统的效率和成本效益最优。重点不是某一项功能成本的最小化，而是整个系统的最优化。

（3）由于供应链管理围绕着供应商、制造商、批发商、零售商等进行有效集成，因此供应链管理涵盖从企业战略层到战术层，再到运作层，包含所有层次的活动。

供应链管理既包括对涉及采购、外包、转化等过程的全部计划和管理活动以及全部物流管理活动，又包括与渠道伙伴之间的协调和协作，涉及供应商、中间商、第三方服务供应商和客户。从本质上来说，供应链管理是企业内部和企业之间的供给和需求管理的集成。

现代商业环境给企业带来了巨大的压力，企业不仅要销售产品，还要为客户和最终消费者提供满意的服务，从而提高客户满意度，让其产生幸福感。企业如果想要在国内和国际市场上赢得客户，就必须能够快速、敏捷、灵活和协作地响应客户的需求。面对多变的供应链环境，构建供应链成为现代企业的发展趋势。

二、供应链管理提出的时代背景

（一）全球一体化

什么是"牛鞭效应"？

纵观全球技术和经济的发展，全球一体化的程度越来越高，跨国经营越来越普遍。在一个产品进入消费市场之前，众多企业参与了产品的制造。不同的企业具有不同的地理位置、生产水平、管理能力，从而形成了复杂的产品生产供应链网络。这样的一个供应链在面对市场需求波动的时候，一旦缺乏有效的系统管理，"牛鞭效应"在供应链的各环节中必然会被放大，从而严重影响整个供应链的价值产出。特别是工业革命以来，技术的进步带来了产品更新升级的加快，产品生命周期的缩短导致了产品需求波动的加剧。市场供求格局对企业供应链适应能力的要求达到了前所未有的高度。在生产管理领域，面向需求的拉动式生产、准时制生产（JIT）、柔性生产等纷纷被提出，且已进入了实践阶段。

（二）横向产业模式的发展

随着市场需求的扩大，产业分工也越来越细，世界产业模式发生了巨大变革，几乎不可能有一家企业控制着从供应链的源头到产品分销的所有环节，而是在每个环节都有一些企业占据核心优势，并通过横向发展扩大这种优势地位，集中资源发展这种优势能力。现代供应链就是由这些分别拥有核心优势能力的企业环环相扣而成的，同时企业联盟和协同理论正在形成，以支撑这种稳定的链状结构的形成和发展。

横向产业模式强调优势资源的横向集成，即供应链各节点企业均以其能够产生竞争优势的资源来参与供应链的资源集成，在供应链中以其优势业务的完成来参与供应链的整体运作。

（三）企业再造

当今时代，信息技术突飞猛进，信息时代的最大革命就是计算机网络的应用，计算机网络带来的最大变革就是共享。计算机技术通过信息共享，使得企业内部流程的运作透明化，打破了知识和数据资源的垄断带来的权力的垄断。面对全球一体化浪潮和横向产业模式的发展，企业意识到自身始终处在供应链的某个环节，需要在不断增强自身实力的同时增强与上下游之间的关系，这种关系是建立在相互了解、协同作业的基础之上的，只有相互为对方带来源源不断的价值，这种关系才能够永续。企业再造（Business Process Reengineering，BPR）的核心思想就是打破部门界限，重塑企业流程，而供应链管理的思想正是这种共享、协作观念的一次实践。

基于以上时代背景的分析可以看出，现代企业的业务越来越趋向于国际化。越来越多的企业将主要精力放在企业的关键业务上，并与世界上优秀的企业建立战略合作关系，将非关键业务交由这些企业完成。行业领军企业在越来越清楚地认识到保持长远领先地位的优势和重要性的同时，也意识到竞争优势的关键在于战略伙伴关系的建立。因此，供应链管理成了企业管理的重要组成部分，全球化的供应链管理越来越受到企业的重视，企业面临的国际竞争在一定层面上成了供应链之间的竞争。

三、供应链管理的特点

供应链管理是迄今为止企业物流发展的最高级形式之一。虽然供应链管理非常复杂且动态、多变，但众多企业已经在供应链管理的实践中获得了丰富的经验并取得了显著的成效。供应链管理的实质是深入供应链的各个增值环节，将客户所需的正确产品在正确的时间，按照正确的数量、正确的质量和正确的状态送到正确的地点，即"6R"，并使总成本最小。供应链管理是一种先进的管理理念，它的先进性体现在以客户和最终消费者为经营导向，以满足客户和消费者的最终期望。

（一）供应链管理将所有节点企业看作一个整体，实现全过程的战略管理

传统的管理模式往往以企业的职能部门为基础，但由于各企业之间及企业内部职能部门之间的性质、目标不同，造成相互间的矛盾和利益冲突，各企业之间及企业内部职能部门之间无法完全发挥其职能效率，因而很难实现整体目标化。

（二）供应链是一个网状结构

供应链是由供应商、制造商、分销商、销售商、客户和服务商组成的网状结构。供应链中各环节环环相扣，是一个有机整体。

（三）供应链管理是一种集成化管理模式

供应链管理的关键是采用集成的思想和方法。它是一种从供应商开始，经由制造

商、零售商直到最终客户的全要素、全过程的集成化管理模式，是一种新的管理策略。它将不同的企业集成起来以提高整个供应链的效率，注重的是企业之间的合作，以达到全局最优。

（四）供应链管理提出了全新的库存理念

传统的库存理念认为，库存是维系生产与销售的必要措施，是一种必要的成本。供应链管理使企业与其上下游企业之间在不同的市场环境下实现了库存的转移，降低了企业的库存成本。这也要求供应链上的各个企业成员建立战略合作关系，通过快速反应降低库存总成本。

（五）供应链管理以最终客户为中心

无论构成供应链的节点的企业数量有多少，也无论供应链节点企业的类型、层次有多少，供应链的形成都是以客户和最终消费者的需求为导向的。

四、供应链管理的核心理念

供应链管理的实现，是将供应商、制造商、分销商、零售商等在一条供应链上的所有节点企业都联系起来进行优化，使生产资料以最快的速度，通过生产、分销环节变成增值的产品，到达有消费需求的消费者手中。

供应链管理的核心理念体现在以下几个方面：

（一）以客户为中心

从某种意义上讲，供应链管理本身就是以客户为中心的拉动式营销推动的结果，其出发点和落脚点都是为客户创造更多的价值，都是以市场需求的拉动为原动力。客户价值是供应链管理的核心，企业根据客户需求来组织生产，产品从设计开始就让客户参与，以使产品能真正符合客户的需求。这种拉动式供应链以客户需求为原动力，有效避免了原有推动式供应链中存货不足和销售不佳等风险并存的情况。

（二）强调企业的核心竞争力

供应链管理的一个重要的理念就是强调企业的核心竞争力，即企业必须集中资源在某个自己所专长的领域，建立自己的核心竞争力，并为其在供应链上定位，将非核心业务外包，成为供应链上一个不可替代的角色。

企业的核心竞争力具有以下特点：一是无法模仿，它可能是技术，也可能是企业文化；二是买不到，所有在市场上能得到的资源都不会成为企业的核心竞争力；三是拆不开，它强调的是企业的资源和能力具有互补性；四是带不走，它强调的是资源的组织性。

（三）相互协作的双赢理念

在传统的企业运营中，企业和供应商之间是一种争利关系，双方往往从短期效益出发，并没有协调一致的计划，系统协调性差，影响整体最优。在供应链管理模式下，供应链上的所有企业都是一个整体，企业应与主要供应商和客户建立良好的合作伙伴关系，即供应链合作伙伴关系。追求整体的竞争力和盈利能力是集成化供应链管理的关键。供应链企业应注重战略伙伴关系管理和实现信息共享。

建立供应链合作伙伴关系的制约因素

（四）优化信息传递流程

信息传递流程是企业内员工、客户和供货商的沟通过程。过去企业员工往往通过电话、传真、面见达成信息交流的目的，如今企业员工利用电子商务平台、电子邮件等互联网手段进行信息交流。计算机信息系统的优势在于其自动化操作和处理大量数据的能力，使信息流通速度加快，同时减少失误。

为了适应供应链管理的优化，企业应从与生产产品有关的第一层供应商开始，环环相扣，直到货物到达最终客户手中，真正按链的特性改造企业业务流程，使各个节点的企业都具有处理物流和信息流的自组织和自适应能力。企业应形成贯穿供应链的分布数据库的信息集成系统，从而集中协调不同企业的关键数据。关键数据包括订货预测、库存状态、缺货情况、生产计划、运输安排、在途物资等数据。

为便于管理人员迅速、准确地获得各种信息，企业应该充分利用电子数据交换（EDI）、互联网等技术手段，实现供应链的分布数据库信息集成，达到共享采购订单的电子接收与发送、多位置库存控制、批量和系列号跟踪、周期盘点等重要信息的目的。

五、供应链管理的内容

供应链管理是核心企业进行内部和外部协同的过程，涉及内部各相关职能部门以及上下游企业和相关成员，是一项复杂的系统工程。供应链管理的内容包括供应链战略管理、供应链计划管理、供应链运作管理、供应链关系管理和供应链绩效管理。

（一）供应链战略管理

供应链战略管理主要确定供应链的战略定位及相应的供应链结构，包括总体布局、资源配置、流程设置等，解决诸如供应链功能自营还是外包、生产与仓储设施的选址与规模、产品生产与储存的设施分配、运输模式的选择、信息系统的选择等战略性问题。

（二）供应链计划管理

供应链计划管理主要是匹配供应链的需求与供应，以实现供应链效益的最大化。企业从需求预测开始，决定分包、库存策略以及营销和价格促销的时机和规模等，努力实现最终客户需求与产能、库存等资源供应之间的平衡。

（三）供应链运作管理

供应链运作管理主要是对决定供应链订单履行绩效的采购、生产和物流三大要素的管理。采购确保购进的产品或服务能满足企业的生产经营活动要求；生产将原材料转变为对客户有价值的产品或服务；物流通过运输和仓储等活动，保证在内部有可用的原材料供生产运作，在外部能供应产成品使客户在任意时间和地点都可以购买。当采购、生产和物流在供应链战略指导下和谐运作时，供应链为最终客户提供最好的产品和服务将成为可能。

（四）供应链关系管理

供应链关系管理包括供应链协同管理、供应链可视化管理、供应链风险管理。供应链关系管理主要通过将核心企业职能部门与供应链成员间的主要业务职能和业务流程整合成一个有机和高效的业务模式，实现供应链的一体化运作。为此，需要进行供应链企业内和企业间协同，实现信息共享与供应链可视化。由于供应链网络的任何一个环节出现中断，都会影响整个供应链的正常运作，因此供应链风险管理是供应链关系管理的重要内容。

（五）供应链绩效管理

供应链绩效管理是对供应链的整体运作效率的管理，是对供应链流程的动态评价，包括供应链流程管理、供应链策略成本管理和供应链绩效评价。

课堂小结

供应链是一个网链结构，由围绕核心企业的供应商、供应商的供应商和客户、客户的客户等节点组成。节点企业在需求信息的驱动和信息共享的基础上，通过供应链的职能分工与合作（生产、分销、零售等），以资金流物流和服务流为媒介实现整个供应链的不断增值。供应链管理是迄今为止企业物流发展的最高级形式之一。全球化供应链管理越来越受到企业的重视，企业面临的国际竞争在一定层面上成了供应链之间的竞争。

 知识拓展

供应链管理的重点：成本效率和弹性之间的权衡

供应链通过相互关联的活动网络，在正确的时间向正确的客户提供正确的商品和服务。供应链是经济活动的重要核心。当供应链受到影响时，经济活动和业务成果可能也会受到影响。新冠疫情暴露了全球供应链的脆弱。为了控制成本和提高效率，供应链管理历来注重高效和准时原则，这意味着企业只有在库存减少时才会下发新的订单。这减少了闲置产能和库存的浪费，但同时对不可预见的短缺的缓冲能力也随之消失了。

新冠疫情导致供需模式与企业预测或计划相差甚远。传统上，全球供应链因贸易战和通货膨胀等因素而受到其他干扰，但疫情冲击的规模和程度造成了广泛的延误和短缺，从而无法满足客户的需求。随着企业努力保护其品牌并保持竞争优势，有效应对中断及管理成本效率和弹性之间的权衡将是供应链未来的关键。

任务二

供应链管理的方法

任务描述

在全球一体化背景下，各种多元化的供应链管理思想和供应链管理方法对未来企业发展起着至关重要的作用。企业管理者需要结合企业发展的实际状态以及企业员工的现状，找到适合自身企业的管理方法，切忌生搬硬套，否则会适得其反。

知识链接

一、快速反应

快速反应（Quick Response，QR）是在 20 世纪 70 年代后期从美国纺织服装业发展起来的一种供应链管理方法，目的是提高整个纺织服装业的市场竞争力，减少供应

链中从原材料到用户过程的时间和库存，提高客户的服务水平，降低经营风险，最大限度地提高供应链的运作效率。

（一）快速反应的定义

快速反应是制造商为了在精确的数量、质量和时间要求条件下为客户提供产品，将订货提前期、人力、物料和库存的花费降低到最小；同时强调系统的柔性，以便满足竞争市场的不断变化，要求供应商、制造商以及分销商紧密合作，通过信息共享、共同预测未来的需求并且持续监视需求的变化，以获得新的机会。

《中华人民共和国国家标准——物流术语》中对快速反应的定义是：供应链成员企业之间建立战略合作伙伴关系，利用 EDI 等信息技术进行信息交换与信息共享，用高频率小数量配送方式补充商品，以实现缩短交货周期、减少库存、提高顾客服务水平和企业竞争力为目的的一种供应链管理策略。

（二）快速反应核心理论

在需求快速变化的今天，企业最重要的一项能力是对市场的快速反应。快速反应能力包括产品创新能力、快速交货能力以及连续补货能力等。在产能过剩和互联网的倒逼下，订单需求出现了小批量、多品类的变化趋势。在市场需求不确定的情况下，很多企业不愿意大批量订货，而是更多地通过小批量订货来试产试销，直到测试出市场的真实需求，才开始大批量连续订货。为保障生产和销售的机会，小单、急单、短单已成为常态，这无形中倒逼生产制造企业快速反应，否则将逐步出局。快速反应对下游客户的价值在于将客户从库存积压和断货停产的风险中解放出来，及时把握市场销售机会。由此，快速反应核心理论主要体现在以下四个方面：

1. 基于时间的竞争

基于时间因素的竞争可以理解为企业在经营运作的每个过程中尽量压缩时间，以时间优势带动其他各项竞争优势，将基于时间因素的竞争作为自己的竞争战略，构筑敏捷供应链，从研发、生产、采购、配送、销售等环节入手，通过获得基于时间因素的产品研发优势、基于时间因素的生产制造优势、基于时间因素的采购优势以及基于时间因素的配送与销售优势等，不断改进，不断创新，快速响应市场变化，最终构建起基于时间因素的竞争优势。

2. 业务流程的高效化、规范化

流程管理是为了解决企业的各种不规范而制定的管理技术，是将企业从科层管理的低效率转换到流程主导的高效率轨道上来。制定精简、高效的流程能够将管理者从烦琐的事务中解放出来，有助于企业员工在具体的执行过程中更加明确、清楚地知道自己什么时候应该做什么事，应该先干什么、后干什么，做事情要达到怎样的标准。业务流程的高效化、规范化不仅是提高企业效能的关键，而且是企业降低成本、提升竞争力的基础。

3. 以客户满意为追求

当前，市场的竞争主要表现在对客户的全面争夺上，而是否拥有客户取决于企业与客户的关系以及客户对企业产品和服务的满意程度。客户满意程度越高，企业竞争力越强，市场占有率就越大，企业效益就越好。快速反应就是通过对消费者需求做出快速反应，以获得客户满意度的提高。

4. 以信息为手段

在市场情况瞬息万变的今天，应对市场变化敏锐程度的差异，直接体现了企业竞争力的差异，对市场的反应速度决定着企业的命运。在这个信息为王的时代，企业只有以快速信息传导为手段，抢先一步做出应对，抢占先机，才能快速响应市场的变化。

（三）快速反应的特征

结合以上对快速反应定义和核心理论的分析，我们可将快速反应的特征归纳为：响应快速、信息共享、资源集成、伙伴协作、利益共赢、过程柔性。

二、有效客户反应

有效客户反应（Efficient Consumer Response，ECR）是 20 世纪 90 年代从美国的食品杂货业发展起来的一种供应链管理策略。20 世纪 90 年代初，日本食品加工企业和日用品加工企业开始模仿美国的快速反应系统并形成自己的系统。

在企业间竞争加剧和需求多样化发展的今天，有效客户反应强调供应商和零售商的合作，产销之间迫切需要建立相互信赖、相互促进的协作关系，通过现代化的信息和手段，协调彼此的生产、经营和物流管理活动，进而在最短的时间内应对客户需求变化。有效客户反应是零售企业满足客户需求的解决方案和核心技术，目标是高效地满足消费者不断增长、多样化的需求。

> **课堂小练习**
> 为什么说 ECR 是零售企业满足客户需求的解决方案和核心技术？

（一）有效客户反应的定义

ECR 欧洲执行董事会的定义是："ECR 是一种通过制造商、批发商和零售商各自经济活动的整合，以最低的成本，最快、最好地实现消费者需求的流通模式。"

《中华人民共和国国家标准——物流术语》中对有效客户反应的定义是：以满足顾客要求和最大限度降低物流过程费用为原则，能及时做出准确反应，使提供的物品供应或服务流程最佳化的一种供应链管理策略。

（二）有效客户反应系统的特点

1. 重视采用新技术、新方法

首先，有效客户反应系统采用了先进的信息技术，在生产企业与流通企业之间开发了一种利用计算机技术的自动订货系统。该自动订货系统通常与电子收款系统（POS）结合使用，利用 POS 系统提供的商品销售信息将有关订货要求自动传向配送中心，由配送中心自动发货，从而使零售企业的库存降至零状态，还可缩短从订货至交货的周期，提高商品新鲜度，减少商品破损率，使生产商以最快捷的方式获得自己的商品在市场是否适销对路的信息。

其次，有效客户反应系统采用了两种新的管理技术和方法，即种类管理和空间管理。种类管理的基本思想是不从特定品种的商品出发，而是从某一种类的总体上考虑收益率最大化。空间管理是指促使商品布局、柜台设置最优化。过去，许多零售商也注意到此类问题，不同点在于有效客户反应系统的种类管理是与空间管理相结合的，通过两者的结合实现单位销售面积的销售额和毛利额的提高，因而可以取得更好的效果。

2. 建立稳定的伙伴关系

传统的商品供应体制中因制造商、批发商、零售商联系不紧密，彼此间发生的订货有很大的随机性，这就造成生产与销售之间商品流动的极不稳定性，增加了商品的供应成本。有效客户反应系统克服了这些缺点，在制造商、批发商、零售商之间建立了一个连续的、闭合式的供应体系，改变了其相互敌视的心理，使它们结成了相对稳定的伙伴关系，实现共存共荣，是一种新型的产销同盟和产销合作形式。

3. 实现非文书化

有效客户反应系统充分利用了信息处理技术，使产购销各环节的信息传递实现了非文书化。无论是企业内部的传票处理，还是企业之间的订货单、价格变更、生产通知等文书都通过计算机间的数字交换进行自动处理。由于利用了电子数据交换，生产企业在产品生产的同时，就可以把产品信息电传给进货方，作为进货方的零售企业只要在货物运到后扫描集运架或商品上的电码，就可以完成入库验收等处理工作。由于全面采用了电子数据交换，企业可以根据出产明细自动处理入库，从而使处理时间近似为零，这对于迅速补充商品、提高预测精度、大幅降低成本起到了很大作用。

（三）实施有效客户反应的原则

企业实施有效客户反应时，首先应联合整个供应链所涉及的供应商、分销商以及零售商，改善供应链中的业务流程，使其合理、有效；然后以较低的成本，使这些业务流程自动化，以进一步降低供应链的成本和时间。只有这样，才能满足客户对产品和信息的需求，给客户提供优质的产品和适时、准确的信息。有效客户反应的实施原则包括以下几个：

（1）以较少的成本，不断致力于向供应链客户提供产品性能更优、质量更好、花色品种更多、现货服务更好以及更加便利的服务。

（2）必须有相关商业巨头的带动。该商业巨头决心通过互利双赢的经营联盟来代替传统的输赢关系，达到获利目的。

（3）必须利用准确、适时的信息以支持有效的市场、生产及后勤决策，这些信息将以 EDI 的方式在贸易伙伴间自由流动，它将影响以计算机信息为基础的系统信息的有效利用。

（4）产品必须随其不断增值的过程，从生产到包装，直至流动至最终客户的购物篮中，以确保客户能随时获得所需产品。

（5）必须采用共同、一致的工作业绩考核和奖励机制，它着眼于系统整体的效益（即通过减少开支、降低库存以及更好地利用资产来创造更高的价值），明确地确定可能的收益（如增加收入和利润），并且公平地分配这些收益。

三、QR 与 ECR 的比较

（一）QR 与 ECR 的差异

1. 侧重点不同

QR 侧重于缩短交货提前期，对客户的需求做出快速反应，并快速补货；ECR 侧重于减少和消除供应链的浪费，降低供应链各环节的成本，提高供应链的运行效率。

2. 管理方法不同

QR 主要借助信息技术实现快速补发，通过联合产品开发缩短产品上市时间；ECR 除新产品快速有效引入外，还实行有效商品管理、有效促销活动。

3. 适用行业不同

QR 适用于单位价值高、季节性强、可替代性差、购买频率低的行业，这些行业的产品多属于创新型产品，主要集中在日用品和纺织行业；ECR 适用于产品单位价值低、库存周转率高、毛利少、可替代性强、购买频率高的行业，这些行业的产品多数是一些功能型产品，主要以食品行业为对象。

4. 改革重点不同

QR 改革重点是补货和订货的速度，目的是最大限度地消除缺货，并且企业只在有商品需求时才会采购。ECR 改革重点是效率和成本。

（二）QR 与 ECR 的共同特征

QR 与 ECR 的共同特征表现为超越企业之间的界限，通过合作追求物流效率化，具体表现在以下三个方面：

（1）贸易伙伴间商业信息的共享。

（2）商品供应商涉足零售业，提供高质量的物流服务。

（3）企业间订货、发货业务全部通过 EDI 来进行，实现订货数据或出货数据的传送无纸化。

课堂小练习

QR 策略能在汽车、机械设备等制造业中应用吗？为什么？

课堂小结

供应链管理中，快速反应（QR）和有效客户反应（ECR）一直被视为可以帮助供应链进入良性循环状态的重要策略。QR 在供应链中的主要目的是为企业获得基于时间上的竞争优势，加速系统处理时间，降低库存。有效客户反应的主要目的是为零售店在最需要的时候提供所需数量的商品，以高效方法保障供给。

知识拓展

中国 ECR 委员会

2001 年，我国加入世界贸易组织，加快了我国的对外开放步伐，完善了社会主义市场经济，加强了我国同多边贸易规则的对接，导致大量企业涌现。在国际市场向我国企业敞开大门的同时，我国企业供应链效率低下的问题随之浮现。中国物品编码中心作为国家市场监督管理总局下属负责推广全球统一标识系统和供应链管理标准的专门机构，深刻认识到我国供应链所遇到的阻碍，于 2001 年发起成立中国 ECR 委员会，推广 ECR 理念、策略和应用。

中国 ECR 委员会设有中国 ECR 董事会。其中，以中国物品编码中心、华润万家、宝洁、中国连锁经营协会为联合主席，通过董事会做出重要决策，指导工作方向。中国 ECR 委员会的会员包括国内知名零售商、供应商、系统服务商，依据行业需求和关注热点，设有六个 ECR 工作委员会，有针对性地开展各项工作，推广 ECR 在消费品行业多领域的应用。

中国 ECR 委员会组织我国零售商、经销商、批发商、制造商和第三方服务提供商（如物流运营商、系统集成商等）开展项目，探索新的合作领域，提高供应链整体效率，促进行业健康发展。凭借着国际、国内零供企业的大力支持和具有中国特色的 ECR 协作模式，中国 ECR 委员会建立了一整套相对成熟并适合中国市场的 ECR 运营模式，是连接行业与政府的重要纽带，是推动行业最佳实践的重要阵地，是发起行业举措的重要平台，是分享新技术新理念的重要窗口。

供应链管理的基本原理

任务描述

供应链管理是一种先进的管理理念和综合管理思想，它的先进性体现在以客户和最终消费者为经营导向，以满足客户和最终消费者的期望来生产和供应。它试图摆脱单个企业、单个职能层面的局部优化，实现供应链领域的全局优化。从这个意义上看，供应链管理思想是一系列管理原理的集成。

知识链接

供应链管理思想是新的经济形势下人们在思维方式上的一次重大转变。供应链管理的基本原理包括资源横向集成原理、系统原理、多赢互惠原理、合作共享原理、需求驱动原理、快速响应原理、同步运作原理、动态重构原理等。

一、资源横向集成原理

资源横向集成原理揭示的是新经济形势下的一种新思维。该原理认为：在经济全球化迅速发展的今天，企业原有的管理模式和自己有限的资源已经不能满足快速变化的市场对企业所提出的要求；企业必须放弃传统的基于纵向思维的管理模式，朝着新型的基于横向思维的管理模式转变；企业必须横向集成外部相关企业的资源，形成"强强联合，优势互补"的战略联盟，结成利益共同体去参与市场竞争，以实现提高服务质量、降低成本、快速响应客户需求，同时给予客户更多选择的目的。

不同的思维方式对应着不同的管理模式以及企业发展战略。纵向思维对应的是纵向一体化的管理模式，横向思维对应的是横向一体化的管理模式，企业的发展战略是横向联盟。该原理强调的是优势资源的横向集成，即供应链各节点企业均以其能够产生竞争优势的资源来参与供应链的资源集成，在供应链中以其优势业务的完成来参与供应链的整体运作。

资源横向集成原理是供应链管理的基本原理之一，表明了人们在思维方式上所发生的重大转变。

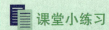
课堂小练习

举例说明什么是横向一体化，什么是纵向一体化。

二、系统原理

系统原理认为，供应链是一个系统，是由相互作用、相互依赖的若干组成部分结合而成的具有特定功能的有机整体。供应链是围绕核心企业，通过对信息流、物流、资金流的控制，将供应商、制造商、分销商、零售商直到最终用户连成一个整体的功能网链结构模式。供应链的系统特征体现在以下几个方面：

（1）供应链的系统特征体现在其整体功能上。这一整体功能是组成供应链的任一成员企业都不具有的特定功能，是供应链合作伙伴间的功能集成，而不是简单叠加。供应链系统的整体功能集中表现在供应链的综合竞争能力上。

（2）供应链的系统特征体现在供应链系统的目的性上。供应链系统有着明确的目的，这就是在复杂多变的竞争环境下，以最低的成本、最快的速度、最好的质量为客户提供满意的产品和服务，通过不断提高客户的满意度来赢得市场。这一目的也是供应链各成员企业的共同目的。

（3）供应链的系统特征体现在供应链合作伙伴间的密切关系上。这种关系是基于共同利益的合作伙伴关系。供应链系统目的的实现受益的是企业群体，因此，各成员企业均具有局部利益服从整体利益的系统观念。

（4）供应链的系统特征体现在供应链系统的环境适应性上。在经济全球化迅速发展的今天，企业面对的是一个迅速变化的买方市场，这要求企业能对不断变化的市场做出快速反应，不断地开发出符合客户需求的、定制的个性化产品占领市场以赢得竞争。新型供应链就是为了适应这一新的竞争环境而产生的。

（5）供应链的系统特征体现在供应链系统的层次性上。供应链各成员企业分别都是一个系统，同时也是供应链系统的组成部分。供应链是一个系统，同时也是它从属的更大系统的组成部分。从系统层次性的角度来理解，相对于传统的基于单个企业的管理模式而言，供应链管理是一种针对更大系统（企业群）的管理模式。

三、多赢互惠原理

多赢互惠原理认为，供应链是相关企业为了适应新的竞争环境而组成的一个利益共同体，其密切合作建立在共同利益的基础之上，供应链各成员企业之间通过一种协商机制来谋求一种多赢互惠的目标。供应链管理改变了企业的竞争方式，将企业之间的竞争转变为供应链之间的竞争，强调核心企业通过与供应链中的上下游企业之间建立战略伙伴关系，以强强联合的方式，使每个企业都发挥各自的优势，在价值增值链上达到多赢互惠的效果。

供应链管理在许多方面都体现了多赢互惠的思想。例如，供应链中的需求放大效应使得上游企业所获得的需求信息与实际消费市场中的客户需求信息存在很大的偏差，上游企业不得不维持比下游企业更高的库存水平。需求放大效应是需求信息扭曲的结果，供应链企业之间的高库存现象会给供应链的系统运作带来许多问题，不符合供应链系统整体最优的原则。近年来出现的供应商管理库存（VMI）打破了传统的各自为政的库存管理模式，这种库存管理策略降低了供应链整体库存成本，提高了供应的整体效益，实现了供应链合作企业间的多赢互惠，体现了供应链的集成化管理思想。在供应链相邻节点企业之间，传统的供需关系是以价格驱动的竞争关系，供应链管理环境下是一种合作的双赢关系。

四、合作共享原理

合作共享原理包含合作和共享两层含义。合作原理认为，由于任何企业所拥有的资源都是有限的，它不可能在所有的业务领域都获得竞争优势，因而企业要想在竞争中获胜，就必须将有限的资源集中在核心业务上。与此同时，企业必须与全球范围内在某一方面具有竞争优势的相关企业建立紧密的战略合作关系，将本企业中的非核心业务交由合作企业来完成，充分发挥各自独特的竞争优势，从而提高供应链系统整体的竞争能力。共享原理认为，实施供应链合作关系意味着管理思想与方法的共享、资源的共享、市场机会的共享、信息的共享、先进技术的共享以及风险的共担。

信息共享是实现供应链管理的基础，准确、可靠的信息有助于企业做出正确的决策。供应链的协调运行建立在各个节点企业高质量的信息传递与共享的基础之上，信息技术的应用有效地推动了供应管理的发展，它可以节省时间和提高企业信息交换的准确性，减少了在复杂、重复工作中的人为错误，因而减少了由于失误而导致的时间浪费和经济损失，提高了供应链管理的运行效率。由于可以做到共享信息，供应链上任何节点企业都能及时地掌握市场的需求信息和整个供应链的运行情况，每个环节的物流信息都能透明地与其他环节进行交流与共享，从而避免了需求信息的失真现象，消除了需求信息的扭曲放大效应。

五、需求驱动原理

需求驱动原理认为，供应链的形成、存在、重构都是基于一定的市场需求而发生，并且在供应链的运作过程中，用户的需求是供应链中信息流、产品/服务流、资金流运作的驱动源。在供应链管理模式下，供应链的运作是以订单驱动方式进行的，逐级驱动的订单驱动模式使供应链系统得以准时响应客户的需求，从而降低了库存成本，提高了物流的速度和库存周转率。

基于需求驱动原理的供应链运作模式是一种拉动式运作模式，与传统的推动式运作模式有着本质的区别。推动式运作模式以制造商为中心，驱动力来源于制造商。而拉动式运作模式是以用户为中心，驱动力来源于最终用户。两种不同的运作模式分别适用于不同的市场环境，有着不同的运行效果。不同的运作模式反映了不同的经营理念。由推动式运作模式向拉动式运作模式的转变，反映的是企业所处环境的巨变和管理者思想认识上的重大转变，反映的是经营理念从以生产为中心向以客户中心的转变。

六、快速响应原理

快速响应原理认为，在全球经济一体化的大背景下，随着市场竞争的不断加剧，经济活动的节奏也越来越快，客户在时间方面的要求也越来越高。客户不但要求企业按时交货，而且要求的交货期越来越短。因此，企业必须对不断变化的市场做出快速反应，必须有很强的产品开发能力和快速组织产品生产的能力。

在当前的市场环境里，一切都要求能快速响应客户需求，而要达到这一目的，仅靠一家企业的努力是不够的。供应链具有灵活快速响应市场的能力，通过各节点企业业务流程的快速组合，加快了对客户需求变化的反应速度，供应链管理强调准时，即准时采购、准时生产、准时配送，强调供应商的选择应少而精，强调信息技术应用等等，均体现了快速响应客户需求的思想。

七、同步运作原理

同步运作原理认为，供应链是由不同企业组成的功能网络，其成员企业之间的合作关系存在多种类型，供应链系统运行业绩的好坏取决于供应链合作伙伴关系是否和谐，只有和谐而协调的关系才能发挥最佳的效能。供应链管理的关键就在于供应链上各节点企业之间的联合与合作以及相互之间在各方面良好的协调。

供应链的同步化运作要求供应链各成员企业之间通过同步化的生产计划来解决生产的同步化问题。只有供应链各成员企业之间以及企业内部各部门之间保持步调一致时，供应链的同步化运作才能实现。供应链形成的准时生产系统要求上游企业准时为下游企业提供必需的原材料（零部件）。如果供应链中任何一个企业不能准时交货，都会导致供应链系统的不稳定或者运作的中断，导致供应链系统对客户的响应能力下降，因此保持供应链各成员企业之间生产节奏的一致性是非常重要的。

协调是供应链管理的核心内容之一。信息的准确无误、畅通无阻是实现供应链系统同步化运作的关键。要实现供应链系统的同步化运作，企业需要建立一种供应链的协调机制，使信息能够畅通地在供应链中传递，从而减少因信息失真而导致的过量生产和过量库存，使整个供应链系统的运作能够与客户的需求步调一致，同步化响应市场需求的变化。

八、动态重构原理

动态重构原理认为，供应链是动态的、可重构的，是在一定的时期内针对某一市场机会为适应某一市场需求形成的，具有一定的生命周期。当市场环境和客户需求发生较大的变化时，围绕着核心企业的供应链必须能够快速响应，能够进行动态快速重构。

市场机遇、合作伙伴选择、核心资源集成、业务流程重组以及敏捷性等是供应链动态重构的主要因素。从发展趋势来看，组建基于供应的虚拟企业将是供应链快速重构的核心内容。

> **课堂小练习**
>
> 如何理解"组建基于供应的虚拟企业将是供应链快速重构的核心内容"这一说法？

> **课堂小结**
>
> 供应链管理是一种集成的管理思想和方法，是资源横向集成原理、系统原理、多赢互惠原理、合作共享原理、需求驱动原理、快速响应原理、同步运作原理、动态重构原理等一系列原理的集中体现，也是新的经济形势下人们在思维方式上的一次重大转变。

任务四

供应链管理的运行机制和关键问题

任务描述

运行机制是指在人类社会有规律的运动中，影响这种运动的各因素的结构、功能及其相互关系，以及这些因素产生影响、发挥功能的作用过程和作用原理及其运行方式。供应链运行机制是指供应链生存和发展的内在机能及其运行方式，是引导和制约所有节点企业各项活动的基本准则及相应的制度，是供应链内部以及各环节之间本质的、内在的相互关联、相互制约的工作方式的总和。

知识链接

一、供应链管理的运行机制

供应链管理的运行机制是指供应链生存和发展的内在机能及其运行方式，通过供应链管理的合作机制、决策机制、激励机制、自律机制、风险机制和信任机制来实现满足客户需求的目的，从而最后实现供应链管理的目的。

（一）合作机制

供应链合作机制形成于集成化供应链管理环境下。集成化供应链的管理思想强调供应链企业建立战略合作关系，企业核心竞争力和持续变化的客户需求是驱动供应链合作机制形成的两种重要因素。供应链合作机制将供应链上所有节点企业看作一个整体，将企业内部供应链及企业之间的供应链有机集成起来实行管理。

（二）决策机制

供应链企业决策信息来源不再仅限于一个企业内部，更重要的是企业间的信息共享。供应链企业决策处于开放的信息网络环境下，企业不断进行信息交换和共享，达到供应链企业同步化、集成化、计划与控制的目的。企业的决策是基于信息开放环境的供应链管理的群体决策机制。

（三）激励机制

在供应链中，企业与企业之间都存在直接或间接的利益关系，供应链中的各加盟企业处在一个利益的战略联盟之中。如何使供应链在众多的成员之间、巨大的时空跨度上还能进行良好的运作，是一个高难度的管理操作问题。制定一个有效的供应链企业激励机制将直接关系到供应链企业成员的利益和积极性，直接关系到供应链运作的效率、效益和竞争力。供应链是否具有强大的竞争力、是否能够有机地协调运作，主要取决于供应链企业的激励机制是否公正、合理和有效。

在供应链管理模式下，供应链激励机制可以有多种多样，但不管采取何种激励机制，都要注意以下几点：激励必须有根据、激励应有助于供应链整体竞争力的提升、激励要充分利用供应链网络平台、要特别重视信用激励。

（四）自律机制

自律机制要求供应链企业向行业的领头企业或最具竞争力的竞争对手看齐，不断对产品、服务和供应链业绩进行评价，并不断改进，以使企业能保持自己的竞争力和持续发展。自律机制主要包括企业内部的自律、对比竞争对手的自律、对比同行企业的自律和对比领头企业的自律。

企业通过推行自律机制可以降低成本，增加利润和销售量，更好地了解竞争对手，减少客户的抱怨，提高客户满意度，增加信誉，缩小企业内部部门之间的业绩差距，提高企业的整体竞争力。

（五）风险机制

供应链风险是指供应链企业之间的合作会因为信息不对称、信息扭曲、市场不确定性、政治、经济、法律等因素的存在而导致各种风险的存在。为了使供应链企业之间对合作满意，必须采取一定的措施规避风险，如信息共享、合同优化、监督控制机制等，尤其是必须在企业合作的各个阶段通过激励机制的运行，实施各种激励手段，以使供应链企业之间的合作更加有效。针对供应链企业合作存在的各种风险及其特征，应该采取不同的防范对策。对风险的防范，可以从战略层和战术层分别考虑。风险防范措施主要包括：

（1）建立战略合作伙伴关系。企业要实现预期的战略目标，客观上要求企业间进行合作，形成共享利润、共担风险的双赢局面。因此，与供应链中的其他成员建立紧密的合作伙伴关系，成为供应链成功运作、风险防范的一个非常重要的先决条件。建立长期的战略合作伙伴关系，第一，要求供应链的成员加强信任；第二，应该加强成员间信息的交流与共享；第三，建立正式的合作机制，在供应链成员间实现利益分享和风险分担。

（2）加强信息交流与共享，优化决策制定。供应链企业之间应该通过相互之间的信息交流和沟通来消除信息扭曲，从而降低不确定性、降低风险。

（3）加强激励机制的应用。道德风险的防范主要是通过对信息不对称和委托代理问题的研究，采用一定的激励手段和机制来消除代理人所造成的道德风险问题。

（4）柔性设计。供应链合作中存在需求和供应方面的不确定性。供应链企业合作过程中，可以在拟订合同时互相提供柔性，从而消除外界环境不确定性的部分影响，传递供给和需求的信息。柔性设计是消除由外界环境不确定性引起的变动因素的一种重要手段。

（5）风险的日常管理。由于竞争中的企业时刻面临着风险，因此企业对于风险的管理必须持之以恒，建立有效的风险防范体系。风险的日常管理包括风险预测与分析、风险跟踪和监控、风险预警、危机处理等。另外，建立持久、有效的风险管理制度和安排专门的管理人员也是一项重要的工作。

(六) 信任机制

信任机制是供应链管理中企业之间合作的基础和关键。信任在供应链管理中具有重要作用。供应链管理的目的就在于提升节点企业的核心竞争能力，快速地对市场需求做出反应，最终提高整个供应链的市场竞争能力。要达到此目的，加强供应链节点企业之间的合作是供应链管理的核心，而在供应链企业的相互合作中，信任是基础、信任是核心。没有了企业间的起码信任，任何合作、伙伴关系、利益共享等都只能成为一种良好的愿望，因此，建立供应链企业间的信任机制至关重要。

二、供应链管理的关键问题

由于供应链管理是一个复杂的系统，涉及众多目标不同的企业，涉及企业的方方面面，因此企业实施供应链管理时必须厘清思路，分清主次，抓住关键问题。具体来说，企业在实施供应链管理的过程中需要注意的关键问题有以下几个：

(一) 配送网络重构

配送网络重构是指采用一个或几个制造商生产的产品来服务一组或几组在地理位置上分散的渠道商时，当原有的需求模式发生改变或外在条件发生变化后引起的配送网络的调整。配送网络重构是由现有的几个仓库租赁合同的终止或渠道商的数量发生增减变化等原因引起的。

(二) 配送战略问题

在供应链管理中，配送战略也非常关键。采用直接转运战略、经典配送战略还是直接运输战略？需要多少个转运点？哪种战略更适合供应链中大多数的节点企业呢？

直接转运战略是指在这个战略中终端渠道由中央仓库供应货物，中央仓库充当供应过程的调节者和来自外部供应商的订货的转运站，而其本身并不保留库存。经典配送战略则是在中央仓库中保留库存。直接运输战略相对较为简单，是指将货物直接从供应商运往终端渠道的一种配送战略。

(三) 供应链集成与战略伙伴

由于供应链本身的动态性以及不同节点企业间存在相互冲突，因此对供应链进行集成是相当困难的。但实践表明，对供应链集成不仅是可能的，而且能够对节点企业的销售业绩和市场份额产生显著的影响。那么，集成供应链的关键是什么呢？答案是信息共享与作业计划。显然，什么信息应该共享、如何共享，信息如何影响供应链的设计和作业，在不同节点企业间实施什么层次的集成，可以实施哪些类型的伙伴关系等，就成了关键问题。

（四）库存控制问题

库存控制问题包括：一个终端渠道对某一特定产品应该持有多少库存？终端渠道的订货量是否应该大于（或小于、等于）需求的预测值？终端渠道应该采用多大的库存周转率？终端渠道的目标在于决定在什么点上再订购一批产品，以及为了最小化库存订购和保管成本，应订购多少产品等。

（五）产品设计

众所周知，有效的产品设计在供应链管理中起着多方面的关键作用。那么，何时对产品进行设计来减少物流成本或缩短供应链周期、产品设计是否可以弥补客户需求的不确定性、为了利用新产品设计对供应链应该做什么样的修改等这些问题就非常重要。

（六）信息技术和决策支持系统

信息技术是促成有效供应链管理的关键因素。供应链管理的基本问题在于：应该传递什么数据？如何进行数据的分析和利用？互联网的影响是什么？电子商务的作用是什么？信息技术和决策支持系统能否作为企业获得市场竞争优势的主要工具？

（七）客户价值衡量

客户价值是衡量一个企业对于其客户的贡献大小的指标。这一指标是根据企业提供的全部货物、服务以及无形影响来衡量的。

🕐 **课堂小结**

供应链管理的运行机制是指供应链生存和发展的内在机能及其运行方式，包括供应链管理的合作机制、决策机制、激励机制、自律机制、风险机制和信任机制。实施供应链管理中需要注意的关键问题包括配送网络重构、配送战略问题、供应链集成与战略伙伴、库存控制问题、产品设计、信息技术和决策支持系统、客户价值衡量几个方面。

供应链管理的发展趋势

任务描述

21世纪的竞争不只是企业之间的竞争，更多地表现为供应链与供应链之间的竞争。近年来，供应链逐步受到政府层面的支持，也被大多数企业重视。企业只有知晓供应链管理发展的趋势，才能在危机中把握战略机遇。

知识链接

供应链管理对于企业来说至关重要，通过优化供应链的各个环节，企业能够更好地控制库存，减少资金占用，提高产品的质量和交付速度，最终实现可持续发展。2022年被称为"供应链价值元年"，新冠疫情凸显了供应链的重要性，供应链的畅通稳定和可靠性受到了各方普遍关注。供应链的数字化、韧性和安全水平、绿色低碳和可持续发展已成为人们的共识。

一、供应链的数字化

（一）数字化的基本特征

供应链的数字化是未来发展的基本趋势和基本特征。数字化的基本特征是链接，企业之间、产业之间、地区之间、国家之间的无限链接是数字化的表现。数字的无限链接过程为企业带来更大的发展机遇和发展空间。不仅如此，更重要的是通过数字链接形成企业之间、产业之间，乃至国家之间的利益共同体。这样的利益共同体背景推动全球重新回到合作与发展的轨道上来。

（二）供应链数字化的本质

供应链数字化是企业利用信息技术和数据技术来指导供应链计划、预测、执行、决策等活动的过程，其本质是"基础供应链管理"+"数字化"，能够让企业利用大数据、云计算和 AI 等先进技术，对供应链管理中产生的数据进行即时收集、分析、反馈、预测与协同，供应链的每一个链条、每一个环节都离不开数据的支持和传递，最终实现以市场终端需求为生产驱动力，提升企业对需求变动的响应速度及柔性，同时有效降低库存成本。

（三）供应链数字化的优势

供应链本质是一个物料增值的过程，从需求开始确定合适的采购计划，然后确定合适的供应商来承接采购计划，并跟踪供应商的交付过程，实现高质量的准时交付，在合理的库存保障下，满足客户的市场化需求。数字化供应链算法的优化提高了效率，企业可根据实时信息做出决策，使供应链完全由需求驱动，由此带来的供应链敏捷性成为获取竞争优势的关键所在。供应链有助于企业运用新技术建立一个综合和透明的网络，促使所有利益相关者轻松跟踪实物货物和信息流。

对于供应链数字化转型，企业需要从物联网、数据分析和人工智能、电子商务平台、区块链和 3D 打印技术等方面进行全面考虑和实践，以实现供应链的自动化、智能化和优化升级，提高供应链的效率和稳定性。

二、供应链韧性和安全水平

党的二十大报告强调"着力提升产业链供应链韧性和安全水平"。供应链韧性是企业在供应链领域最需要关注的维度之一。足够强的韧性，意味着企业能够快速适应外部因素变化所带来的冲击，保证自身供应网络稳定。新冠疫情以来，全球市场环境风云变幻，供应链韧性成为企业实现持续利益及长远经营的重要支撑力量。

企业应从三个方面提升供应链韧性和安全水平：一是以数字化为前提，在数字技术基础上提升供应链韧性和安全水平；二是改变以往一味强调效率的供应链发展理念，找到安全与效率之间的平衡点，安全和高效均衡发展的供应链是未来供应链发展的基本指导思想；三是改变以往以链为主导的供应链组织机制，构建基于数字化的一种网络化的供应链组织机制。只有这样，供应链才会更有柔性、韧性。如果出现突发事件，企业具备迅速恢复供应链的能力，这就是供应链韧性。

企业要防范供应链风险，并确保供应链弹性，需要高度复杂和相互关联的全球网络之间的协作，主要战略包括供应商、生产能力和运输过程的多样化，以及寻找替代材料和非传统合作伙伴。许多供应链将变得更加紧凑和本地化。弹性供应链设计对于比竞争对手更快地缓解不利情况、提供优秀的客户服务、创造价值和市场份额至关重要。

三、供应链的绿色低碳和可持续发展

绿色低碳和可持续发展本质上就是推进人与自然和谐共生。绿色低碳和可持续发展的供应链是推进人与自然和谐共生的重要途径。过去企业更多考虑的是自我发展，如企业的规模、效益有多高；而现在评价一家企业好坏并不完全看其规模有多大、效益有多好，也要评估其对绿色低碳和可持续发展的承诺，衡量其所承担的社会责任和治理水平有多高。

绿色供应链管理，又称环境意识供应链管理，它考虑了供应链中各个环节的环境问题，注重对于环境的保护，促进经济与环境的协调发展。这包括产品设计、材料采购和选择、制造和生产、运营和报废管理等流程。企业除了要通过技术创新、能源转型等方法降低自身碳排放外，还需要关注供应链中的减碳问题。除了做好实实在在的减碳，碳信息披露的重要性也在不断凸显。越来越多的消费者喜欢致力于环保的企业，这些企业会不断改进内部系统并检查整个供应链的能源使用情况。

在"双碳"背景下，我国产业链与供应链都在向"零碳供应链"的目标努力。"双碳"目标的提出加速了中国企业的低碳转型。随着国家对于碳中和目标的要求，未搭建完善碳管理体系的供应商将逐步在产业升级进程中被淘汰。企业应从内外部构建强大推动力来完善碳管理体系，进一步加速供应链上下游的减碳进程。

课堂小练习

请分别谈一谈供应链的弹性、柔性和韧性。

课堂小结

2022年被称为"供应链价值元年"，新冠疫情凸显了供应链的重要性，供应链的畅通稳定和可靠性受到了各方的关注，锻造供应链整体韧性成为应对风云莫测的时代变局的关键所在。供应链的数字化可有效提升供应链的弹性、韧性和柔性，而提升产业链供应链韧性和安全水平对于推动高质量发展、加快建设现代化经济体系、维护国家产业安全具有重要指导意义。自全球进入碳中和时代以来，供应链的绿色低碳发展也成为各国政府和企业关注的焦点。只有知晓供应链管理的发展趋势，才能在未来发展过程中有效规避风险，把握危机中的战略机遇。

企业案例

比亚迪供应链体系的发展

我国明确提出"双碳"目标后，新能源汽车行业受到更多投资者青睐，不但享受政策给予的各类补贴与优惠，相关基金与股票价格也一路高歌猛进。在此背景下，新能源汽车行业发展"质""量"双升，但仍然存在一些问题有待解决。其中，比亚迪作为国内新能源汽车的龙头企业，能否在一众车企中稳居王座？

1. 供应商管理

比亚迪为了节约零部件成本、提高汽车整车生产效率，对汽车供应链进行了全面的集成整合，凭借自身品牌优势和采购供应商优势，使得零部件单价及供应商数量获得了良好的保障。供应商主要提供智能/电子电器零部件、底盘系统、热管理系统和车身内外饰等，比亚迪供应商遍布全国不同地区，分布更具分散性，这意味着企业有更强的风险规避能力。

比亚迪拥有超过 12 000 家供应商，主要供应商在华南、华东和珠三角地区数量较多，可以实现"本地—省内—全国"零部件调货。2022 年 3 月疫情期间，特斯拉上海工厂完全停产 22 天。根据特斯拉上海工厂周产能约 1.5 万辆推算，这期间特斯拉相当于少生产了 4.5 万辆车，而比亚迪凭借其分散的供应商逆势增长，产销均突破 10 万辆，同比增长超过 400%，创下历史新高。

2. 供应链布局

比亚迪在新能源汽车行业拥有全面的供应链布局，贯穿产业上、中、下游以及售后市场。公司的产业链布局范围从电池原材料到三电系统，到整车设计制造，再到电池回收和汽车服务，形成了完整的供应链闭环（见表 5-3）。

表 5-3　比亚迪在新能源汽车的供应链布局

供应链	业务内容	布局情况
上游	正极	有生产能力
		在智利布局锂资源
		与盐湖股份合资碳酸锂项目
	电解液	有生产能力 与多氟多等签订长期采购协议
	隔膜	有生产能力
	电芯	弗迪电池
	IGBT	比亚迪半导体
	Sic	
	MCU	
中游	电池	弗迪电池
	电机	弗迪动力
	BMS	弗迪电池
	整车控制	弗迪动力
	电机控制	弗迪动力
	传动	弗迪动力
	车身	弗迪模具
	底盘	弗迪科技
	电子电器	弗迪科技、弗迪视觉

续表

供应链	业务内容	布局情况
下游	整车制造	第十一事业部
售后市场	电池回收	弗迪电池
	充电设施	提供多种充电方式
	售后服务	比亚迪精诚服务
	金融服务	比亚迪金融

比亚迪通过全面的供应链布局，形成了显著的协同效应。公司新能源车型丰富，终端需求旺盛，从而带动了中游关键零部件的市场份额。公司在产业链中游和上游布局，又可以为销量的快速增长提供供应链方面的支撑，还能降低成本，提高终端产品的竞争力和盈利能力。

以 2022 年 5 月为例，公司新能源汽车市场份额排名国内第一，中游弗迪电池在动力电池电芯中市场占有率排名国内第二，此外，电池包、电驱动系统、电机、电控等其他三电核心部件的市场占有率均排名国内第一。

3. 从垂直整合到开放生态

垂直一体化管理模式一直是比亚迪供应链的一大特色。2003 年 1 月，王传福通过旗下的中国香港主板上市公司比亚迪股份，以约 2.7 亿元人民币收购了秦川公司 77% 的股权，使比亚迪成为继吉利汽车之后国内第二家民营轿车生产企业。此后，垂直整合战略贯穿比亚迪发展全过程。凭借自身在电池、IT 等领域的技术和雄厚的资金支持，比亚迪在垂直模式下迎来高速发展。

垂直一体化亦称"纵向一体化"或"纵向联合"，指在生产、加工和运销过程中，两个或两个以上前后不同阶段的部门或企业所施行的紧密结合，即比亚迪自行生产所需的所有零部件，实行高度统一管理。这种垂直整合的主要好处是拥有很强的控制力，集团公司可以监控整个供应链的运营状况，从而协调和管理各个分公司的经营活动，制定更加合理、高效的生产策略。比亚迪公司在"垂直模式"下进行成本管理，不仅可以降低零件成本，而且可以减少交易费用，实现生产过程自给自足。也正因为这种管理模式，比亚迪无须担心因供应商原材料、零部件停供而出现产量减少、工厂停摆等情况。

垂直整合模式带来好处的同时，比亚迪每年需要投入相对高昂的成本维护与完善新能源配套体系。比亚迪自主销售经营的零部件大多被"内部消化"，与同行业的其他汽车厂商相比，比亚迪尽管也全力研发核心技术，不断加大资金和人力投入，但难免需要兼顾零部件等其他项目的研发，因此在垂直整合战略下发展速度相对缓慢。随着企业规模不断扩大，垂直整合战略也给比亚迪的发展造成一些不利影响，比亚迪改革势在必行。

2017年5月，比亚迪宣布计划将其汽车电子业务剥离原有体系，将旗下第二事业部独立出来，并对其他汽车制造商提供动力电池，重新建立开放式供应链体系。2018年6月，王传福在全新一代发布会上宣布："我们要将e平台的所有技术，共享给全球同行。"通过在研发流程中使用传统的"平台化"理念，可以降低车型研发成本，缩短研发周期，进一步推进比亚迪的全球化市场战略。2018年9月，比亚迪召开"全球开发者大会"，从电池开放走向全产业链开放。比亚迪宣布逐步开放系统内341个传感器和66项控制权。自2019年12月起，比亚迪先后成立弗迪电池、弗迪视觉、弗迪科技、弗迪动力、弗迪精工5家弗迪系公司，负责动力电池、车用照明等零部件的研发制造，这意味着比亚迪开放策略尘埃落定，已经完成整车业务与零部件业务的剥离。

变化是市场永恒的主题。诚然，在比亚迪成立之初，垂直整合模式帮助其实现了飞速发展，但随着消费迭代升级，比亚迪需要将更多的精力集中于核心业务。在不同市场环境中制定最符合企业发展的战略，在合适的时间做出改变，这正是每一个成功企业的必经之路。

资料来源：孙溢，李匡义."迪王"加冕之路的内忧外患：基于供应链视角的比亚迪案例分析[J].企业管理，2023（2）.

学思之窗

从供应链大国走向供应链强国

党的二十大报告全文没有提供应链强国、物流强国。但掌链统计，全文一共25次出现"强国"一词，其中5处提到现代化强国，4处提到人才强国，另外提到教育强国、科技强国、文化强国等。

1. 现代化强国需要现代物流与现代供应链

党的二十大报告明确提出："从现在起，中国共产党的中心任务就是团结带领全国各族人民全面建成社会主义现代化强国、实现第二个百年奋斗目标，以中国式现代化全面推进中华民族伟大复兴。"

党的二十大报告明确提出："全面建成社会主义现代化强国，总的战略安排是分两步走：从二〇二〇年到二〇三五年基本实现社会主义现代化；从二〇三五年到本世纪中叶把我国建成富强民主文明和谐美丽的社会主义现代化强国。"未来五年是全面建设社会主义现代化国家开局起步的关键时期。

现代化强国是以现代经济为支撑，更需要现代交通和现代物流，这是底层支撑。而现代经济要高效发展，就需要现代供应链的集成管控与优化。

2. 现代产业发展需要现代物流与现代供应链

党的二十大报告明确提出："建设现代化产业体系。坚持把发展经济的着力点放在实体经济上，推进新型工业化，加快建设制造强国、质量强国、航天强国、交通强国、网络强国、数字中国。"

党的二十大报告明确提出："推进高水平对外开放……稳步扩大规则、规制、管理、标准等制度型开放……加快建设贸易强国……推动共建'一带一路'高质量发展……维护多元稳定的国际经济格局和经贸关系。"

3. 掌链解读

制造强国——离不开制造业物流高质量发展和制造业供应链的强大。制造业物流长期占我国社会物流总成本超过90%。

2007年以来，国家发改委一直在推动制造业、物流业两业联动。2020年8月，国家发改委、工信部等部门联合发布《推动物流业制造业深度融合创新发展实施方案》，推动制造业物流发展。2018年4月，商务部、工信部、中国物流与采购联合会等部门发布《关于开展供应链创新与应用试点的通知》，制造业供应链是重点。

质量强国——物流高质量发展是制造强国的底层支撑，精益供应链管理是推进质量强国的关键保障。2019年2月，国家发改委等部门印发《关于推动物流高质量发展促进形成强大国内市场的意见》，旨在促进形成强大国内市场，推动国民经济高质量发展。

交通强国——2019年9月，中共中央、国务院印发《交通强国建设纲要》，物流是其中的重要内容，明确提出基本形成"全球123快货物流圈"（国内1天送达、周边国家2天送达、全球主要城市3天送达）。

网络强国及数字中国——大数据、区块链、物联网等与物流行业结合，加快推进了中国物流与供应链数字化发展。中国已经涌现全球最大的数字货运物流平台——满帮、全球最大即时物流服务平台——美团、全球最大快递物流服务平台——菜鸟。数字物流已经成为中国新引擎，包括宝武钢铁旗下欧冶云商、中国物流集团旗下中储智运、中化能源旗下66云链等也在不同领域培育出领先的数字供应链服务平台。

贸易强国——物流既是商贸流通的一部分，更是核心支撑。中国已经连续多年成为全球贸易第一大国。近年来，商务部积极推进商贸物流与供应链发展。2018年5月，商务部、财政部联合发布《关于开展2018年流通领域现代供应链体系建设的通知》，明确提出重点围绕供应链"四化"（标准化、智能化、协同化、绿色化），以"五统一"（统一标准体系、统一物流服务、统一采购管理、统一信息采集、统一系统平台）为主要手段等推进流通领域供应链发展。

资料来源：张威. 两提供应链！二十大报告传达中国供应链与物流发展方向［EB/OL］. 掌链，2022-10-16.

同步测试

一、判断题

1. 供应链是一个网链结构，由围绕核心企业的供应商、供应商的供应商和客户、

客户的客户组成。（　　）

2. 从某种意义上讲，供应链管理本身就是以客户为中心的推动式营销推动的结果，其出发点和落脚点都是为客户创造更多的价值，都是以市场需求的拉动为原动力。（　　）

3. 有效客户反应（ECR）适用于单位价值高、季节性强、可替代性差、购买频率低的行业，这些行业的产品多属于创新型产品，主要集中在日用品和纺织行业。（　　）

4. 快速反应（QR）适用于产品单位价值低、库存周转率高、毛利少、可替代性强、购买频率高的行业，这些行业的产品多数是一些功能型产品，主要以食品行业为对象。（　　）

5. 资源横向集成原理是供应链系统管理的基本原理之一，表明了人们在思维方式上所发生的重大转变。（　　）

6. 通常情况下，企业会根据不同情况采取推－拉组合的运作模式。（　　）

二、单选题

1. （　　）又称效率型供应链、功能型供应链，主要体现在供应链的物料转换功能，即以最低的成本将原材料转化为半成品、成品，以及在供应链中的运输等。

　　A. 拉动式供应链　　　　　　　　　　B. 推动式供应链

　　C. 有效性供应链　　　　　　　　　　D. 响应性供应链

2. （　　）的驱动力产生于最终客户，企业的产品生产受需求驱动，根据实际客户需求而不是预测需求进行协调。

　　A. 平衡型供应链　　　　　　　　　　B. 倾斜型供应链

　　C. 推动式供应链　　　　　　　　　　D. 拉动式供应链

3. （　　）以制造商为核心，根据产品的生产和库存情况，有计划地将商品推销给客户，分销商和零售商处于被动接受的地位，其驱动力来源于供应链上游制造商的生产。

　　A. 平衡型供应链　　　　　　　　　　B. 倾斜型供应链

　　C. 推动式供应链　　　　　　　　　　D. 拉动式供应链

4. 拉动式供应链模式是以客户为中心，驱动力来源于（　　）。

　　A. 生产商　　　　B. 制造商　　　　C. 销售商　　　　D. 最终客户

5. （　　）的库存量较高，企业对市场变化反应迟钝。

　　A. 推动式供应链　　　　　　　　　　B. 拉动式供应链

　　C. 稳定供应链　　　　　　　　　　　D. 动态供应链

三、多选题

1. 供应链的特征包括（　　）。

　　A. 复杂性　　　　　　　　　　　　　B. 动态性

C. 面向客户需求   D. 交叉性

E. 多变性

2. 根据供应链驱动力的来源，供应链可分为（   ）。

A. 推动式供应链   B. 拉动式供应链

C. 推－拉混合式供应链   D. 有效性供应链

E. 响应性供应链

3. 供应链关系管理包括（   ）几方面的内容。

A. 供应链协同管理   B. 供应链绩效管理

C. 供应链可视化管理   D. 供应链风险管理

E. 供应链运作管理

4. 供应链合作中存在（   ）方面的不确定性。

A. 需求   B. 供应

C. 市场   D. 财务

E. 人员

四、思考题

1. 请列举推动式供应链的例子。

2. 请列举拉动式供应链的例子。

3. 企业应该从哪些方面提升供应链的韧性和安全水平？

项目六　企业领导与激励

· 任务目标 ·

知识目标

- 了解企业领导与激励的相关知识。
- 熟悉激励的相关理论。
- 掌握企业领导激励的方式及适用的不同情况。

技能目标

- 能够在熟悉管理和领导相关知识的基础上,明确管理者与领导者工作的区别。
- 能够在掌握激励相关理论的基础上,找到各种激励理论在运用过程中的关键点和应回避的问题。
- 能够在掌握企业领导激励方式的基础上,根据个体差异选择针对不同员工的激励机制。

素养目标

- 培养分析问题和解决问题的能力,学会寻找解决问题的多种途径。

内容导图

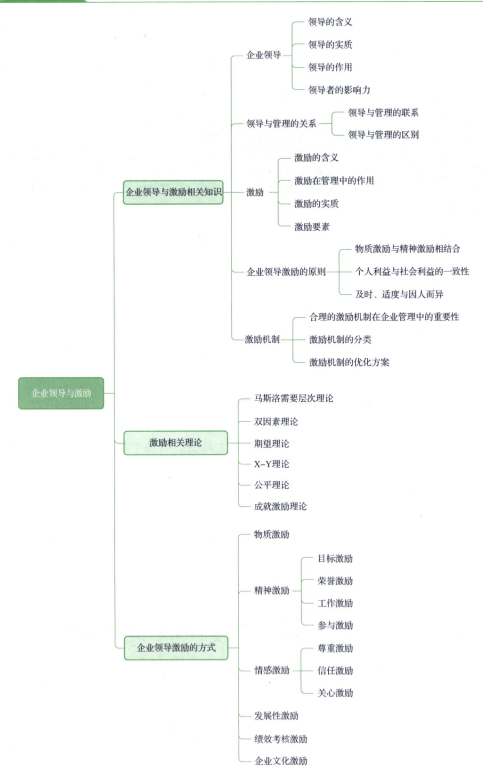

企业领导与激励相关知识

任务描述

　　激励问题是现代组织理论和管理理论的中心问题。从现代企业管理的角度，寻求和设计一套符合企业自身特点的科学的激励机制是企业管理的核心内容。领导者激励的实质是如何有效地调动员工的积极性、主动性和创造性。在激励中，领导者要正确认识人、鼓励人、尊重人、爱护人，必须以人本理论为指导。领导者只有把握员工的各种行为以及需要和发展的关系，激发员工的积极性、创造性，才能最大限度地发挥员工的潜能。

知识链接

一、企业领导

（一）领导的含义

1. 领导

　　领导是指领导者在特定环境下对组织内每个成员和全体成员的行为进行引导和施加影响，以达到组织目标的过程。

2. 领导的三要素

　　（1）领导者必须有下属或追随者。

　　（2）领导者拥有影响追随者的能力或力量。

　　（3）领导的目的是通过影响下属来达到组织目标。

　　传统观念认为，领导是组织赋予一个人职位和权力，以率领其下属实现组织目标。领导是一种影响力，是对人们施加影响，从而使人们心甘情愿地为实现组织目标而努力的过程。

（二）领导的实质

　　领导的实质是对他人的影响力，即领导者在一定的社会组织或群体内，根据组织的目标和要求，运用其法定权力、自身影响力，以及沟通、激励等手段，影响被领导者的行为，并将其导向组织目标的过程。

（三）领导的作用

在企业管理工作中，领导力与执行力对于企业的发展起到至关重要的作用。领导力是指一种引领员工、组织协调的能力，领导力会对企业员工的思想与行为产生引导作用，使企业员工有着共同的工作目标。领导的作用主要表现在以下三个方面：

1. 指挥作用

在组织中，需要有头脑清醒、胸怀大局，能高瞻远瞩、运筹帷幄的领导者帮助组织成员认清组织所处的环境和形势，指明活动的目标和达到目标的路径，指点迷津、明确方向。

2. 协调作用

协调是指组织在内外因素的干扰下，需要领导者来协调组织成员之间的关系和活动，调解矛盾，使组织成员朝着共同的目标前进。

3. 激励作用

领导者为组织成员主动创造能力发展空间和职业生涯发展路径，并通过一定的行为规范和惩罚性措施，借助信息沟通来激发、引导、保持和规范组织及其成员的行为，以有效地实现组织目标。

（四）领导者的影响力

领导者的影响力来自两个方面：一是职权，二是威信。职权是指地位权力，是伴随着工作岗位而拥有的正常权力。它是由组织正式授予领导者的权力，与特定的个人没有必然联系，是领导者实施领导行为的基本条件。威信是伴随着领导者个人的素质而形成的影响力。它是建立在他人认同的基础之上的，与其在组织中的地位没有必然联系。领导者的威信可使他人自觉地服从指挥。

领导者的影响力可分为权力影响力和非权力影响力，具体介绍如下：

1. 权力影响力

权力影响力是一种法定权，它是由组织正式授予领导者，并受法律保护的权力。这种权力与特定的个人没有必然的联系，它只与职务相联系。权力影响力的构成包括法定权、强制权、奖励权，它受传统观念、职位因素、资历因素的影响。

（1）法定权。法定权是指领导者在一定的职责范围内具有确定目标、建立机构、制定规章、开展活动的决策与指挥权，以及对下属的人事调配权。法定权是领导者的职位或在组织权力阶层中的角色所赋予的。组织正式授予领导者一定的职位，从而使领导者占据权势地位和支配地位，使其有权对下属发号施令。

（2）强制权。强制权是通过强制性处罚或剥夺而影响他人的权力。强制权与惩罚权相联系。在某些情况下，领导者依赖于强制的权力与权威而施加影响。对于一些心怀不满的下属来说，他们不会心悦诚服地服从领导者的指示，这时领导者就要运用惩罚权迫使其服从。强制权对那些认识到不服从命令就会受到惩罚或承担其他不良后果的下属的影响力是最大的。

（3）奖励权。奖励权即领导者采取奖励的方法来引导下属作出其所希望的行为。领导者应在下属完成一定的任务时给予相应的奖励，以鼓励下属的积极性。这种奖励既包括物质奖励，如奖金等，也包括精神奖励，如晋职等。依照交换原则，领导者是通过提供心理或经济奖励来换取下属的遵从。

2. 非权力影响力

非权力影响力包括专长权和感召权。非权力影响力受到品格、才能、知识、感情等因素的影响。非权力影响力不是由领导者在组织中的位置产生的，而是由领导者自身的特殊条件产生的。这种权力不随职位的消失而消失，这种权力所产生的影响是组织成员发自内心的、长时间的敬重与服从。

（1）非权力影响力的构成。

1）专长影响力。专长影响力是指领导者具有各种专门的知识和特殊的技能或学识渊博而获得同事及下属的尊重和佩服，从而在各项工作中显示出的在学术上或专长上的影响力。这种影响力被限定在专长范围之内。

2）品质影响力。品质影响力是指由于领导者优良的领导作风、思想水平、品德修养，而在组织成员中树立的德高望重的影响力。这种影响力是建立在下属对领导者承认的基础之上的，它通常与具有超凡魅力或名声卓著的领导者相联系。

（2）构成非权力影响力的主要因素。

1）品格。品格主要包括领导者的道德、品行、人格等。品格是一个人的本质表现，好的品格能使人产生敬爱感，并能吸引人，使人模仿。

2）才能。才能主要反映在工作成果大小上。一个有才干的领导者会给事业带来成功，从而使人们对其产生敬佩感，吸引人们自觉地接受其影响。

3）知识。一个人的才干是与知识紧密联系在一起的。知识水平的高低主要表现为对自身和客观世界认识的程度。知识丰富的领导者容易取得人们的信任，使人们产生信赖感和依赖感。

4）感情。感情是个体的一种心理现象，它是人们对客观事物好恶倾向的内在反映。人与人之间建立了良好的感情关系，便能产生亲切感；人与人相互间的吸引力越大，彼此的影响力也越大。因此，一个领导者平时待人和蔼可亲，关心体贴下属，与下属的关系融洽，他的影响力就往往较大。

由品格、才能、知识、感情因素构成的非权力影响力是由领导者自身的素质与行为造就的。在领导者从事管理工作时，这些因素能增强领导者的影响力。在不担任管理职务时，这些因素仍会对人们产生较大的影响。由于这种影响力来源于下属服从的意愿，因此其有时会比权力更有分量。

课堂小练习

为什么非权力影响力在当今职场中越来越重要？

二、领导与管理的关系

关于领导与管理的关系，可以概括为"管理是管理事务，领导是领导人心"。从需要的技能来看，领导是人际技能，管理是决策技能。领导与管理两者互为补充，共同构成一个有机整体。

（一）领导与管理的联系

1. 最终目的一致

领导与管理都是通过一系列的努力来实现组织的既定目标。

2. 行动一致

领导负责确立目标、远景规划和执行方法；管理负责进一步设计完成任务的具体事项，将现有的资源合理配置，通过具体管理方式达到领导所制定的目标。

（二）领导与管理的区别

1. 任务不同

领导的主要任务是给组织指引前进方向，为组织确定奋斗的目标；管理的任务在于贯彻落实领导提出的路线、方针和政策，促使目标的实现，推动组织向既定的方向迈进。美国通用电气公司前总裁杰克·韦尔奇曾指出："把梯子正确地靠在墙上是管理的职责，领导的作用在于保证梯子靠在正确的墙上"。这一描述十分形象地揭示了领导与管理之间的差异，两者缺一不可。

2. 着眼点不同

领导着眼于长远，管理注重短期。由于要统率全局，因此领导更加注重宏观问题，而管理则注重于微观问题。

3. 执行侧重点不同

领导强调激励、授权和教练，通过发挥领导者的非权力影响力激发和调动下属的积极性与创造性；管理则强调指挥、控制和监督，通过发挥权力影响力规范下属的行为。

4. 对象不同

领导侧重于"人"的工作，通过选人、用人、育人、留人，打造一支具有凝聚力、创造力和战斗力的团队；管理则侧重于"事"的工作，通过将企业各类事务标准化、制度化和程序化，建立稳定、连续的企业经营秩序。

5. 结果不同

领导的结果是引起变革，通常是剧烈的变革，并形成非常积极的变革潜力；管理的结果是在一定程度上实现预期计划、维持秩序，使企业能正常地运转。

管理者与领导者的区别如表6-1所示：

表6-1 管理者与领导者的区别

管理者	领导者
正确地做事	做正确的事
关注现在和短期发展	关注将来和长期发展
底线（监督控制）	上线（愿景牵引）
寻求秩序	喜欢变革
避免冒险	喜欢冒险
更多地诉诸理智，而非情感	既诉诸理智，又诉诸情感
在系统内将工作做好	将系统工作做好
更多地借助职位权力	更多地运用个人权力

三、激励

激励是现代组织理论和管理理论的中心问题。从现代企业管理的角度寻求和设计一套符合企业自身特点的科学的激励机制是企业管理尤其是人力资源管理的核心内容。

（一）激励的含义

激励是指管理者运用各种管理手段，刺激被管理者的需要，激发其动机，使其朝向所期望的目标前进的心理过程。激励是通过对员工的需要给予适当的满足，激发员工的动机，激发员工的积极性，是一种精神力量或状态，起到加强、激发和推动作用，并且指导和引导行为指向目标。

（二）激励在管理中的作用

1. 提高员工工作的自觉性、主动性和创造性

激励可以提高员工接受和执行组织目标的自觉程度，解决员工对工作价值的认识问题，使其充分认识所从事工作的必要性。利益是调节员工行为的重要因素。领导者应在设置目标时，在保证国家和集体利益的前提下，尊重个人利益，使个人目标与组织目标尽可能协调一致。一致性程度越高，员工的自觉性、主动性和创造性就越能够得到有效发挥；反之，员工便会消极怠工，甚至产生抵触心理。员工工作的自觉性、主动性和创造性是工作取得突破性进展的重要保证。

2. 有助于激发和调动员工的积极性、工作热情和兴趣

激励不仅可以提高员工对自身工作的认识，而且能够激发员工的工作热情和兴趣，解决工作态度和认知倾向问题，确保员工投入全部精力为达到预期目标而努力。兴趣是影响动机形成的重要因素。强烈而稳定的职业兴趣是保证员工掌握技术、创新、充分发挥自身能力的重要心理条件。激励可以促使员工对工作产生稳定、浓厚的兴趣，使员工对工作产生持久的注意力和高度的敏感性，形成对自身职业的热爱。

3. 提高员工的工作绩效

激励以世界观为个人行为的最高调节器，以处于积极活跃状态的需要和动机为核心因素，并含有对工作意义的认识、对实现目标可能带来结果的判断，以及工作兴趣、情感和意志等因素。这样，激励可以激发员工的干劲，充分挖掘员工的潜力，从而提高工作绩效。调查表明，同样一个人，通过充分激励后，发挥的作用相当于激励前的 3 ~ 4 倍。

4. 有助于创造和维持良好的环境，增强组织的凝聚力，促进组织内部各组成部分的协调统一

任何组织都是由各个部门、各个单位组成的，除了组织结构和严明的规章制度来保证组织整体有效、协调地运行外，组织还必须运用激励的方法，满足不同员工的物质、安全、尊重、社交等多方面的需要，以鼓舞员工士气、协调人际关系，进而增强组织的凝聚力和向心力，促进各部门、各单位之间的密切协作。在质量优、信誉好的组织里，员工往往受到信誉的激励而努力工作。

5. 有助于吸引和留住优秀人才

丰厚的薪酬和福利待遇、科学及有效的晋升通道不仅是留住企业现有人才的重要手段，而且是吸引外部人才（尤其是知识型人才）的重要途径。

（三）激励的实质

从实质上来说，激励实际上就是通过创设各种条件，对员工的需要给予适当的满足，激发员工的动机，使之产生实现组织目标的特定行为的过程。一位员工对组织的价值并不完全取决于他的工作能力，而是在很大程度上取决于他的工作动机，也就是工作积极性。领导者对员工的激励是否有效很大程度上取决于其对下属未满足需要的识别。激励员工就是要设法使他们看到满足自己需要与实现组织目标之间的关系，从而使其产生努力工作的内在动力。激励机制就是为了调动员工的积极性而采取的各种措施、方案和制度的有机组合。

（四）激励要素

1. 动机

动机是推动人从事某种行为的心理动力。激励的核心要素是动机，关键环节是动机的激发。

2. 需要

需要是激励的起点与基础。个体的需要是个体发挥积极性的源泉和实质。动机则是需要的表现形式。

3. 外部刺激

外部刺激是激励的条件。外部刺激是指在激励的过程中，人们所处的外部环境中诸种影响需要的条件与因素，包括各种管理手段及形成的管理环境。

4. 行为

被管理者采取有利于组织目标实现的行为是激励的目的。

上述四个要素相互组合和作用，就构成了对个体的激励。

四、企业领导激励的原则

（一）物质激励与精神激励相结合

领导者在对员工进行激励时，应注重物质激励与精神激励相结合。随着社会的进步，精神需要在员工心目中有着越来越重要的地位，物质激励和精神激励是相辅相成的。精神激励如各种形式的表扬、颁发奖状、授予荣誉称号、合理分派工作、职务晋升等，不仅能够满足员工精神和社会的需要，而且具有教育性，对物质需要有重要的调节作用。

（二）个人利益与社会利益的一致性

由于社会现实条件的制约，个体的某些合理的需要一时难以得到满足，这就会产生个人利益与社会利益不相一致的矛盾。为了有效达到激励的目的，领导者在进行激励时，一方面，要重视个人目标和个人需要；另一方面，要认识到社会目标和社会现实条件，尽可能在两者的结合点上运用正确的激励方式和方法，使个人需要融入社会客观需要中。

（三）及时、适度与因人而异

及时是指让员工尽快看到成绩的利益与过失的结果。适度是指要求功过与赏罚相适应。领导者如果不能及时、适度地进行激励，不仅失信于人，损伤员工的积极性，而且可能使员工产生怨恨，激发矛盾，造成混乱。同时，激励必须因人而异，在同一种激励方式中，又有不同的内容。例如，同是物质激励，既可以是货币激励，也可以是其他物质激励，而不同的激励对象对此又有不同的需求，因此会产生不同的效应。

五、激励机制

激励机制是指在组织中激励主体系统运用多种激励手段并使之规范化和相对固定

化，并且与激励客体相互作用、相互制约的结构、方式、关系及演变规律的总和。

（一）合理的激励机制在企业管理中的重要性

1. 有利于调动员工工作积极性，是个人能力的充分体现

人是企业经营运作的主体，是生产力，是企业创新发展的动力。企业想要稳定、快速地发展，需要全体员工共同的努力，充分调动每一位员工的积极性显得至关重要。合理的激励机制能够强化员工的责任意识，增强员工的归属感，能够让员工体会到企业对自身的重视与关爱，使员工在追求某些既定目标时，激发动机，鼓励行为，形成动力，调动其主动性和积极性，使员工的需要得到满足，其能力也得到更好的释放。建立有效的激励机制、增强员工的积极性和创造力是企业持续发展的根本。

2. 有利于提高企业核心竞争力

现实中不少企业有着丰富的人才资源，却不能完全发挥员工的工作积极性，不能为企业创造最大的利益价值，导致企业活力不足、管理不善、员工工作效率低下、经营陷入困境。这些问题的主要症结在于不能形成有效的激励机制来激发生产者和管理者的积极性，致使单个劳动者劳动效率和工作努力程度不高，甚至导致企业优秀人才流失，降低了企业的核心竞争力。一个企业无论拥有多么先进的技术设备和硬件设施，如果不能有效激发员工的能力和天赋，不能最大限度地发挥员工的作用，依然不具备挑战国际市场竞争的条件。

3. 有利于提高企业文化建设水平

由于企业文化具有强大的凝聚力，能够对员工的思想、行为等起到显著的导向与指引作用，因此现代企业越来越重视企业文化建设。企业文化是现代企业发展的灵魂，文化建设的核心是企业精神和价值观。富有激励气息的企业文化能够帮助员工建立荣誉感、获得感和归属感，让员工时刻保持积极向上的心态，实现自身的价值追求。

（二）激励机制的分类

企业为增强员工工作积极性与主动性而采取的激励主要包括物质激励、精神激励、过程激励和综合激励四种。

1. 物质激励

物质激励的主要表现形式为薪酬分配，包括工资、奖金、津贴等。

2. 精神激励

精神激励的形式多种多样，其目的是满足员工内心的荣誉感。企业可采用目标激励、榜样激励、机会激励、考核激励等方法对员工进行激励，提高员工的满意度，激发全员争先进的意识。

3. 过程激励

过程激励是指在员工成长过程中，企业采取不同的培养形式，使其在企业管理、业务领域上成为骨干力量，如后备干部选拔、晋升、岗位技能鉴定等。企业应对员工

进行关心爱护、帮扶救助，解决他们的生活和身心上的困难，使其始终置身于企业大家庭之中，如企业相关人员探望、慰问生病住院的员工等。

4. 综合激励

综合激励是指企业在采取物质、精神等引导员工树立对企业的责任感、使命感和荣誉感的激励措施的同时，以强制约束手段限制其违法违规行为，促使员工牢固树立正确的价值取向、良好的职业道德。

（三）激励机制的优化方案

1. 晋升激励

晋升激励是指将员工从低一级的职位提升到更高的职位，同时赋予员工与新职位一致的责、权、利的过程。晋升是一种重要的激励措施，企业从内部提拔优秀的员工到更高、更重要的岗位上，既是选拔人才的需要，也是激励现有员工的工作积极性的重要措施。晋升激励的关键是建立不同岗位的明确的晋升阶梯和晋升方向，同时制定明确的晋升标准和晋升激励原则，为员工的职业生涯发展打通道路。

2. 完善薪酬激励

薪酬激励是重要的员工激励手段，薪酬的高低直接关系到员工的生活质量。薪酬结构主要包括两个方面：基本工资和绩效奖金。企业薪酬体系必须以绩效考核结果为主要参考依据，根据员工对企业贡献的高低分配薪酬，对现有薪酬体系进行优化。

3. 优化福利措施

福利措施的激励作用不能忽视。企业应该设计弹性福利制度。弹性福利制度分为两部分：一是不可变部分，包括国家规定的福利措施，如五险一金、带薪休假等；二是可变部分，员工可以根据自己的实际情况选择自己需要的福利，如商业保险、旅游、交通补贴、餐补、子女教育补贴、培训机会等。

4. 构建完备的培训制度

伴随着知识时代的到来，科学知识的更新周期不断地缩短。企业如果想要实现持续性发展，就必须加强对员工的培训，及时地更新员工的知识结构和知识储备，提高员工的工作效率，从而实现员工自我价值的追求，为员工自我发展提供更多的帮助。

5. 加强人性化管理

（1）促进团队建设。例如，对于技术管理岗位的员工，企业可以实行弹性工作制，使员工在完成各自工作和任务的前提下灵活把握时间；还可以举办一些拓展活动，如旅游、企业家庭日等，增强员工的归属感。

（2）改善办公环境。很多员工对企业的工作环境满意度不高，因此企业可在办公室中置办一些绿植；在办公室内调整门窗结构和灯光，打造敞亮的办公环境；在条件允许的情况下，还应该在办公室内安装空气净化设备。

（3）关怀员工。管理者要加强对员工的人文关怀和尊重。管理者不能摆领导架子，要尊重员工的劳动成果，并对优秀的员工给予肯定，充分地信任员工。

 课堂小练习

请谈一谈如何在"以人为本"理念下实行企业的人性化管理。

课堂小结

管理是管理事务，领导是领导人心，两者既有联系又有区别。激励问题是现代组织理论和管理理论的中心问题。激励机制就是为了调动员工的积极性而采取的各种措施、方案和制度的有机组合，其核心是调动员工的积极性。

任务二

激励相关理论

任务描述

激励理论是关于如何满足人的各种需要、调动人的积极性的原则和方法的概括总结。激励的目的在于激发人的正确行为动机，调动人的积极性和创造性，以充分发挥人的智力效应。自 20 世纪二三十年代以来，国外许多管理学家、心理学家和社会学家结合现代管理的实践，提出了许多激励理论。

知识链接

一、马斯洛需要层次理论

需要层次理论是由著名心理学家马斯洛于 1943 年提出的。马斯洛认为人类的需要是多种多样的，按照其发生的先后次序，可分为五个等级：生理需要、安全需要、社交需要、尊重需要、自我实现的需要。马斯洛认为，人类的需要是以层次的形式出现的，由低级的需要开始逐级向上发展到高级的需要（见图 6-1）。只有在低层次的需要得到满足以后，个体才会追求高层次的需要。当一级需要得到满足时，该级需要就不再成为激励因素。

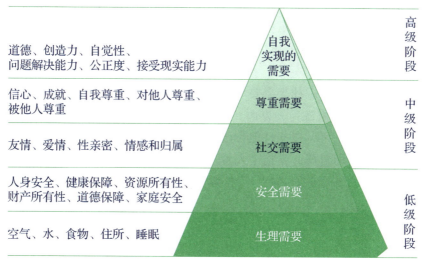

图 6-1　马斯洛需要层次理论图

（一）马斯洛需要层次理论的主要观点

（1）只有未满足的需要才能影响人的行为；

（2）人的需要按重要性和层次性排序；

（3）当人的低层次需要得到满足后才会追求高一层次的需要；

（4）在一定时期总有某一层次的需要在发挥主要作用；

（5）各层次的需要相互依赖与重叠，高层次的需要发展以后，低层次的需要仍然存在，只是对行为影响的程度大大降低。

（二）马斯洛需要层次理论的各层次需要

由于每位员工的需要各有不同，因此管理者应注意识别不同员工的个性、愿望和欲望。在任何时候，管理者都应充分考虑员工的各种需要。

1. 生理需要

需求的层次以生理需要为基础。生理需要是人类最基本、最起码的需要，如满足解饥、御寒、睡眠等所需的食物、衣服、住所等方面的需要。一个人倘若缺少了这一类基本生活必需品，那么生理需要将是其主要的激励因素。

2. 安全需要

生理需要得到基本满足后，人类便有了安全需要。安全需要包括人身安全、经济安全以及有秩序、可预知的环境，如工作及职业的稳定。

3. 社交需要

生理需要和安全需要得到基本满足后，社交需要便将成为一项重要的激励因素。社交需要，又称归属与爱的需要，是指人们渴望得到友谊、爱情、归宿的一种心理需要。人皆需要别人的接受、友谊和情谊，也都需要对别人付出友谊和情谊。人皆需要感受别人对他的需要。

4. 尊重需要

生理需要、安全需要、社交需要均已获得基本满足后，尊重需要便成为最突出的需要。尊重需要具有双重性：一方面，个体必须自己感到自己的重要性；另一方面，个体必须获得他人的认可，以支持他自己的这种感受。尊重需要可分为内部尊重和外部尊重。内部尊重，即自尊，是指个人希望在各种不同情境中有实力、能胜任、充满信心、能独立自主。外部尊重是指一个人希望有地位、有威信，受到别人的尊重、信赖和高度评价。

5. 自我实现的需要

尊重需要得到基本满足后，自我实现的需要就会产生。自我实现的需要是指个体向上发展和充分运用自身才能、品质、能力倾向的需要。在这一需要层次中，个体希望能实现其全部的潜力，重视的是自我满足，是自我发展和创造力的发挥。

马斯洛所列举的需要各层次不是一种刚性的结构。所谓层次，并没有明显的界限，层次与层次之间往往相互叠合，某一层次需要的强度逐渐降低，则另一层次需要也许随之上升。此外，可能有些人的需要始终维持在较低层次上，而马斯洛提出的各项需要的先后顺序不一定适合于每一个人，即使两个行业相同的人，也并不见得有同样的需要。

管理者为了激励下属，必须了解下属待满足的是什么需要。无论采取的是怎样的途径，其措施总是以管理者对下属所持的假定以及对需要与满足的假定为基础的。

二、双因素理论

20 世纪 50 年代后期，心理学家赫茨伯格通过一项研究提出了双因素理论，又称激励－保健因素理论。

赫茨伯格及其助手们对匹兹堡地区 11 个行业的 200 多位工程师和会计人员进行调查，分析员工满意和不满意的因素，经分析调查所得资料，研究人员发现：一方面，受访人员对诸如本组织的政策和管理、监督、工作条件、人际关系、薪金、地位、职业安定等因素，如果得到满足后就没有不满，得不到满足则会产生不满，赫茨伯格将这类因素统称为保健因素；另一方面，受访人员对诸如成就、认可、艰巨的工作、晋升和工作中的成长、责任感等因素，如果得到满足则感到满意，得不到满足则没有满意感（但不是不满），赫茨伯格将这类因素统称为激励因素（见表 6－2）。赫茨伯格认为，只有靠激励因素来调动员工的积极性，才能提高生产效率。

表 6 - 2　保健因素与激励因素

保健因素（环境）	激励因素（工作本身）
薪金	工作本身
管理方式	认可
地位	进步
安全	成长的可能性
工作环境	责任
政策与行政管理	成就
人际关系	

　　双因素理论被提出后，受到许多人的质疑。有学者认为，个体是复杂的，若是对他的调查仅以满意或不满意作为指标，而且没有进一步证实满意度和生产率的关系，那么其调查结果的可信程度是值得怀疑的。但是 20 世纪 60 年代中期以来，双因素理论还是越来越受到人们的注意。双因素理论提示我们，如果管理者能够注意提供某些条件以及满足保健性需要，也可能会保持企业中员工一定的士气水平。

> **课堂小练习**
>
> 　　对于 90 后和 00 后，哪些因素已经从激励因素变成了保健因素？企业如何利用双因素理论对 90 后和 00 后员工进行管理？

三、期望理论

　　1964 年，心理学家维克托·弗鲁姆提出了期望理论。他认为激励作用的大小取决于两大因素：一是人对激励因素所能实现的可能大小的期望；二是激励因素对其本人的效价，即激励力量 = 期望值 × 效价。这个公式说明，人的积极性被调动的大小取决于期望值与效价的乘积。也就是说，一个人对目标的把握越大，估计达到目标的概率越高，激发起的动力越强烈，积极性也就越大。

　　期望理论的基本观点是：人们在预期他们的行动将会有助于达到某个目标的情况下，才会被激励起来做某些事情以达到目标。为了激励员工，管理者应当一方面提高员工对某一成果的偏好程度；另一方面帮助员工实现其期望值，即提高期望概率。在领导与管理工作中，运用期望理论对调动下属的积极性是有一定意义的。

　　基于期望理论，企业向员工提供的奖励必须是对员工有吸引力的、可达到的。应该注意，不同员工的效价范围和权重取值不同，企业应尽可能采用大多数员工认为效价最大的奖励。适当调整期望概率与实际概率的差距以及达成目标的难易程度、拉开企业期望与非期望行为间的差异，这些都有助于增强激励效果。

激励不是一种简单的因果关系。管理者应该仔细地评价他们的报酬结构，并通过周密的计划、目标管理和借助良好的组织结构所明确的职责，将努力－成绩－报酬－满足这一连锁关系结合到整个管理系统中去。

四、X-Y 理论

X-Y 理论是心理学家道格拉斯·麦格雷戈 1957 年在《管理评论》杂志上发表的文章中提出的。麦格雷戈认为，有关人的性质和人的行为的假设对于决定管理者的工作方式来说是极为重要的。管理者以其对人的性质的假设为依据，采用不同的方式来组织、控制和激励。基于这种思想，麦格雷戈提出了有关人性的两种截然不同的观点：一种是消极的 X 理论，X 理论认为人们有消极的工作原动力，即人性本恶；Y 理论则认为人们有积极的工作原动力，即人性本善。这是一对基于两种完全相反假设的理论，各自观点如下：

（一）X 理论的基本观点

（1）人生来就是懒惰的，只要可能就会逃避工作。
（2）人生来就缺乏进取心，不愿承担责任，宁愿听从指挥。
（3）人天生就以自我为中心，漠视组织需要。
（4）人习惯于守旧，本性就反对变革。
（5）只有极少数人才具有解决组织问题所需要的想象力和创造力。
（6）人们易于受骗、受人煽动。

（二）Y 理论的基本观点

（1）要求工作是人的本性。
（2）在适当条件下，人们不但愿意，而且能够主动承担责任。
（3）个人追求满足欲望的需要与组织需要没有矛盾。
（4）人对于自己新参与的工作目标，能实行自我指挥与自我控制。
（5）大多数人都具有解决组织问题的丰富想象力和创造力。

（三）X 理论下的管理工作重点

X 理论认为，管理工作的重点在于规范与控制，具体策略包括：
（1）制定详细的管理制度，对于员工做事的流程、规范进行严格的规定。
（2）管理者的日常工作重点是监控员工做事是否符合规定，对于员工犯下的错误需要进行说服、惩罚。
（3）既然人们不愿意工作，有效的正向激励只能是外部激励（金钱）。
（4）对于员工强调纪律和服从。

（四）Y 理论下的管理工作重点

Y 理论认为，管理工作的重点不是规范与控制，而是激励与支持，具体策略包括：

（1）发现和鼓励人的出色表现。

（2）为高质量的工作提供支持工具与环境。

（3）给人们更大的自由度，鼓励人们选择自己适合的做事方式，鼓励成员之间的沟通、合作与分享。

（4）对于员工强调创造力与质量。

X 理论与 Y 理论是根本对立的两种理论，是两种极端的观点。X 理论更适合人们低层次需要不能得到满足的情况，Y 理论更适合人们低层次需要已经得到满足的情况。事实上，X 理论和 Y 理论提供了思考问题的角度，管理者在使用时要根据社会发展现状以及个体因素综合考虑，不能机械地照搬。

五、公平理论

（一）公平理论的定义

公平理论，又称社会比较理论，是心理学家约翰·亚当斯于 1965 年提出的一种激励理论。该理论侧重于研究工资报酬分配的合理性、公平性及其对员工工作积极性的影响，主要研究的是奖励与满足的关系问题。

（二）公平理论的基本观点

公平理论的基本观点是：当一个人做出了成绩并取得了报酬以后，他不仅关心自己所得报酬的绝对量，而且关心自己所得报酬的相对量。因此，他要进行种种比较来确定自己所获报酬是否合理，比较的结果将直接影响今后工作的积极性。

公平理论所指的公平是一种心理现象，它是通过比较来判断的，因而是一种主观感受。亚当斯的公平理论指出，员工的工作动机不仅受其所得到的绝对报酬的影响，而且受到相对报酬的影响，即一个人不仅关心自己所得的绝对值（自己的实际收入），而且关心自己收入的相对值（自己收入与他人收入的比例）。当他发现自己的收支比例与他人的收支比例相等，或者现在的收支比例与过去的收支比例相等时，便认为是正常的，因而心情舒畅、努力工作；当他发现不相等（较少）时，就会产生不公平感，就会满腔怨气。

由于公平是一种主观感受，公平的尺度要得到真正的统一是有难度的，因此管理者应当认真研究这个问题。例如，对于按劳取酬中的"劳"有不同的解释，包括产品数量、产品质量、工作年限、劳动技能、所有制（全民、集体或个体）、劳动条件、劳动强度等，管理者应当考虑所有因素。正是由于其中某些因素没有得到承认，才引起了一些人的不公平感。

（三）公平理论的应用

如果要使员工有公平感，管理者就应当尽量克服绩效评价和报酬制度中不合理的现象。对于组织中的大多数员工来说，激励不仅受到他们自己绝对报酬多少的影响，同时也受到他们对相对报酬关注的影响。管理者应该关注员工有关公平与不公平的比较过程，从而不断地改变激励模式并保证其有效性。企业应公平地对待每一个员工，注意对有不公平感觉的员工进行心理疏导，制定能够让员工感到公平并且乐于参与和保持的报酬分配制度，上述都是公平理论在实践中的应用方法。

六、成就激励理论

成就激励理论是麦克利兰通过对人的需求和动机进行研究，于 20 世纪 50 年代提出的。麦克利兰将人的高层次需求归纳为权力需求、亲和需求、成就需求。

（一）权力需求：影响或控制他人且不受他人控制的需求

权力需求是指影响和控制他人的愿望和驱动力。权力需求是管理者取得成功的重要因素。具有较高权力欲的人对施加影响和控制表现出极大的关心，他们会寻求领导者的地位，同时他们十分健谈、好争辩、直率、头脑冷静、善于提出要求、喜欢演讲。

（二）亲和需求：影响或控制他人且不受他人控制的需求

亲和需求是指寻求他人接纳并建立良好人际关系的愿望和驱动力。高社交需求的人通常会从友爱中得到快乐，并总是设法避免因被某个团体拒之门外带来的痛苦。作为个人，他们往往注意保持一种融洽的社会关系，与周围的人保持亲密无间和相互谅解，随时准备安慰危难中的伙伴，并喜欢与他人保持友善关系。亲和需求是保持社会交往和人际关系和谐的重要条件。

（三）成就需求：争取成功或希望做到最好的需求

成就需求是指根据适当标准追求成就的愿望和驱动力，是成就激励理论的核心内容。具有成就需求的人对成功有一种强烈的要求，同样也担心失败。他们愿意接受挑战，会树立具有一定难度的（但不是不能达到的）目标。他们对待风险时，会采取现实主义的态度，愿意承担所做工作的个人责任，对于正在进行的工作情况希望得到明确、迅速的反馈。

麦克利兰的研究表明，对管理者来说，成就需求比较强烈。因此，这一理论常常应用于对管理者的激励。麦克利兰还认为，成就需求可以通过培养来提高。他指出，一个组织的成败与他们具有高成就需求的人数有关。

麦克利兰的成就激励理论在企业管理中具有较大的应用价值。首先，在人员的选拔和安置上，通过测量和评价一个人动机体系的特征对于如何分派工作和安排职位有重要的意义。其次，由于具有不同需求的人需要不同的激励方式，了解员工的需求与动机有利于合理建立激励机制。最后，麦克利兰认为动机是可以训练和激发的，因此可以训练和提高员工的成就动机，以提高效率。

课堂小结

　　管理学中六大经典激励理论包括需要层次理论、双因素理论、期望理论、X-Y理论、公平理论、成就激励理论。这些理论的前提都是研究个体从内心所产生的需求，从而引发的一系列行为。学习激励理论的目的是研究如何利用这些理论激发员工动机、分析员工需求、判定员工行为。

知识拓展

海底捞激励员工的方法符合哪些激励理论

1. 霍桑实验：管理者应当设法创造出令员工满意最大化的工作环境

在海底捞，服务员会住在公寓套房，套房中空调、洗衣机、电视、电脑一应俱全。海底捞会安排专门的家政服务人员负责员工宿舍的日常清扫，以及员工衣服、床单、被褥的清洗等，让服务人员也能享受到他人的服务。

2. 需要层次理论

海底捞为员工提供了高于同行的薪酬，为员工的子女安排就读的学校，这些既满足了员工的生理需要，又能使员工对自己的未来产生安全感，满足了员工的安全需要。海底捞为员工安排公寓式住宿环境，这在满足员工生理需要的同时，也在一定程度上满足了员工尊重的需要。海底捞建立的"师徒制"不仅能帮助员工提高技能，而且有利于员工之间的感情联络，这满足了员工的社交需要。海底捞特有的授权制度给予了员工充分的信任，极大地调动了员工的积极性，是对员工能力的认可和尊重，满足了员工尊重的需要。海底捞的晋升制度为员工指明了职业发展的路径，满足了员工自我实现的需要。

3. Y理论

海底捞秉持让员工能够发挥自己的特长，从而在工作中获得乐趣，使工作变得更有价值这一理论。这充分运用了Y理论中人的独特性，每个人都能发挥较高的想象力和创造力。

4. 强化理论

海底捞对于有贡献的员工给予奖励，实行对此行为的正强化，激励员工做有利于企业的事。

5. 公平理论

海底捞的薪酬制度充分体现了公平原则。海底捞的晋升制度也充分诠释了公平理论。海底捞的晋升机会对于每一位员工来说都是平等的、公平的，人人都要从基层做起，只要努力工作，就有机会就职于更高的职位。这种公平性极大地调动了员工的积极性，他们努力践行着"用双手改变命运"的企业文化。

企业领导激励的方式

任务描述

领导激励是指领导者激发、鼓励和调动员工的热情和动机，使员工潜在的工作动机尽可能地充分发挥和维持，从而更好地实现社会目标和组织目标的过程。领导者应善于识别下属未满足的需要，有针对性地设置目标，通过适当的激励措施和手段满足下属的需要，并将下属的行为导向组织目标的实现轨道。

知识链接

激励理论对管理者会发挥什么作用？管理者如何运用这些激励理论激励员工？需要是促使员工行为的原动力，任何有效的激励方式都必须从满足员工的某种需要出发。由于员工的需要多种多样，因此领导激励的方式也具有多样性。常用的激励方式可分为物质激励、精神激励、情感激励、发展性激励、绩效考核激励和企业文化激励。

一、物质激励

物质激励是指以物质利益为诱因，通过满足企业员工物质利益需要来调动员工积极性的方式与手段。物质激励是激励机制中最为重要的一种方式。物质激励的形式多种多样，常见的有工资、奖金、福利、股权、带薪休假、舒适的办公条件等。在物质激励中，最突出的是金钱激励。金钱不是唯一的激励，但金钱作为一种激励因素是不可忽视的。

企业在现金激励与非现金激励方面可以实施一次性激励与多次激励、公开激励与不公开激励相结合的方法。将现金激励和非现金激励结合起来能取得意想不到的效果。

二、精神激励

精神激励可在较高层次上调动员工的工作积极性，其激励深度大、维持时间较长。精神激励重要的是让员工意识到工作的意义，激发他们自我实现和赢得自尊的心理渴望。精神激励的方法有很多，主要包括以下几种：

（一）目标激励

目标激励是指以目标为诱因，设置合理的目标，从而激发员工动机、调动员工积极性的一种激励方式。企业管理者应确定具体的、难度适中的目标，诱发员工的动机和行为，使员工认同并内化成他们自己的目标，从而提高员工工作的主动性。一个人只有被不断激发出对较高目标的追求，才能产生奋发向上的内在动力。当自己的目标迫切地需要实现时，个体会对企业的发展产生更为热切的关注，从而对工作产生强大的责任感，这种目标激励就会产生强大的效果。

管理者在进行目标激励时要注意两个方面：一方面，根据岗位职责和工作任务制定科学合理、切实可行的量化目标，切忌目标不切实际；另一方面，将员工在实现目标过程中的绩效情况进行动态的反馈，并做出公正的评价。

（二）荣誉激励

荣誉激励是指将工作成绩与晋级、提升、选模范、评先进等联系起来，以一定的形式或名义标记下来，主要方法包括表扬、奖励、经验介绍等。员工希望得到社会或集体的尊重，企业通过授予员工各种荣誉来对员工进行奖励，这是精神激励中很重要的一种方式。

对于那些为社会或团体做出突出贡献的员工给予一定的荣誉，既能使荣誉获得者不断鞭策自己保持和发扬成绩，又可以为他人树立榜样和奋斗目标，对其他人产生感召力，激发比、学、赶、超的动力，从而产生较好的激励效果。

企业可以通过授予员工一定的荣誉来调动员工的积极性，如每年评出一定数量的"明星员工""优秀管理者""优秀知识分子"等，评选的数量不要过多，否则其激励效果就会降低。同时，荣誉和一定的物质奖励、晋升、外出培训等结合起来，效果会更好。例如，企业给予获得一定级别荣誉的员工外出旅游度假的机会，这会对员工产生很大的吸引力，获得良好的效果。

（三）工作激励

按照赫茨伯格的双因素理论，对人最有效的激励因素来自工作本身，即个体对自己的工作满意是最大的激励。员工的积极性取决于与工作有关的三种关键心理状态，即对工作意义的体验、对工作结果责任感的体验、对工作实际结果的了解。因此，企业应设置富有挑战性的工作，让员工不断超越自我；同时通过赋予员工使命感，让员工了解他们的工作成果，让工作本身成为员工工作的乐趣和动力源泉。

企业要增强员工对自己工作的兴趣与满足程度，就要注意以下因素的运用：

（1）工作适应性。工作适应性即工作的性质和特点与从事工作的员工条件与特长相吻合，引起其工作兴趣，使员工对工作高度满意。

（2）工作意义与工作挑战性。员工愿意从事重要的工作，并愿意接受具有挑战性的工作，这反映了员工追求实现自我价值、渴望获得别人尊重的需要。

（3）工作完整性。员工愿意在工作实践中承担完整的工作，从而获得一种强烈的成就感。管理者应使每位员工都能承担一份较为完整的工作，为他们创造获得完整工作成果的条件与机会。

（4）工作自主性。人们出于自我实现的需要，期望独立自主地完成工作，不愿意在别人的指使或强制下工作。管理者应首先明确目标与任务，然后大胆授权，让下级独立运作，使其受到激励。

（5）工作扩大化。企业应克服单调乏味和简单重复的工作设计，增加工作的丰富性、趣味性。同时，企业应注意增加所从事工作的种类，探索实行工作轮换等方法。

（6）工作丰富化。企业应让员工参与一些具有较高技术或管理含量的工作，即提高员工的工作层次，从而使其获得一种成就感，令其尊重的需要得到满足。工作丰富化包括将部分管理工作交给员工，吸收员工参与决策，对员工进行业务培训，让员工承担一些较高技术的工作等。

（7）及时获得工作成果反馈。在工作过程中，管理者应注意及时测量并评定、公布员工的工作成果，使员工得到自己取得成果的反馈。员工只有及时看到工作成果，才会有效激发工作积极性。

（四）参与激励

参与激励是指让员工参与本企业、本部门重大问题的决策与管理，并对管理者的行为进行监督。现代企业的员工都有参与管理的要求和愿望，员工参加民主管理的程度越高，越有利于调动他们的积极性。员工参与有利于形成其对企业的归属感、认同感，可进一步满足尊重和自我实现的需要。因此，管理者应尽可能地为员工参与民主管理提供方便，采取多种形式，创造有利条件，使其能真正行使应有的管理权力，充分、有效地发挥工作潜力。

企业应制定一系列制度，通过职工代表大会或其他形式，让员工参与企业政策的制定和日常的生产经营管理，让员工明确企业政策制定的目的，从而调动员工的积极性，而不至于产生"决策是高层管理者的事情，与自己无关"的思想，促进员工个人目标和企业目标的统一。此外，企业还可以专门设立合理化建议奖，奖励那些出谋划策的员工，使员工亲身感受到自己就是企业的主人。通过参与激励，管理者与员工之间可以营造出一种良好的相互支持、相互信任的氛围，具有极大的激励作用。

三、情感激励

情感激励是指通过强化感情交流沟通，协调领导与员工的关系，让员工获得感情上的满足，激发员工工作积极性的一种激励方式。情感需要是人们的基本需要，人们的任何认知和行为都是在一定的情感推动下完成的，所以管理者应从情感上满足员工的需要，对员工进行关怀、爱护，从而激发其积极性和创造性，如关怀、帮助员工，经常与员工沟通，信任员工、赞美员工、尊重员工等。情感激励被管理学家称为"爱的经济学"，即无须投入资本，只要注入关心、爱护等情感因素，就能获得产出。情感激励主要包括以下几个方面：

（一）尊重激励

尊重激励是指管理者利用各种机会信任、鼓励、支持员工，努力满足员工尊重的需要。尊重会使员工产生由衷的自豪感，感到工作的快乐。若管理者对员工表现出热情的关切，员工就会产生内驱力。尊重激励具体包括以下几个方面：

（1）尊重下级的人格。

（2）尽力满足下级的成就感。

（3）支持下级自我管理、自我控制。

（二）信任激励

信任满足了人们内心的一种渴望胜利和成长的激情，往往使管理者获得意想不到的效果。如果管理者使员工感到不被信任，员工就会感到愤怒、厌烦或被抛弃；相反，如果员工感到管理者信任自己，便会将事情做好，实现管理者对自己的信任。

（三）关心激励

管理者可以通过表达对员工的关心、支持员工的工作而产生激励效果。管理者对员工在生活上给予关心和照顾，了解员工的具体困难，不仅会使员工获得物质上的利益和帮助，而且能使其获得尊重和归属感上的满足，从而产生巨大的激励作用。

支持下属的工作，就是要尊重他们，注意保护他们的积极性。领导者要经常与下属谈心，了解他们的要求，帮助他们克服种种困难，并为他们的工作创造有利的条件。下属在领导者的支持下，就会干劲倍增，更有勇气和信心克服困难，顺利完成工作任务。

四、发展性激励

发展性激励是指为了满足员工高层次需要，企业在组织结构上要进行再设计，明确职权与职位等级，使员工的事业发展有空间，同时完善晋升机制和培训机制，使员工发展有制度保障。首先，企业在岗位空缺时，应先考虑内部招聘，给予内部员工提升机会，这样可以更好地激发员工的积极性。其次，企业应加强员工职业生涯规划，为不同的员工设计不同的职业生涯途径，使员工在企业中有明确的发展方向。最后，企业应为员工提供外出培训机会，这种激励方式比较有效。大部分员工都希望有机会进修培训以进一步提升自己的能力，使自己更具竞争力。假如管理者能为员工在个人素质和专业知识方面提供更多的学习机会，员工将会受到很大的激励而更投入地工作。通过培训，员工不仅可以扩展自己的工作圈，学习新的技能，而且能为企业带来发展动力。

五、绩效考核激励

绩效考核是激励员工的重要手段，因此企业必须重视绩效考核的激励作用，前提是企业应建立科学、公平的绩效考核体系，使其真正发挥作用。

六、企业文化激励

企业文化以调动员工的积极性和创造性、提高企业效益、为社会创造更多的财富为根本目的，渗透于企业的各项活动之中。企业文化作为特殊的精神"黏合剂"，会使员工产生使命感、自豪感和归属感。管理在一定程度上就是运用一定的文化塑造人，企业文化是人力资源管理中的一项重要内容。只有当企业文化能够真正融入每个员工的个人价值观时，员工才会将企业目标当成自己的奋斗目标。因此，用员工认可的文化来管理，可以为企业的长远发展提供持久动力。激励机制的建立和完善必须与企业文化建设有机结合起来，充分发挥企业文化的激励作用。

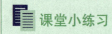 课堂小练习

如何做好新生代员工、Z世代员工的管理和激励工作？

新生代员工
的特点

Z世代员工
的特点

课堂小结

　　领导和激励着重于管理与被管理者之间的互动，领导和激励都与人性密切相关，都属于管理的范畴，二者应该结合起来。只有在领导中获得激励的效果，同时以激励的方式来增进领导的功效，才是让管理事半功倍的正确做法。

企业案例

华为的员工激励机制

一、文化激励

　　企业文化是一种无形的激励力量，它可以潜移默化地激励全体员工共同奋斗，实现企业的目标。华为的企业文化在我国本土企业中别具一格，其核心便是华为的"狼性文化"。华为人认为狼所具有的团结互助、集体奋斗、自强不息等精神应是一个企业的文化之魂。这种"狼性文化"使华为的员工具有了对市场敏锐的嗅觉，以及找准目标便奋不顾身进攻的精神。这为华为获得了高绩效，并且使其在与国内外同行进行竞争的过程中脱颖而出、迅速扩张、不断壮大。

二、物质激励

1. 高薪激励

　　华为员工的高薪一方面使得大量的优秀人才聚集华为，另一方面也激励了人才的积极性。此外，为了更进一步地激励销售人员，华为使他们的业绩与自己的团队业绩挂钩，而不是像多数公司那样给他们提成。这样可以有效地避免销售人员只重视当前的业绩，而忽视了与客户长期关系的维系。

2. 员工持股激励

　　华为在高薪激励的同时还推行全员持股制度，这成为对员工长期激励的有效方法。员工持股制度的推行使得华为与员工的关系得到了根本的改变。员工与华为从原来的雇佣关系变成了伙伴式的合作关系，这种关系让员工对企业有了极大的归属感，使员工将自己视为企业真正的主人，自觉地将自己的前途和命运与华为的前途和命运紧紧地联系在一起。

三、精神激励

1. 荣誉奖

　　华为非常注重奖励对员工的激励作用，公司专门成立了荣誉部，以专门负责对员工的考核与评奖。无论员工在工作的哪一方面有所进步，都可以得到荣誉部给予的奖励。华为的荣誉奖涉及的方面与人员既广又多，许多员工会因进步或者特殊贡献而得到了公司的某种奖励。此外，如果员工得到了荣誉奖，那么一定少不了相应的物质奖励。精神与物质相结合的奖励，一方面使员工感受到公司对其努力成果的肯定；另一方面激发了员工的工作动力，使其向更高的台阶迈进。

2. 职权激励

职权激励在华为的激励制度中起到了非常重要的作用，主要表现在为华为留住人才这一方面。华为的员工很大一部分都是高素质、高学历的员工。这些员工在期望获得高薪的同时还非常注重实现自身价值，并强烈地期望得到公司或社会的认同与尊重。所以，华为对优秀员工进行充分的授权，并赋予其相应的职称，以此显示对他们的信任与尊重。华为运用这种激励手法，使得员工得到了精神与物质的双重收获，因而员工更愿意贡献自己的力量与才智，从而对公司事务有了更强的参与感和更多的自主性。

四、其他激励

1. 科学的职业生涯规划

为了使员工更好地把握自己的职业目标，激励员工不断地朝着正确的方向前进，华为给员工制定了职业生涯规划。针对新员工，华为会给他们提供富有挑战性的任务，以帮助他们迅速进入良好的工作状态，并最大限度地激发他们的斗志与激情。对于工作 3 年以上的员工，华为会对他们进行培训激励，如派研发人员出国深造等。对于工作满 10 年以上的员工，华为会选择环境设施激励策略，如通过晋升制度并优化工作环境与设施，促进员工更好地进行创新工作。

2. 完善的绩效考评制度

华为采用了现代企业普遍实行的绩效考评制度。华为对每位员工都制定了绩效目标，然后根据这个目标由直接主管对其进行不定期的辅导和调整。在年底的评估考核之前，每位员工都要对目标完成过程中存在的问题向主管进行一次甚至多次的回顾和反馈。年底的考核结果还须经过管理层的横、纵向比较与多向沟通，不断地进行修正，力图使考核结果更加公平、客观。最终的考核结果会与激励机制挂钩，真正实现了多劳者多得。

3. 舒适的工作和生活环境

华为的百草园是为员工提供的温馨家园，里面有超市、休闲中心、餐厅、美发厅，一应俱全。在华为，无论衣食住行，一张工卡即可全部解决。这里对于整日专注于科技项目、无暇顾及生活琐碎事务的研发人员来说无疑帮助很大。公司还定期举办比赛等活动，这些活动拉近了员工之间的距离。舒适的工作和生活环境也在一定程度上对员工起到了一定的激励作用。

学思之窗

以人为本，动态激励

星巴克 1971 年诞生于美国西雅图，这个咖啡界的传奇公司的崛起所依靠的并不主要是营销技巧，而是一种对于"关系理论"的重视，特别是与公司员工的关系。近年来，星巴克的发展可谓"风生水起"，这家在连锁咖啡领域持续发展的企业历经几十年的风雨却并未被打垮，这与它的员工——"伙伴"有着密不可分的关系。在中国，星巴克曾被第三方机构评为"中国最佳雇主"之一。由此可见，星巴克的员工对于企业的忠诚度是极高的。

在星巴克，员工的绩效考核体现在各方面，会有来自同事、上司或者顾客的考核，并且清晰、明确、可衡量。星巴克坚信，想要顾客满意，首先要让员工满意，为此星巴克为员工提供了全面但不尽相同的激励计划。星巴克的员工也正是因为这一系列的升级和激励计划，努力在自己的岗位上工作，使得流动率保持在低水平行列，促使星巴克迅速发展。从期望理论关注的三种关系方面进行分析，我们可以看到：总体上，通过这一系列的激励计划，星巴克员工相信努力会带来良好的绩效，而这又会带来公司的奖励，这些奖励可以充分满足他们的需求和个人目标，这样又会促使他们有动力继续努力付出。

1. 在努力—绩效关系方面

星巴克的激励计划很好地回答了"如果员工付出了较大努力，能否在绩效中表现出来"的问题。如果星巴克员工努力学习了咖啡和管理方面的知识和技能，那么体现在绩效上就是会多种咖啡制作、掌握丰富的咖啡知识、得到顾客和同事的好评等，这些都是能够进行衡量的。换句话说，星巴克员工的努力可以在绩效上充分体现。星巴克现有的围裙等级制度意味着所有员工只要付出努力达到考核标准，就能够升级成功。等级越高，代表地位越高、权力越大，薪酬福利越完善和全面。这样一来，员工自身的努力可以在绩效中体现出来，这是激励他们并且留住员工的一个关键点。

2. 在绩效—奖励方面

星巴克的激励计划也可以回答"如果获得好的绩效，能否得到奖励"的问题。每一位绩效考核达标的员工，除了能够不断晋升之外，还可以获得相应等级的福利激励。主管或星级咖啡师可以获得住房津贴，表现好、等级高的员工可以申请长时间带福利假期和股票期权奖励。不仅如此，工作达到一定年限并且工作绩效良好的员工除了有自己的专属奖励外还可以为家人申请福利。这些激励举措都使星巴克表现良好的员工获得了不同程度的奖励。

3. 在奖励—个人目标关系方面

星巴克的激励计划强有力地诠释了"如果得到奖励，这些奖励是否具有吸引力"的问题。从星巴克的全面激励计划可以看出，这些奖励里面有针对兼职工的——提供补充医疗保险和意外险，让他们工作减少后顾之忧；有针对赡养老人压力较大员工的——提供父母关爱计划，减轻赡养压力；有针对健康状况较差员工的——提供全面医疗保险，覆盖多种疾病以及提供长时间休假，放松身心；有针对异地工作员工的——可以申请回家乡工作，缓解异地工作的麻烦；有针对具有冒险精神员工的——可以申请海外或其他城市的岗位，满足看世界、多学习的心理。如此丰富的奖励举措可以满足不同类型员工的需求，综合来看将对大多数的员工产生了较大的吸引力，因为他们都可以找到符合自己期望的奖励。

总之，星巴克的全面激励计划能够很好地激励员工并且让他们有充分的意愿留在这个大家庭里继续努力奋斗，这就是星巴克对于员工而言"留"的魅力所在，这也在一定程度上为其他公司进行员工激励乃至员工管理提供了帮助。

资料来源：马雨蔓. 期望理论视角下的星巴克员工激励分析［J］. 现代营销，2019（11）.

引思明理：

在强调"以人为本"管理理念的今天，激励对于企业来说至关重要。企业如果想要在激烈的竞争中长久生存，必须拥有专业、勤奋以及思想上进的人才队伍，这也是企业壮大的重要条件。正因为人才是推动企业发展的关键，所以企业在人才管理方面，必须秉承以人为本、动态激励的管理原则，从而促使企业在发展中实现质的飞跃。

同步测试

一、判断题

1. 奖励权属于非权力影响力。（　　　）

2. 品质影响力属于非权力影响力。（　　　）

3. 专长影响力的影响基础通常是狭窄的，仅仅被限定在专长范围之内。（　　　）

4. 从需要的技能来看，领导是决策技能，管理是人际技能。（　　　）

5. 马斯洛需要层次理论认为，当人的低层次需要得到满足后才会追求高一层次的需要。（　　　）

6. 双因素理论认为，靠激励因素和保健因素来调动员工的积极性都能提高效率。（　　　）

二、单选题

1. （　　　）是指管理者运用各种管理手段，刺激被管理者的需要，激发其动机，使其朝向所期望的目标前进的心理过程。

A. 领导　　　　　B. 管理　　　　　C. 激励　　　　　D. 协调

2. （　　　）是激励的起点与基础。

A. 动机　　　　　B. 需要　　　　　C. 外部刺激　　　　　D. 行为

3. （　　　）是推动人从事某种行为的心理动力，是激励的核心要素。

A. 动机　　　　　B. 需要　　　　　C. 外部刺激　　　　　D. 行为

4. （　　　）认为，当一个人做出了成绩并取得了报酬以后，他不仅关心自己所得报酬的绝对量，而且关心自己所得报酬的相对量。

A. 双因素理论　　　　　　　　　　B. 期望理论

C. 公平理论　　　　　　　　　　　D. 成就激励理论

5. (　　　) 能形成员工对企业的归属感、认同感，可进一步满足尊重和自我实现的需要。

A. 目标激励　　　　　　　　　　　B. 荣誉激励

C. 工作激励　　　　　　　　　　　D. 参与激励

三、多选题

1. 领导的作用主要有以下几个方面 (　　　)。

A. 指挥作用　　　　　　　　　　　B. 协调作用

C. 沟通作用　　　　　　　　　　　D. 激励作用

E. 计划作用

2. 领导的影响力来自 (　　　) 几个方面。

A. 职权　　　　　　　　　　　　　B. 知识

C. 奖励　　　　　　　　　　　　　D. 威信

E. 专业技能

3. 权力影响力的构成包括 (　　　)。

A. 法定权　　　　　　　　　　　　B. 强制权

C. 专长权　　　　　　　　　　　　D. 奖励权

E. 感召权

4. 非权力影响力的构成包括 (　　　)。

A. 法定权　　　　　　　　　　　　B. 强制权

C. 专长权　　　　　　　　　　　　D. 奖励权

E. 感召权

5. 为增强员工工作积极性与主动性而采取的激励主要包括 (　　　) 几种。

A. 物质激励　　　　　　　　　　　B. 精神激励

C. 情感激励　　　　　　　　　　　D. 发展性激励

E. 综合激励

四、思考题

X 理论和 Y 理论的基本观点是什么？请你谈一谈对两种不同观点的理解。

项目七　企业人际关系沟通

· 任务目标 ·

知识目标

- 了解沟通、人际关系、人际沟通的概念、特点、类型。
- 熟悉人际沟通的原则与技巧、管理与沟通的关系。
- 掌握解决企业人际沟通存在问题的方法。

技能目标

- 能够在熟悉人际沟通技巧的基础上，熟练运用沟通技巧来提升自己的表达能力，增强沟通效果。
- 能够在掌握解决企业人际沟通存在问题的方法的基础上，具备有效化解企业人际沟通存在问题的能力。

素养目标

- 培养良好的人际沟通和表达能力。
- 培养遵纪守法的意识。

📋 **内容导图**

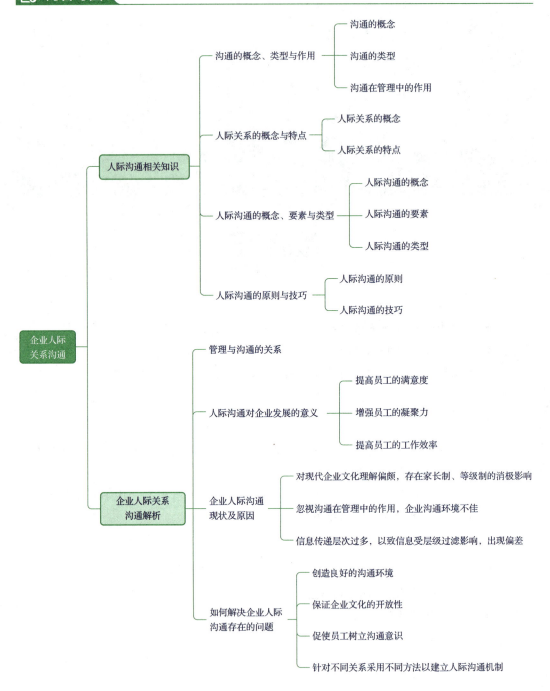

人际沟通相关知识

任务描述

沟通是指人与人之间的思想和信息的交换，是将信息由一个人传达给另一个人，逐渐广泛传播的过程。生活中的每一天我们都会与他人交流。无论是生活还是工作，沟通和交流都是必需的，沟通随时随地都伴随着我们。沟通作为一种社会交往手段，既是一种基本的管理技能，又是一种为人处世的社交艺术。

知识链接

在现代社会中，人际关系密不可分，人际沟通已经成为一项必不可少的技能。在工作场所中，人际沟通能力直接影响一个人的职业生涯发展。一个能够良好沟通的员工通常更容易得到领导的信任，从而更容易获得晋升和提高薪资的机会。在社交场合，人际沟通能力也直接关系到一个人的社交能力和人际关系。一个能够与他人良好沟通的人通常更容易结交新朋友，建立新的社交关系。

一、沟通的概念、类型与作用

（一）沟通的概念

沟通是指可理解的信息或思想在两个或两个以上的人群中传递或交换的过程。在这个过程中，人们通过书面语言、口头语言和行为语言等方式，进行交流信息、获取信息、解释信息、共享信息等活动。美国管理学家切斯特·巴纳德认为"沟通是把一个组织中的成员联系在一起，以实现共同目标的手段"。

（二）沟通的类型

基于不同的场合、人员层级和沟通目的不同，可以将沟通分为以下类型：
（1）按照功能划分：工具式沟通和感情式沟通。
（2）按照行为主体划分：自我沟通、人际沟通与群体间沟通。

（3）按照沟通符号的种类划分：口头沟通、书面沟通、非语言沟通、体态语言沟通、语调沟通和电子媒介沟通等。

（4）按照结构性和系统性划分：正式沟通和非正式沟通。正式沟通一般用于正式场合，非正式沟通包括走动式、小道消息、谈心式等。

（5）按照信息流动的方向划分：下行沟通、上行沟通和平行沟通。上行沟通主要是对于上级领导的请示、报告等；下行沟通主要是指令、检查等；平行沟通用于同一层级、部门等之间横向交流。

（6）按照是否互动与反馈划分：单向沟通和双向沟通。

（三）沟通在管理中的作用

企业管理的过程是一个通过发挥各种管理功能，充分调动员工的积极性，提高组织的效能，实现共同目标的过程。从一定意义上讲，管理离不开沟通，沟通渗透于管理的各个方面。沟通在管理中的作用主要体现在以下几个方面：

（1）沟通是组织与外部环境之间建立联系的桥梁。

（2）沟通是协调各个体、各要素，使组织成为一个整体的凝聚剂。

（3）沟通是领导者激励下属、实现领导职能的基本途径。

二、人际关系的概念与特点

人际关系是指人与人之间通过直接或间接交往而形成、发展起来的心理关系。人际关系受到客观社会关系的制约，反过来又深刻地影响社会关系各方相互作用的形式。它对群体内聚力的大小、心理环境有直接的影响。

（一）人际关系的概念

1. 广义的人际关系

广义的人际关系是指人们在共同活动中彼此为寻求满足各种需要而建立起的相互间的心理关系。人际关系的形成包含认知、情感、行为三方面心理因素的作用。广义的人际关系包含三层含义：

（1）人际关系表明了群体中人与人相互交往过程中心理关系的亲密性、融洽性和协调性的程度，它主要指的是人与人之间的心理关系。

（2）人际关系是由一系列心理成分构成的，既有认知成分、情感成分，也有行为成分。

（3）人际关系是在彼此交往活动的过程中建立和发展起来的。交往是联系个人与他人、个人与群体、群体与群体的桥梁，没有人际交往，也就无所谓人际关系。

2. 狭义的人际关系

狭义的人际关系是指在社会实践中，个体为了满足自身的发展及生存的需要，通过一定的交往媒介与他人建立及发展起来的、以心理关系为主的一种显性的社会关系。狭义的人际关系包括三层含义：

（1）人际关系在彼此交往过程中建立及发展。

（2）人际关系由一系列心理成分构成，反映人与人之间在心理上的亲疏远近距离。

（3）人际关系是一种特殊的社会关系。

相互认知是建立人际关系的前提；情感互动是人际关系的重要特征；行为交往是人际关系的沟通手段。

（二）人际关系的特点

1. 互动性

个人性、直接性、情感性人际关系是人们在精神及物质交往过程中发生、发展及建立起来的人与人之间的关系，是交往双方的反映，是人际沟通的结构，表现为人们之间思想及行为的互动过程。

2. 心理性

人际关系是人与人之间的心理距离状态，这种心理距离状态是由社会需要的满足程度所决定的。人际关系的好坏一般用心理距离来衡量。

3. 明确性

虽然人际关系多种多样，但每一种人际关系相互之间的关系是明确的，如果相互之间的关系不明确，就无法发展健康的人际关系。

4. 渐进性

人际关系的发展需要经过一系列有规律的阶段或顺序。如果人们之间的关系没有按照预期的顺序发展，就会引起其中一个或多个当事人的恐慌不安，从而阻碍人际关系。在人际交往中必须遵循循序渐进的原则，不能急于求成。

5. 多面性（多重性）

每个人的文化背景、生活经历、知识结构、性格、需求等多方面的因素不同，必然会表现为个性心理及行为上的多面性。

6. 动态性

人际关系不是一成不变的，它会随着时间推移而不断发展和改变。由于个体发生变化，人际关系也会随之发生变化。

7. 复杂性

人是由自然属性及社会属性组成的统一体。复杂的生理、心理及社会因素导致个人的复杂性，由两个以上的人所组成的人际关系将更复杂。人际关系的复杂性表现为交往动机、交往心理、交往方式等多个方面。

三、人际沟通的概念、要素与类型

（一）人际沟通的概念

人际沟通是指人与人之间的联系过程，即人与人之间传递信息、沟通思想和交流情感的过程。这个定义包含以下两个方面：人际沟通的外层是社会信息的传递；人际沟通的实质是人与人之间的思想和情感的交流。

（二）人际沟通的要素

人际沟通作为信息传播的一种方式，最基本的要素是信息发出者、信息、载体和信息接收者。

1. 信息发出者

信息发出者是发起沟通的主体，发出者为了达成目的而传播信息，并对信息进行编码，将信息加工、组织成便于传递的形式。

2. 信息

信息即沟通的内容，表达沟通主体的需要、消息、观念等。

3. 载体

载体是指在信息传播过程中携带信息的媒介，是信息赖以附载的物质基础，即用于记录、传输、积累和保存信息的实体。

4. 信息接收者

信息接收者即接收信息的人。

（三）人际沟通的类型

按照不同的分类标准，人际沟通可分为以下几种类型：

1. 按照组织系统划分：正式沟通和非正式沟通

正式沟通是指信息通过组织规定的渠道进行的传递和交流。组织与其他组织之间的公函往来、组织内部的文件传达、各种会议等都属于正式沟通。

在正式沟通渠道外进行的交流和信息传递即为非正式沟通。非正式沟通不仅反映了人们的真实情感及动机，还可能提供尚未预料的内外部信息，组织聚餐、团建等活动也正是为了增加成员间的非正式沟通。非正式沟通具有形式灵活、信息传播快等优点，但缺点是随意性和不可靠性。

2. 按照信息流动的方向划分：下行沟通、平行沟通和上行沟通

下行沟通是指上级向下级传递信息，对下级具有督导、指挥、协调和帮助作用。但是，这种沟通还容易形成一种影响士气的"权力气氛"。

平行沟通是指同级之间传递信息，如员工间的交流、同层级不同部门的沟通等，一般具有业务协调的作用。保证平行沟通渠道畅通是减少各部门之间冲突的重要措施。

上行沟通是指由下级向上级传递信息，可以帮助领导者及时掌握各种情况、做出符合实际的决策。但有时即使上行沟通的信息到达了管理层，也得不到重视；并且在逐层上报的过程中，内容会被逐层压缩，造成严重失真。

3. 按照信息发出者与信息接收者的地位是否变换划分：单向沟通和双向沟通

单向沟通是指一方向另一方发出信息，信息发出者与信息接收者的方向位置不

变，如发指示、下命令等。

双向沟通是指信息发出者和信息接收者的位置不断变化，如招聘会、座谈会等。

从速度看，单向沟通比双向沟通信息传递速度快；从内容正确性看，双向沟通比单向沟通信息内容传递准确、可靠；从沟通程序看，单向沟通过程简单、不易受干扰，双向沟通比较混乱、无秩序、易受干扰。在双向沟通中，信息接收者对自己的判断有信心、有把握，但对信息发出者有较大的心理压力，因为其随时会受到信息接收者的挑剔或批评。单向沟通中，沟通者需要较多的计划性；双向沟通中，沟通者难以事先计划，需要当场判断与决策，双向沟通可以增进彼此了解，建立良好的人际关系。

由此可见，单向沟通与双向沟通各有所长，我们应视情况决定采用何种方式沟通。如果需要迅速传达信息，应采用单向沟通方式；如果需要准确地传达信息，应采用双向沟通方式。一般而言，如果工作亟须完成、工作性质比较简单，或者信息发出者只需发布指示、无须反馈时，多采用单向沟通方式。

4. 按照沟通形式划分：口头沟通和书面沟通

口头沟通是指面对面的口头信息交流，如讨论、会议、电话联系等。口头沟通的优点是可以使用表情、语调等增强沟通的效果，沟通者可以马上获得对方的反应，可以随机应变。口头沟通的缺点是如果传达者口齿不清或不能掌握要点进行简洁的意见表达，就会干扰接收者接收信息；口头沟通可即时传达信息，但因非正式，信息发出者可能遗漏或扭曲一些原本要交流的内容。

书面沟通是指通过布告、通知、文件、刊物、书信、电报、调查报告等方式进行的信息交流。书面沟通的优点是具有一定的严肃性、规范性、权威性，信息在传达过程中不容易被歪曲，可以作为档案材料、参考资料或正式交换文件长期保存，比口头沟通更详细，可供接收者慢慢阅读、细细领会。书面沟通的缺点是沟通不灵活、感情因素较少，对信息发出者的文字能力要求较高。

传统管理多偏重书面沟通，在现代管理中，口头沟通也受到重视。采用书面沟通方式时，信息发出者应注意文字的可读性、规范性，做到文字简练；使用的比喻、实例、图表等必须清晰易懂、便于理解；使用主动语态和陈述句；应具备逻辑性、条理性。

四、人际沟通的原则与技巧

（一）人际沟通的原则

人际沟通的原则是指在建立、维持以及发展人际关系过程中所遵循的基本的行为规范。行为规范是社会群体或个人在参与社会活动中所遵循的规则、准则的总称，是被人们接受的具有一般约束力的行为标准。在人际沟通过程中，正确地遵循这些行为规范可以帮助我们构建良好的人际关系。

1. 真诚原则

建立良好的人际关系的黄金法则就是真诚，真诚是人际交往中最基本的准则。"诚"的核心是为人处世讲究忠诚老实、光明磊落。真诚是提升人际沟通能力的基石。我们只有真诚待人，才能与对方产生情感的共鸣，收获真正的友谊。

2. 平等原则

在与任何人的人际交往中，我们都要坚持平等原则，与人交往时，应做到一视同仁，不能有高低贵贱之分。我们只有将自己和别人放在平等的位置，才能加深对别人的了解，才能得到别人的平等对待。切忌因工作时间短、经验能力不足、经济条件差而自卑，这种不平衡的心态会严重影响人际沟通能力。平等待人就是要学会将心比心、换位思考。

3. 理解原则

理解是成功的人际交往的必要前提。理解是指能真正地了解对方的处境、心情、好恶、需要等，并能设身处地地关心对方。善解人意的人永远受人欢迎。

4. 尊重原则

尊重包括自尊和尊重他人。自尊即在各种场合都要尊重自己，维护自己的尊严，不要自暴自弃。尊重他人即尊重他人的生活习惯、兴趣爱好、人格和价值。我们只有尊重他人，才能受到他人的尊重。

5. 宽容原则

在人际交往中，宽容是一种非常重要的品质。宽容意味着尊重他人的不同观点，接纳他人的差异，容忍他人的错误以及给予他人第二次机会。人无完人，我们要学会包容他人的缺点，欣赏他人的优点。宽容不仅可以促进人际关系的和谐发展，还能够帮助个人建立良好的人际关系网络。

6. 互利合作原则

互利是指双方在满足对方需要的同时，又能得到对方的报答。合作是指个人或群体之间为达到某一确定目标，彼此通过协调作用而形成的联合行动。人际交往永远是双向选择、双向互动。你来我往，交往才能长久。在交往的过程中，双方应互相关心、互相爱护，既要考虑双方的共同利益，又要深化感情。

（二）人际沟通的技巧

在现代社会，沟通能力非常重要，它可以满足个体的生理和心理需求、认同需求和社交需求。人际沟通的技巧犹如人际关系的润滑剂，它可以帮个体在交往活动中增进彼此的沟通和了解，缩短心理距离，建立良好的关系。

1. 积极倾听

倾听是有效的人际沟通的关键，也是建立良好关系的基础。当与他人交流时，个体要确保自己在听对方说话，并尽可能理解对方的观点和感受。个体在倾听时要全神贯注，善于抓住对方表达的有效信息，迅速、有效地理解对方的真正意思，避免打断

或中断对方，同时运用适当的肢体语言表达对他人的关注和尊重。

2. 语意表达清晰、准确

个体在与他人交流时，要确保自己的表达清晰明了、简洁有力，避免使用含糊不清的语言或太过专业的术语。个体在传达信息时，还要考虑到对方的背景和知识水平，使用他们容易理解的词语和语言风格。

3. 容忍不同观点

在交流和沟通时，沟通双方应该保持开放的态度，尊重他人的观点和意见。即使你不同意对方的观点，也要理解并尊重对方的立场。这样不仅有助于建立信任和尊重，而且有助于寻求解决问题的方式。

4. 赞美他人优点

每个人都喜欢被赞美，每个人都渴望得到别人的重视。正确地表达赞美是一种技巧，赞美要发自内心，并且要具体化和差异化。

5. 坚持就事论事

个体在与人交往时，无法避免与人发生矛盾，此时应坚持就事而论、不因人而异。沟通双方在发生矛盾时，切忌相互挖苦、讽刺，而要以解决当前问题为出发点，不要偏离主题，这样不仅能够有效地解决问题，还能避免一些不必要的伤害。

6. 善于提问

在交流过程中，提问有助于建立对话和了解他人的观点，是一种及时的反馈。善于提问可以帮助个体更好地了解他人的需求、兴趣和目标。同时，提问也有助于澄清对方的意图和观点，并避免误解和误导。

> **课堂小结**
>
> 沟通是人与人之间的思想和信息的交换。它既是一种基本的管理技能，又是一种为人处世的社交艺术。从一定意义上讲，沟通就是管理的本质。人际关系受到客观社会关系的制约，反过来又深刻地影响社会关系各方相互作用的形式。在人际沟通过程中，正确地遵循人际沟通原则可以帮助我们构建良好的人际关系，人际沟通的技巧犹如人际关系的润滑剂，它可以帮助我们在交往活动中增进彼此的沟通和了解，缩短心理距离，建立良好的关系。

知识拓展

人际关系学说

埃尔顿·梅奥是人际关系学说的创始人。人际关系学说始于20世纪20年代埃尔顿·梅奥等人所进行的霍桑实验。

一、霍桑实验

霍桑实验是20世纪20年代中期至30年代初期在美国西方电气公司设在伊利诺伊州的霍桑工厂进行的关于工人行为的一系列实验。该实验的目的是研究企业物质条件与工人劳动生产率的关系，该实验促使了人际关系学说的产生和行为科学的创建。

霍桑实验的初衷是试图通过改善工作条件与环境等外在因素，找到提高劳动生产率的途径。霍桑实验先后进行了4个阶段：照明实验、继电器装配实验、访谈实验和继电器线线组的工作室实验。实验结果出乎意料：无论工作条件（照明度强弱、休息时间长短、工厂温度等）是否改善，实验组和非实验组的产量都在不断上升；在验证计件工资对生产效率的影响时，研究人员发现生产小组内有一种默契，大部分工人有意限制自己的产量，否则就会受到小组的冷遇和排斥，奖励性工资并未像传统的管理理论认为的那样使工人最大限度地提高生产效率，而在历时两年的大规模的访谈实验中，工人由于可以不受拘束地谈自己的想法，发泄心中的怨气，从而态度有所改变，生产效率相应地得到了提高。

从霍桑实验中，埃尔顿·梅奥认为影响生产效率的根本因素不是工作条件，而是工人本身。参加实验的工人意识到自己"被注意"，是一个重要的存在，因而增强了归属感，这种意识助长了工人的整体观念、有所作为的观念和完成任务的观念，而这些是工人在以往的工作中不曾得到的，正是这种人的因素导致了劳动生产率的提高。从某种程度上说明，在决定工人工作效率的因素中，工人为团体所接受的融洽性和安全感较之奖励性工资有更为重要的作用。

二、人际关系学说的内容

霍桑实验的研究结果否定了传统管理理论的对于人的假设，表明工人不是被动的、孤立的个体，他们的行为不只受工资的刺激，影响生产效率的重要因素不只是待遇和工作条件，而是工作中的人际关系。据此，埃尔顿·梅奥提出了自己的观点：

1. 工人是"社会人"而不是"经济人"

人们的行为并不单纯出自追求金钱的动机，还有社会及心理方面的需要，即追求人与人之间的友情、安全感、归属感和受人尊敬等，而后者更为重要。因此，我们不能单纯从技术和物质条件着眼，而必须从社会心理方面考虑合理的组织与管理。

2. 企业中存在非正式组织

企业中除了存在古典管理理论所研究的为了实现企业目标而明确规定各成员相互关系和职责范围的正式组织之外，还存在非正式组织。这种非正式组织的作用在于维护组织成员的共同利益，使之免受其内部个别成员的疏忽或外部人员的干涉所造成的损失。为此，非正式组织中有自己的核心人物和领袖，有大家共同遵循的观念、价值标准、行为准则和道德规范等。

非正式组织与正式组织有较大差别。在正式组织中，以效率逻辑为其行为规范；在非正式组织中，则以感情逻辑为其行为规范。如果管理人员只是根据效率逻辑来管理，而忽略工人的感情逻辑，必然会引起冲突，影响企业生产率的提高和目标的实

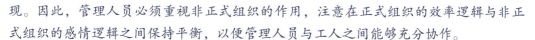

现。因此，管理人员必须重视非正式组织的作用，注意在正式组织的效率逻辑与非正式组织的感情逻辑之间保持平衡，以便管理人员与工人之间能够充分协作。

3. 新的领导能力在于提高工人的满意度

在决定劳动生产率的诸因素中，置于首位的因素是工人的满意度，而生产条件、工资报酬排在之后。工人的满意度越高，士气就越高，生产效率就越高。高的满意度来源于工人个人需求的有效满足，不仅包括物质需求，还包括精神需求。

埃尔顿·梅奥等人的成就可以从两个方面来看：一方面，霍桑效应具有很大的实用性；人际关系学说为现代行为科学的发展奠定了基础。另一方面，人际关系学说侧重于强调个体的激励，忽视了整体战略规划在目标、方向和过程中的重要地位。但综合来看，埃尔顿·梅奥等人的研究仍然是古典管理学向行为科学管理学过渡的鲜明标志，人际关系学说具有里程碑意义。

任务二

企业人际关系沟通解析

任务描述

企业管理的过程是一个通过发挥各种管理功能，充分调动人的积极性、提高组织的效能、实现企业共同目标的过程。管理离不开沟通，沟通渗透于管理的各个方面。良好的人际关系沟通有利于同事之间营造良好的工作氛围，有利于协调组织成员的步伐和行动，增强组织的凝聚力，确保组织计划和目标的顺利完成。

知识链接

随着世界经济的发展、企业改革的深入，企业管理也在发生变化。过去的企业管理模式已无法适应现代的以人为本的管理理念，现代企业迫切需要进行管理模式的变革，由单一的、制度化的管理模式转变为多元的、人性化的管理模式。只有这样，企业才能最大限度地挖掘潜能，调动员工积极性，增强企业凝聚力。现代企业管理说到底就是对人的管理，就是让企业中的所有人朝着统一的战略目标而努力。没有沟通，就没有管理，有效沟通是现代企业管理的关键。

在现代企业管理中，员工之间、上下级之间良好的沟通可以使成员认清形势，使决策更加合理、有效，有助于建立组织共同的愿景。管理者可以通过与员工沟通，引导员工更好地工作；员工可以通过和管理者沟通，更好地理解、执行管理者的意图和决策；同事之间可以通过沟通，达成密切合作。在一个企业里，所有的决策和共识都是通过沟通来达成的。

一、管理与沟通的关系

管理离不开沟通，沟通隐含在管理的各个职能之中，并贯穿于整个过程。无论是计划、组织、协调，还是领导、控制、决策，都与沟通密切相关。管理沟通是指管理者与被管理者之间、管理者与管理者之间、被管理者与被管理者之间等，旨在完成组织目标而进行的有意义的信息发送、接收与反馈交流的全过程，即各组织对该过程的设计、规划、管理与实施的交流过程。从具体的实践应用层面来说，沟通是指为了实现目标，管理者将信息、观念或想法传递给其他人的过程。

首先，沟通是一种有目的的活动，沟通的目的是实现组织目标。其次，沟通是一个互动过程。沟通不是单方面的沟通，而是一个涉及思想、信息、情感、态度等交流的互动过程。最后，沟通是多层面的沟通。沟通是一个涉及个体、组织和外部社会多个层面的过程。在这个过程中，既存在个体和个体之间的沟通，也存在群体与群体之间的沟通，还存在个体与群体、群体内部与外部的沟通等。

管理和沟通有着密切的联系，是两种存在大量重叠的人类行为过程。其一，所有的管理行为过程绝大部分就是沟通行为过程。沟通是管理的本质和核心内容，也是管理得以实施的主要手段、方法和工具。其二，如果将沟通行为过程由人类社会大背景缩小到企业或组织内外部这一相对较小的范围来考察，从组织行为学的角度看，大量的沟通行为过程必然与企业或组织的管理相关或重叠，大部分沟通行为过程都是管理行为过程。

二、人际沟通对企业发展的意义

人际沟通是在组织之中发生的人与人之间传递情报、消息和交流思想、感情的过程。在组织中最常见的沟通是人际沟通，这类沟通常常发生在与上司、与同事、与下属、与客户、与朋友等人之间。人们只要在社会上生活，就离不开沟通。良好的沟通可促使有关的想法、意见、情报、消息等得到及时的交流、交换和共享，从而达成双方相互的了解与信任。对组织中的管理工作来说，人际沟通的重要性体现在以下几个方面：

（一）提高员工的满意度

巧妙的人际沟通容易使员工感到愉快、亲切、随和。这样的感觉能制造出轻松愉悦的工作氛围，能给员工带来积极、健康、饱满的精神状态，从而使员工对工作满意，员工能更好地投入各项工作中，不断地为企业发展做出贡献。

（二）增强员工的凝聚力

巧妙的人际沟通能释放和缓解压力，能使大事化小、小事化了，从而起到维护人际关系的作用。企业中成员之间人际关系和谐，大家团结一心，成员之间不会为一些小事发生争执，成员将心思花在如何实现企业目标上，这样企业员工的凝聚力就会增强。

（三）提高员工的工作效率

员工工作效率的高低直接影响企业效益的好坏。虽然影响员工工作效率的原因是多方面的，但是成员之间的人际沟通艺术是其中一个重要的因素。巧妙的人际沟通是创造良好的人际关系的前提，良好人际关系可以激发组织成员的责任感、荣誉感、工作激情，有利于形成和谐的气氛，从而提高员工的工作积极性、主动性和创造性，进而提高工作效率。

总之，有效的人际沟通在组织内起着非常重要的作用，成功的团队管理者将沟通作为一种管理的手段，通过有效的沟通来实现对团队成员的控制和激励，为企业的发展创造良好的心理环境。因此，无论是企业的管理者，还是一线员工，都应该统一思想，提高认识，培养信任感和积极的沟通态度，营造良好的组织氛围，注重沟通技巧的培训，克服沟通障碍，以最大限度地实现个人与企业共同发展的目标。

三、企业人际沟通现状及原因

在很多企业中，企业的计划决策、制度主要是以文件的形式下发，管理层关于员工对这些问题的看法和认识，以及员工的情绪、思想状况和需求了解得不多。以上种种迹象表明，企业内部缺乏有效的沟通。企业内部沟通不畅，管理层对员工缺乏信赖，员工对企业的认同感就不强。缺乏凝聚力是很多企业中存在的问题，造成这一问题的原因有以下几个方面：

（一）对现代企业文化理解偏颇，存在家长制、等级制的消极影响

受封建文化影响，等级观念、权威主义深入人心，家长制的管理者无处不在，造成了下级对上级有一种敬畏心理，管理层对上级也是多采用顺从和迎合的态度。如果管理者没有改进自己的观念，就会在与下级沟通时居高临下，采用发号施令的沟通方式，造成沟通的单向性。而下级鉴于对上级的敬畏，没有勇气与上级进行交流，造成有话不敢说、有事不敢问。上述两种情况毫无疑问会导致严重的沟通障碍。

（二）忽视沟通在管理中的作用，企业沟通环境不佳

如果企业内部沟通渠道不畅，缺乏相应的沟通反馈机制，忽视沟通文化，就会导

致员工缺乏参与企业管理的热情，不愿提出建设性意见；管理者也不会主动地发现问题和解决问题，最终导致"无所谓"的企业文化。在这种企业中，员工看到问题不去反映，管理者只注重布置任务而不是发现并解决问题。长期的问题积累就会使企业内部不能协调一致，最终影响企业目标的实现。

（三）信息传递层次过多，以致信息受层级过滤影响，出现偏差

在沟通和信息交流的过程中，总会有人因为各种原因过滤掉部分信息或对信息进行修改，造成沟通过程中信息不能有效地传递。一般而言，信息经过的层级越多，失真的可能性越大。上行沟通时，各层级会对信息按照有利于部门和自身的方式进行主观性的甄别和过滤，经过选择加工后再将信息上报，从而造成信息失真。上级无法接收到正确的信息，而下级不愿意反映真实情况，给沟通带来障碍，无法实现沟通的目的。

四、如何解决企业人际沟通存在的问题

企业中上下级之间、部门与部门之间、部门与员工之间、员工与员工之间都必然存在人际关系沟通协调的问题。无论哪个环节出现沟通协调失衡的问题，都会给整个企业带来较大影响。企业内部沟通协调与企业经营成败存在千丝万缕的联系。在世界经济日益全球化的今天，企业内部越来越强调建立学习型组织、团队合作精神。有效的企业人际沟通是团队合作的基础，如何解决企业人际沟通存在的问题成为重中之重。

（一）创造良好的沟通环境

现代企业应创建一个良好的沟通机制，建立能够双向互动的内部沟通环境。例如，员工可以通过电子邮件进行跨部门的沟通和合作，员工间可以快速地共享信息；员工也可以通过私人聚会等形式来展开沟通渠道，这样能够真正让员工从办公室的束缚中走出来，提供给员工自由沟通的轻松环境，员工可以各抒己见，无须为迎合上级而限制了话语权，最终实现沟通想要达到的目的。

（二）保证企业文化的开放性

企业文化是一种蕴含着企业中的传统、规范、管理以及价值的综合体。企业内部加强管理和沟通交流，能够更加促进企业文化的发展，二者相辅相成。为了保证企业内部具有良好的沟通氛围，企业首先要打造平等的企业文化，这样才会使企业内部的沟通变得公正、开放。企业的管理者起着导向作用，管理者必须重视企业内部的管理沟通，能够虚心接受来自外界的意见和建议，具有真正开放的意识。管理者在与员工沟通时不要表现出自己的优越性，要对员工进行公正评价。企业应建立平等的人事制

度，为员工之间的沟通建立一个平等交流的平台。

（三）促使员工树立沟通意识

很多企业的员工缺乏沟通意识，所以对员工加强沟通意识的宣传十分重要。企业应调动员工沟通的积极性，为员工制定相应目标，建立考核机制或者奖惩机制。企业应增强员工与管理者之间的有效沟通。企业可以定期召开部门会以及各种兴趣会，使员工能进行轻松的交流，加强内部沟通活动，增加相互之间的合作机会，这样既增强了员工的沟通意识，又保证了企业的持续发展。

（四）针对不同关系采用不同方法以建立人际沟通机制

1. 处理好领导集体的关系

（1）运用制度明确领导成员的目标和权责。各领导成员由于在工作作风、经验、处理问题的角度及方式、性格等方面存在差异，导致处理问题时意见不一致。为解决这一问题，一个较好的办法就是运用制度的形式明确领导班子的工作目标和各自的权力、责任。这有助于消除经验、角度差异，既可充分发挥每个成员的能动性，使其创造性地开展工作，又避免相互扯皮、推诿等问题的出现。

（2）运用民主决策机制。企业应充分发挥党组织或董事会在管理工作中的作用，在企业整体发展规划、年度规划、人事变动、职称评定、奖罚考评、收入分配、福利分配等重大问题上，应运用民主集中决策机制，通过党政联席会议或董事会集体讨论、决定，或提交职工代表大会审议表决。一旦决策形成后，班子成员必须严格执行。在执行过程中，班子成员要分工协作，发现问题，及时通气，通过党政联席会议加以纠正，这有利于消除班子成员内部经验和情感上的差异，促使成员共同将工作做好。

（3）提高成员素质能力和领导水平。班子成员要注重学习，提高综合能力，特别是处理人际关系方面的能力。班子成员应严于律己、宽以待人、坦诚相待、相互尊重、相互理解、协调合作，努力克服自己个性和作风上与整体工作不协调的方面。同时，在工作方法上班子成员应注重批评与自我批评，取人之长、补己之短，增强个体与他人相处的能力，构建良好的人际关系。

2. 协调好领导与员工的关系

（1）强化制度管理。依法治国背景下的企业管理必然是依法治理企业。依法治理企业的前提是制定和完善各项制度，以制度管人、依制度办事。领导与员工两个群体的关系只有用制度来明确界定，才能更好地理顺职权，从而促进领导与员工关系的协调。

（2）注重人性化管理。强化制度管理，并不是搞一刀切、唯制度论，而是有章可循又不失灵活，尤其是在人际关系中，企业应注重人性化管理。企业管理的实质是要重视员工的参与意识、创造意识，充分发挥员工的主观能动性、积极性和创造性。领导者要为员工参与企业管理提供机会和平台，重视员工的情感因素、心理需要，解决员工的实际困难，关心他们的身心健康，从而构建愉悦、良好的人际关系。

（3）加强非正式组织管理。非正式组织具有其积极作用或消极作用，这取决于其共同目标。企业应根据不同组织的特点、性质，采用适宜方法，因势利导、强化管理，促使非正式组织为正式组织服务。具体来说，企业可为非正式组织分配一些集体任务；委任非正式组织的负责人一定的职务，使其纳入正式组织；运用兴趣转移、目标导向等方法，疏导非正式组织；运用拆分法将消极型非正式组织分散到不同部门，降低成员交往频率，以分解该组织；对严重干扰企业人际关系、妨碍企业正常运作秩序的非正式组织成员，采取行政手段，予以处分或调离。同时，企业应强化正式组织建设，以正化邪，构建良好的人际关系。

3.构建良好的员工关系

（1）加强沟通、互相尊重。员工的工作大多具有独立性特点，这就决定了员工交往、协作的有限性，因而造成信息不畅，易产生误会、偏见、不信任等。因此，员工间要加强交流，增进交往，互相尊重对方岗位，宽以待人，共同创新，取长补短，逐步建立良好的人际关系。

（2）团结合作、共进双赢。如果员工间缺乏团结合作，就会严重阻碍工作的顺利开展和产品质量的提高，引起人际关系的紧张与冲突。企业员工只有谦虚谨慎、互帮互学、优势互补，建立和谐团结的人际关系，充分施展各自才智，产生共振效应，才能实现企业的长远发展。

课堂小结

管理离不开沟通，沟通渗透于管理的各个方面。良好的沟通可促使有关的想法、意见、消息等得到及时的交流、交换和共享，从而达成双方相互的了解与信任。有效的企业人际沟通是团队合作的基础，解决企业人际沟通存在的问题受到了企业的普遍重视。良好的沟通环境、开放的企业文化、树立沟通意识、建立有效的人际沟通机制都是解决目前企业存在的人际沟通问题的有效方法。

企业案例

华为的管理沟通

在华为，善于沟通不仅是项目管理的重要手段，而且是每个华为人的基本职业技能。为了避免在工作过程中出现对接障碍，华为要求员工在项目工作开始之前就做好沟通，在适当的时间、将适当的信息、通过当前的渠道，发送给适当的相关方。华为的"沟通三原则"具体如下：

沟通及时是华为员工遵守的首要原则。华为员工会将必要的信息在第一时间向相关方传达，以保证上下、平行沟通渠道的顺畅。

信息准确是沟通的第二个原则。不论是书面沟通还是口头沟通，华为员工都会准确地传达信息。为了保证沟通信息的准确性，华为员工会借助金字塔思维工具。金字塔顶端的是综述，即要表达的观点、问题、看法和结论，员工会针对上一级的内容一层一层地展开，直到信息足够准确为止。

严格控制信息传递的量是沟通的第三个原则。如果信息过多，倾听者就会容易忘记，过少则降低效率。信息传递遵守 7+2 原理，因为年轻人的记忆广度大约为 7 个单位（阿拉伯数字、字母、单词或其他单位），过多或偏少都不适宜。

为了确保信息沟通工作的顺利进行，华为要求员工在沟通中必须提前制订沟通计划，明确信息沟通的相关人、信息沟通形式、信息发放时间和发放方式等内容，并制定详细的信息发放日程表。

📖 学思之窗

"金钥匙"解锁沟通能力

如何提升自己的职场沟通能力呢？试试下面这七把"金钥匙"，说不定很多问题都能迎刃而解。

第一把：换位思考

无论你的沟通对象是谁，在正式场合还是非正式场合，都要注意与对方的沟通模式。如果遇到一个雷厉风行、办事果断的人，我们要干脆利落、结果导向。如果遇到一个耐心细致的人，我们要注重细节、反馈过程。如果遇到一个乐观、高效的人，我们要调整好自己的情绪，尽量共频。如果遇到一个稳重谨慎的人，我们要用词严谨，注重事实和数据，考虑风险和对策。如果遇到一个富有创意的人，我们要注意在沟通过程中积极表达自己的思考和想法……也许你会说，好难啊！是的，真正会沟通的人将在职场上无往不利，研究"人"是我们一生的功课。

第二把：不懂就问

职场新人应保持谦虚好学的心态，踏实努力，不懂就问。譬如"打印机怎么用""会议室如何预订""公司例会我能做什么""会议纪要有什么要求""文件格式有没有统一标准""公司年会我能帮什么忙""日常报销发票怎么粘贴""出差有哪些需要注意的""第一次参与外部客户谈判需要做哪些工作"……不要怕问题"小白"，就怕不会还不学、不懂装懂。

第三把：有效倾听

所有的沟通中，重要的不是自己说了什么，而是对方听到了什么，自己听到了什么，最终达成了什么。每个人都渴望被尊重、被理解，我们要学着做一个乐于倾听、善于倾听的人，这样就会收获更多善意的帮助，让自己能快速适应新的环境，拥有更多机会。沟通最大的问题在于，人们想当然地认为已经沟通了。其实，说了什么和对方听到什么是两回事。要先学会听、听得懂，这对沟通来说事半功倍。如果你无法听懂对方表达的意思，甚至听不全对方提供的信息，那绝对不可能展开真正有效的沟通。

第四把：清晰表达

能听懂别人的真实表达是第一步，然后将自己的想法清晰表达，这也非常重要。除了身体语言的表达外，我们还可借助一些工具来表达，如数据图、PPT 等书面材料及案例事实等都可起到非常关键的作用，这些对双方未来产生共识、达成协作至关重要。

第五把：及时反馈

互联网时代，很多沟通不仅仅局限在面对面，除电话等即时沟通工具，我们还会用 E-mail、微信、QQ、社群等多种沟通方式。不同的工具有不同的默认规则，如最好不要冒昧地发语音，而是把需要沟通的信息进行梳理，通过文字的方式表达，以节省对方时间。有问有答是职场的基本素养，你的主管可能会通过文字的方式在微信中与你沟通工作，那么一定要记得看完回复，即使说"收到""知道了""已获悉"，也比石沉大海没有一个字的反馈强百倍。

第六把：达成一致

沟通不是说服，达成一致更关键。职场中很多问题不能单纯地用"对""错"来判定，也不用比拼谁聪明、不聪明，谁的想法更高明，而是要把自己的短板和别人的优势结合起来形成合力，创造更高的价值。在沟通中最常见的冲突就是争论"对"或"错"。一方总想让另一方听自己的，另一方总想证明自己是"对"的。其实，我们应在沟通前，梳理沟通目标、拟定沟通大纲、确定沟通时间，同时作出预期，双方如何达成一致，这才是一次有效的沟通。

第七把：解决问题

沟通的目标就是解决问题。有这么一个场景：你负责的一个项目的客户要来公司考察，突然发生的疫情使客户不得不取消行程，你要与主管沟通这件事，该怎么说？有效的沟通其实是有结构的：你应先告知主管这件事的结果，同时说明背后的原因。这还不够，你需要为这件事情的变化提供解决方案，譬如 A/B 预案，学会将变化带来的损失降到最低。你可以说："最近突发疫情，我们的 ×× 客户取消了本月 ×× 号来我司的考察行程，客户也表示惋惜。经过与客户多次沟通，我们提供了备选方案，通过线上会议＋云考察来展示我司的实力，客户也表示认可，想问下领导这样可以吗？还有哪些需要注意的事项？"我们应先陈述客观事实，说明自己的行动，再提供可供解决的方案，最后争取支持、听取建议。

资料来源：方静. 七把"金钥匙"解锁沟通力［J］. 成才与就业，2022（Z1）.

引思明理：

对于即将进入职场的人来说，职场生存必定要先过沟通这一关。沟通是一门技术，也是一门艺术，是每个人都要重视的一项底层通用硬核能力。没有充分的交互就没有充分的融合、分享与共创。当开放、共享成为社会经济发展主题时，沟通的重要性也就呈现出几何式倍增。

同步测试

一、判断题

1. 沟通作为一种社会交往手段，既是一种基本的管理技能，又是一种为人处世的社交艺术。（　　　）

2. 人际关系有认知成分、情感成分，但没有行为成分。（　　　）

3. 人际关系多种多样，但每一种人际关系相互之间的关系是明确的。（　　　）

4. 下行沟通容易形成一种影响士气的"权力气氛"。（　　　）

5. 招聘会、座谈会等属于单向沟通行为。（　　　）

6. 双向沟通可以增进彼此了解，建立良好的人际关系，所以双向沟通比单向沟通好。（　　　）

7. 成员之间的人际沟通艺术是影响成员工作效率的一个非常重要的因素。（　　　）

8. 一般来说，信息经过的层次越多，失真的可能性越小。（　　　）

二、单选题

1. 沟通是指可理解的信息或思想在（　　　）以上的人群中传递或交换的过程。

A. 一个或一个　　　　　　　　　　B. 两个或两个

C. 三个或三个以上　　　　　　　　D. 四个或四个以上

2. （　　　）具有形式灵活、信息传播快等优点，但缺点是随意性和不可靠性。

A. 非正式沟通　　　B. 正式沟通　　　C. 语言沟通　　　D. 非语言沟通

3. 一般而言，如果工作亟须完成、工作性质比较简单，或者信息发出者只需发布指示、无须反馈时，多采用（　　　）方式。

A. 书面沟通　　　　B. 语言沟通　　　C. 双向沟通　　　D. 单向沟通

4. （　　　）是人际交往中最基本的准则。

A. 真诚　　　　　　B. 平等　　　　　C. 理解　　　　　D. 尊重

5. （　　　）是管理的本质和核心内容，也是管理得以实施的主要手段、方法和工具。

A. 理解　　　　　　B. 平等　　　　　C. 沟通　　　　　D. 尊重

三、多选题

1. 按照是否是结构性和系统性，沟通可划分为（　　　）。

A. 正式沟通　　　　　　　　B. 非正式沟通

C. 语言沟通　　　　　　　　D. 非语言沟通

E. 行为沟通

2. 人际关系具有（　　　）等特点。

A. 互动性　　　　　　　　　B. 心理性

C. 动态性　　　　　　　　　D. 渐进性

E. 复杂性

3. 按照信息流动的方向划分，沟通可分为（　　　）。

A. 单向沟通　　　　　　　　B. 双向沟通

C. 下行沟通　　　　　　　　D. 平行沟通

E. 上行沟通

4. 沟通是一种（　　　）的活动。

A. 有目的　　　　　　　　　B. 互动过程

C. 单向沟通　　　　　　　　D. 多层面

E. 单一层面

5. 广义的人际关系是指人们在共同活动中彼此为寻求满足各种需要而建立起的相互间的心理关系，其形成包含（　　　）几方面心理因素的作用。

A. 认知　　　　　　　　　　B. 情感

C. 心理　　　　　　　　　　D. 想法

E. 行为

四、思考题

1. 人际沟通是建立良好关系的关键。人际沟通的技巧有哪些？

2. 结合身边人际沟通的现状，谈一谈你对解决人际沟通问题的想法。

项目八　企业文化

· 任务目标 ·

知识目标

- 了解企业文化的含义、意义和功能。
- 了解企业文化的发展趋势。
- 熟悉企业文化的构成要素。
- 熟悉企业文化建设的步骤。
- 掌握企业文化和企业精神文化的内容。

技能目标

- 能够在熟悉企业文化建设步骤的基础上进行企业文化的建设。
- 能够在熟悉企业文化发展趋势的基础上，结合外部环境和内部条件的变化对企业文化进行调整。

素养目标

- 培养社会责任感和担当精神。
- 培养诚实守信品质与爱岗敬业、吃苦耐劳精神。
- 培养高度的工作责任心和良好的职业道德。

内容导图

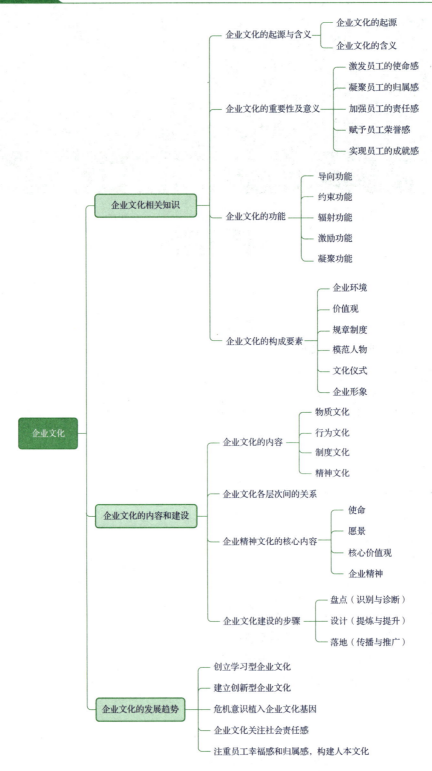

企业文化相关知识

任务描述

　　一家企业的企业文化与其经营理念是密切联系的。在企业经营理念的指引下，员工就会表现出特定的行为习惯。企业文化可以将员工紧密地团结在一起，形成强大的向心力和凝聚力，为实现目标而努力奋斗。企业文化如同企业经营的总开关。

知识链接

一、企业文化的起源与含义

　　文化是人类所创造的一切物质财富与精神财富的总和，是人类对于自然、社会等进行观察及接触后，经大脑认识、点化、改造、重组形成的一种人生观、世界观、价值观等意识形态。一切非纯自然的东西都可称为文化。任何人群都必然生活在一定的文化背景中。不同的文化塑造了不同的人群，不同的人群又反过来创造了不同的文化。所有的文化都是一种积淀和传播的结果，所有的文化都处于不停的变化中。

（一）企业文化的起源

　　20世纪80年代，美国学者提出了企业文化理论，强调"企业即人"，认为企业中人、财、物的管理应是一个有机系统，其中人处于管理的中心和主导地位。企业的最高目标在于满足人的物质需要和精神需要。企业文化就是强调企业精神、全体员工共同的价值取向，以及在此基础上形成的凝聚力、向心力。

（二）企业文化的含义

　　企业文化是组织成员经历过企业工作中各种各样的事情后形成的具有共通性、普遍性的思考方式、工作态度、工作习惯等。狭义的企业文化是指企业生产经营实践中形成的一种基本精神和凝聚力，以及企业全体员工共有的价值观念和行为准则。广义的企业文化除了上述内容外，还包括企业员工的文化素质，以及企业中有关文化建设的措施、组织、制度等。

从企业文化结构层次看，企业文化可分为三层：

（1）物质文化层。它是企业文化结构中的最外层，包括企业的产品、企业文化建设的硬件设施等。

（2）制度文化层。它是企业文化结构中的中层支撑，是企业文化中人与物结合的部分，是保证企业目标实现的一种强制性文化，包括习俗、习惯和礼仪，成文的或约定俗成的制度等。

（3）精神文化层。它是企业文化结构中的中心内容，属于企业文化的"软性"因素，决定了企业物质文化、行为文化和制度文化的形态。它是企业文化的核心层，主要指的是企业员工共同的意识活动，包括生产经营哲学、以人为本的价值观念、思想观念、美学意识、管理思维方式等。

二、企业文化的重要性及意义

企业文化是企业的灵魂，是推动企业发展的不竭动力，是企业凝聚人才、整合资源、拓展与服务客户、成就员工，使企业生生不息的有效工具。企业是现代组织结构中最基本的"细胞"。文化是企业的灵魂，一个企业只有有了自己的文化，才会具有真正的核心竞争力，否则就是一盘散沙。

企业文化看似无形，却渗透到生产、经营和管理的每个细节中。企业文化不是管理方法，而是形成管理方法的理念。企业文化不是行为活动，而是产生行为活动的原因。企业文化不是人际关系，而是人际关系反映的处世哲学。企业文化不是工作状态，而是这种状态所蕴含的对工作的感情。企业文化不是服务态度，而是服务态度中体现的精神境界。从以上分析可以看出，企业文化貌似不可捉摸，其实在企业内部如同空气一般无处不在。企业文化渗透于企业的一切活动之中，员工的一切行为都可以在这里找到标准和方向。

结合以上分析，企业文化的意义体现在以下几个方面：

（一）激发员工的使命感

企业都有其责任和使命，企业使命感是全体员工工作的目标和方向，是企业不断发展或前进的动力之源。

（二）凝聚员工的归属感

企业文化的作用就是通过企业价值观的提炼和传播，让一群来自不同地方的人共同追求同一个梦想。

（三）加强员工的责任感

企业要通过大量的资料和文件宣传员工责任感的重要性，管理者要向全体员工灌输责任意识、危机意识和团队意识，要让全体员工清楚地认识企业是大家共同的企业。

（四）赋予员工荣誉感

每个人都要在自己的工作岗位和工作领域多做贡献，多出成绩，追求荣誉感。

（五）实现员工的成就感

一个企业的繁荣昌盛关系到每一位企业员工的生存。如果企业业绩蒸蒸日上，员工就会引以为豪，会更加积极努力地进取，荣耀越高，员工的成就感就越大。

三、企业文化的功能

企业文化是企业中不可缺少的一部分，优秀的企业文化能够营造良好的企业环境，提高员工的文化素养和道德水准，并且能让员工内部自然而然地形成一种凝聚力、向心力和约束力，形成企业发展不可或缺的一种精神力量，能使企业资源得到合理的配置，从而提高企业的竞争力。

（一）导向功能

企业文化对企业员工的思想行为、对企业整体的价值取向起着导向作用。企业文化导向作用的发挥，强调通过文化的培育来引导员工的行为与心理，使员工在潜移默化中接受共同的价值观念，自觉地调整个人的追求目标，并使之与企业目标协调一致。

（二）约束功能

约束行为的表现形式是企业的规章制度、道德规范、人际关系准则。企业文化所传播的价值观使员工知晓：什么是应该提倡的，什么是应该反对的。文化形成的约束并非通过制度、权利等硬性管理手段实现，而是通过群体归属感、认同感、自豪感的诱导来实现，是一种"软性"约束。

（三）辐射功能

企业文化不仅会对本企业产生作用，而且会对社会产生影响。例如，优质的产品和优良的服务态度、良好的经营状况和积极向上的精神面貌都有助于扩大企业的知名度和社会影响力。企业文化不仅对企业的发展起着巨大的推动作用，而且会影响和带动其他企业及社会人员竞相仿效。

（四）激励功能

企业文化有助于形成一种积极的激励机制，引导员工树立正确的价值取向、道德标准和整体信念，使员工充分认识到自己工作的意义，从而焕发出高度的主人翁责任感，激发出奋发向上的拼搏精神，为企业的生存和发展做出更大的贡献。

（五）凝聚功能

凝聚功能根源于企业文化的导向、约束功能，以及文化的排外性特点。企业文化是企业全体员工共同创造并一致认同的价值观、企业精神、企业目标、道德规范、行为准则等，它反映了企业员工的共同意识。在这种共同意识的支持下，个体的主人翁意识和个体对群体的依赖性极大增强，从而产生强大的向心力和凝聚力。

四、企业文化的构成要素

（一）企业环境

企业环境是指企业文化生成的背景和条件，包括内部环境和外部环境。内部环境主要包括行业性质、经营宗旨、企业发展的历史、企业的人员素质、技术力量等。外部环境主要包括地域、社会文化、政治制度、经济体制、社会道德规范等外部环境因素。

（二）价值观

价值观是人们对事物意义的评判标准。企业价值观是企业全体员工在面对问题时所持有的某种一致的看法。企业价值观是企业经营的基础和核心，规定了全体员工的共同一致的方向和行为准则，指导企业整体的活动。

（三）规章制度

企业规章制度可以分为有形制度和无形制度。有形制度是文字明确规定的、企业员工能够直接感受到的、企业运用奖惩办法着力推行的制度；无形制度则在企业内潜移默化地起作用。企业文化作为一种典型的无形制度，是一种无形的、被企业员工认可、接受并自觉付诸实践的行为准则。

（四）模范人物

企业内的模范人物是企业价值观的"人格化"，是指在企业中卓越地体现企业价值观的员工或员工群体。他们可能是企业的创始人、企业领导、企业的技术发明者，也可能是普通员工。

（五）文化仪式

文化仪式是企业内部特有的、已经成为习惯、约定俗成的一系列文化活动的总称。文化仪式包括人际交往的基本形式、日常工作仪式、表彰仪式、庆典仪式等。通过各种具体的文化仪式，使价值观演化成种种有形的范例，使企业员工不断得到自我教育和熏陶，使他们从潜意识中产生对企业文化强烈的认同感。

（六）企业形象

企业形象是指社会公众和企业员工对企业的整体印象和评价。企业形象具有对内增加凝聚力、对外增加吸引力的巨大功能。企业形象的表现形式有产品形象、服务形象、员工形象和企业环境形象等。国内外公认的企业形象设计包括企业理念、企业行为、视觉识别三大系统。

课堂小结

企业文化的形成是由企业的经营理念、方针、行为等长期作用后而形成的。它高于个人意志的意识形态（包括创始人、核心领导层），不是凭个人意志而产生，是组织所有成员的集体智慧所形成。企业高层只能引导企业文化的发展方向，而无法强制性、凭个人意志单方面改造。企业员工无法脱离企业文化而独立存在，因为企业文化同时也是个人在这个集体得以生存的一种原则，它会影响、改变组织成员。

知识拓展

企业文化的特点

（1）企业文化非个人意志所能创造，它是由组织成员的集体智慧所凝聚而成。

（2）企业文化受企业外部环境以及企业经营理念、方针、方式等内部环境共同影响而形成，它随着企业内外部环境变化而变化，并非一成不变。

（3）企业文化具有共通性、普遍性而并非个性。

（4）企业文化在创业初期受初创团队尤其是创始人的影响比较大，随着企业人数的增加，创始人的影响力会逐渐减弱，企业文化成为组织所有成员在组织中得以生存的准则。

（5）企业文化的演变及形成是一个缓慢的过程，并非个人可以通过强制性手段得以改变，只能引导，而无法暴力性改变，否则会对原组织产生破裂及重组的影响。

企业文化的内容和建设

任务描述

加强企业文化建设，就是通过经营中各项工作的安排落实、评估、调整，分配资源，实施奖惩等手段，强化信念和价值观，形成企业发展的向心力和凝聚力；同时围绕核心价值直接从企业最关键的问题着手，展开战略、架构、人力、流程等各个关键环节的调整，强化动力，消弭阻力，促使企业发生系统变革。

知识链接

企业文化作为一种管理理论，对企业管理起着十分重要的作用。企业文化涵盖的内容比较广泛，由精神文化、制度文化、行为文化、物质文化四个层次构成，具体包括企业的文化理念、企业历史、企业制度以及所涉及的文化环境等。其中，精神层决定了行为层、制度层和物质层，制度层是精神层、物质层和行为层的中介，物质层和制度层是精神层的体现。企业文化各层次包含内容如图 8-1 所示。

制度层与物质层是企业文化的重要载体。制度层是企业文化的制度性体现，物质层是企业文化的具体载体，同时二者对企业文化具有反馈作用。制度层与物质层的关系如图 8-2 所示。

一、企业文化的内容

（一）物质文化

物质文化，又称企业文化的物质层，是产品和各种物质设施等构成的器物文化，是一种以物质形态加以表现的表层文化。企业生产的产品和提供的服务是企业生产经营的成果，是物质文化的首要内容。企业的生产环境、企业容貌、企业建筑、企业广告、产品包装与设计等也构成企业物质文化的重要内容。

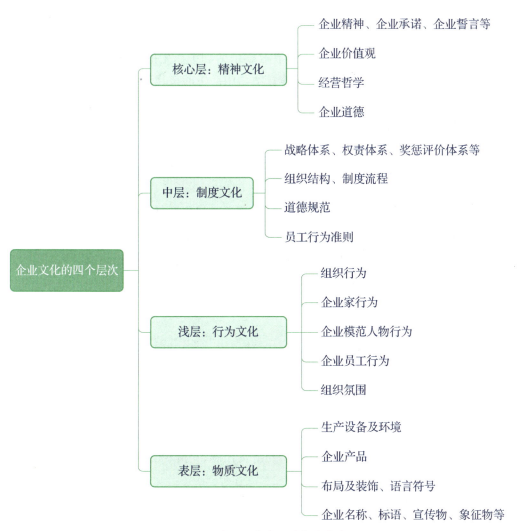

图 8-1 企业文化各层次包含内容

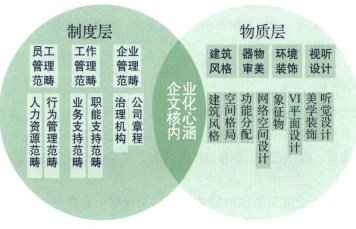

图 8-2 制度层与物质层的关系

（二）行为文化

行为文化是指员工在生产经营及学习娱乐活动中产生的活动文化，涉及企业经营、教育宣传、人际关系活动、文娱体育活动中产生的文化现象。行为文化包括企业行为的规范、企业人际关系的规范和公共关系的规范。企业行为包括企业与企业之间、企业与顾客之间、企业与政府之间、企业与社会之间的行为。

（1）企业行为规范是指围绕企业自身目标、社会责任、保护消费者的利益等方面所形成的基本行为规范。企业行为规范从人员结构上划分为企业家行为、企业模范人物行为和员工行为等。

（2）企业人际关系分为对内关系与对外关系两部分。对外关系主要指企业经营面对不同的社会阶层、市场环境、文化传播机构、主管部门、消费者、经销商、股东、金融机构、同行竞争者等方面所形成的关系。

（3）企业公关策划及其规范。

（4）服务行为规范是指企业在为客户提供服务的过程中形成的行为规范，是企业服务工作质量的重要保证。

（三）制度文化

企业的制度文化是行为文化得以贯彻的保证，包括企业领导体制、企业组织结构和企业管理制度三个方面。企业制度文化是企业为实现自身目标对员工的行为进行一定限制的文化，它具有共性和强有力的行为规范的要求，规范着企业中每一位员工的行为。企业工艺操作流程、厂纪厂规、经济责任制、考核奖惩等都是企业制度文化的内容。

（1）企业领导体制是企业领导方式、领导结构、领导制度的总称。

（2）企业组织结构是企业为有效实现企业目标而筹划建立的企业内部各组成部分及其关系。企业组织结构的选择与企业文化的导向相匹配。

（3）企业管理制度是企业为追求最大利益，在生产管理实践活动中制定的各种带有强制性义务并能保障一定权利的各项规定或条例，包括企业的人事制度、生产管理制度、民主管理制度等规章制度。

（四）精神文化

精神文化是指企业在生产经营过程中，受一定的社会文化背景、意识形态影响而长期形成的一种精神成果和文化观念。精神文化包括企业精神、企业经营哲学、企业道德、企业价值观、群体意识、企业形象等内容，是企业意识形态的总和。

1. 企业精神

企业精神是指企业成员集团的精神风貌，是根据企业自身的特殊性、任务、宗旨、时代要求和发展方向经过精心培育而形成的。企业精神应该通过企业全体员工自觉的实践活动来体现。

2. 企业经营哲学

企业经营哲学，又称企业哲学，源于社会、人文和经济心理学的创新应用，是企业从事生产、管理和管理活动的独特方法论原则。它是指导企业行为的基础。在激烈的市场竞争环境下，企业面临着各种矛盾和各种选择，这就要求企业要有科学的方法论来指导和制定一套合理的思维程序来决定自己的行为，这就是企业的经营理念。

3. 企业道德

企业道德是指调整企业与其他企业之间、企业与客户之间以及企业内员工之间关系的行为准则。企业道德从善与恶、公与私、荣辱观、诚信与虚伪等伦理关系的角度对企业进行评价与规范。企业道德不同于法律规范和制度规范，不那么具有强制性和约束力，而是具有积极的示范作用和强烈的号召力，当被员工认可和接受时，就有了自我约束的力量。因此，它具有更广泛的适应性，是制约企业和员工行为的重要手段。

4. 企业价值观

价值观是人们基于某种功利主义或道德追求来评价人（个人、组织）的存在、行为和行为结果的基本观点。企业价值观是企业文化的核心，是企业行为的指导方针。

价值观不是个体在某一时刻的体现，而是在长期的实践活动中形成的价值观念体系。企业价值观是指对企业存在性的价值评价，以及对企业所追求的群体意识的整合和异化，是企业全体员工共同的价值标准。

5. 群体意识

群体是组织。群体意识是指组织成员的集体概念，群体意识是企业内部凝聚力形成的重要心理因素。企业集团意识的形成，使企业的每一位员工都将自己的工作和行为作为实现企业目标的重要组成部分，为自己作为企业的一员而自豪，对企业的成就产生一种荣誉感。因此，他们将努力实现企业的目标，并有意识地克服与实现企业目标不一致的行为。

6. 企业形象

企业形象是指人们通过企业的各种标志而建立起来的对企业的总体印象，是企业文化建设的核心。企业形象是企业精神文化的一种外在表现形式，它是社会公众与企业接触交往过程中所感受到的总体印象。这种印象是通过人体的感官传递获得的。

二、企业文化各层次间的关系

企业文化的四个层次既是理解企业文化，也是判断某种企业文化是否形成的重要依据。企业文化的四个层次相互联系并彼此作用。从四个层次的关系来看，精神层决定了行为层、制度层和物质层；制度层是精神层、物质层和行为层的中介；物质层和行为层是精神层的体现。从作用来看，制度层与物质层是企业文化的重要载体，制度层是企业文化的制度性体现，物质层是企业文化的具体载体，同时二者又对企业文化有着反馈的作用。企业文化的四个层次构成了完整的文化体系，它们密不可分、相互影响、相互作用。

企业文化"洋葱"模型如图 8-3 所示：

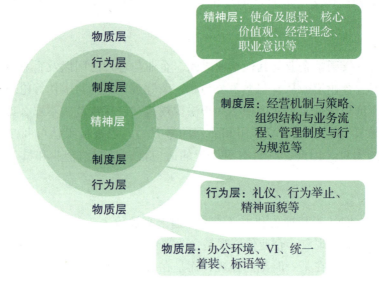

图 8-3　企业文化"洋葱"模型

三、企业精神文化的核心内容

（一）使命

使命是指企业对自身和社会发展所作出的承诺，说明了企业存在的理由和依据，回答了企业"为什么存在"的问题，解决了企业发展动力问题。使命的作用是获得社会生存的合法性，获得更多的外界理解和支持，赋予工作以价值和意义，强化内在激励，激发个体的崇高感，强化使命感和责任感。

（二）愿景

愿景是指组织所期望的未来景象，是企业的远大战略意图，说明了企业的定位和价值追求，回答了企业"应该是什么"的问题，解决了企业发展方向问题。愿景的作用是指明企业发展方向，影响战略目标的设定，凝聚企业内部共识，影响内部整合和资源分配，赋予企业未来憧憬，激发主动追求的意愿。

使命和愿景受到以下因素的影响：

（1）股东意志：物权属性决定使命和愿景必须体现股东意志。

（2）企业发展历史：企业历史阶段性、社会文化思潮变迁可能使其发生变迁和突破。

（3）市场环境：企业在市场竞争中获胜及盈利程度决定了企业文化和价值追求自由度。

（4）企业资源与核心能力：基于企业资源和核心能力，确保使命和愿景蕴含挑战性与可能性。

（三）核心价值观

核心价值观是企业成功的密码，界定了企业的成功要素，回答了企业如何在市场竞争中获胜，如何获得更高的效率。

1. 企业核心价值观的定义

企业价值观是企业判断价值大小的标准；企业核心价值观是企业坚持的核心和根本的价值判断标准。这一标准的形成有赖于企业成功经验总结和未来关键成功要素的界定，是企业发展智慧的表征。

2. 企业核心价值观的决定因素

企业核心价值观的决定因素包括企业管理层的个人信奉及积极倡导、社会现实和利益相关者期望、企业过往的成功模式和经验总结、企业未来战略发展的预测。

3. 企业核心价值观的作用

提供工作的价值顺序，有利于达成内部共识；提供行为判断标准，有利于形成一致的行为；蕴含成功经验和思维，有利于做出成功决策；固化企业的成功思维，有利于企业智慧的传承。

（四）企业精神

企业精神是企业全体成员在目标追求的过程中形成的能够共鸣的群体性心理状态，是价值观的感性表征，是企业文化的重要部分。企业精神在生活中被习惯性称为"精气神"。

四、企业文化建设的步骤

企业文化建设是提升企业整体素质的系统工程，是一个企业发展到一定阶段的必然要求，是提升企业核心竞争力的关键所在。企业文化建设可分为以下几步：

（一）盘点（识别与诊断）

在企业文化的设计阶段，企业首先应分析现有状况，如企业现已形成的传统作风、行为模式、价值观念、道德标准及所处的内外部环境等。

1. 企业文化识别

企业文化识别是指识别和了解企业在价值观、管理方式、员工行为等方面所具有的特点和特质。企业可以按照物质层—制度层—精神层的顺序识别现有文化，主要包括以下内容：

（1）物质环境：如绿化环境、建筑物、办公室标志和宣传标语等。

（2）员工的仪容仪表、精神风貌、工作状态、工作氛围等。

（3）技术水平、产品与设备。

（4）战略、组织及规章制度。

（5）企业文化的口头描述及书面素材。

（6）优良传统、榜样人物、模范事迹。

（7）习俗、仪式、文体活动等。

2. 企业文化诊断

企业文化诊断是根据企业竞争力的提升方向（或改进方向），确定当前的企业文化在观念和行为等方面存在的差距。企业文化诊断的目的是明确当前企业文化的基本情况、主要问题及未来文化建设的方向。通过对企业内外部环境、企业文化现状进行广泛深入的调查，企业可以分析当前文化现状，厘清未来发展目标，寻找文化建设工作的重点和方向，并作出准确的判断和定位，为编制企业文化诊断报告和企业文化建设规划提供依据。

（1）企业文化现状调查。周密的内外部调查有助于掌握第一手资料，从而使调查人员对企业文化的所面临的问题有透彻、清晰的了解。调查内容包括精神文化调查、行为与制度文化调查、物质与形象文化调查、企业文化环境调查。

（2）企业文化差距分析。

1）现有文化是什么：企业的主导文化类型、目前支配企业的主导文化的强度、企业不同业务单元文化的一致性和差异性。

2）期望文化是什么：目前企业文化的不足之处、企业文化改进或者变革的方向、期望文化的优势所在。

3）有哪些差距：现有文化与期望文化的差距、值得保留的企业文化特征。

4）如何减少差距：文化改进或者变革的突破口和突破阻力、应配备的管理资源、改革风险以及应对措施。

5）应注意的关键影响因素：个人影响力，尤其是管理者的个体行为特征、竞争环境（行业、地区）、传统文化群体背景、组织形式、信息技术人员素质、企业生命周期等。

（二）设计（提炼与提升）

文化理念体系的提炼与提升是形成制度文化、行为文化和表象文化的思想基础和根基，也是企业文化建设工作的根本前提。后期的企业文化落地实施等工作都要围绕这一核心理念展开。在这一环节，相关人员应在企业总体战略规划的指导下，通过系统的梳理和完善，挖掘企业文化基因，结合企业自身实际与未来发展需要，通过讨论统一认识，形成全体员工所共同接受的文化理念与价值主张。具体来说，本阶段的工作可分为以下几个方面：

1. 明确企业文化建设目标

企业文化建设目标从来都不是孤立的，它源自企业的总体经营战略，并对总体经营战略起支持作用。

2. 选择企业文化战略

目标明确后应选择适当的战略。企业文化战略分为集团企业文化战略和业务单位企业文化战略。

3. 规划企业文化结构

确定企业文化的定位相当重要，它揭示了企业文化的核心价值观，企业文化结构完整展示了企业文化的全貌。

（1）确定企业文化定位（核心价值观）：企业文化定位是企业文化的核心，它决定了企业文化的本质特征。

（2）设计企业文化结构：确定了企业文化定位，在此基础上对每一个企业文化要素进行设计。

4. 企业文化的提炼和提升

（1）对企业现有优秀文化元素的提炼：通过系统总结，挖掘和提炼现有企业文化资源优势。

（2）企业文化提升。

1）剔除与企业战略发展相悖的文化元素。文化建设是对原有文化进行扬弃与创新的过程。相关人员应审视现有文化，明确哪些不符合企业未来发展的需要、哪些与企业未来的发展一致，弘扬优秀的文化，剔除不良的文化。

2）适应市场竞争，导入先进文化元素。基于适应未来竞争的要求，满足企业实现战略的需要，为企业引入新的文化元素，建设适合市场竞争、战略转变的新文化。

3）企业文化设计的内容包括精神理念提炼（MI）、规章制度完善（BI）、物质形象设计（VI）。企业文化方案设计过程就是企业形象识别系统（CIS）建设的过程。

（三）落地（传播与推广）

企业文化建设的难度在于落地，其难度在于如何将价值观念传输到员工心中，并不断强化形成行为方式。企业必须调整管理模式，使之能够对企业文化进行正强化。

1. 设置企业文化管理机构

只有常设企业文化管理机构，企业文化建设才能有专业的团队负责，防止"一锤子买卖"。

2. 建立文化导向的管理流程

企业文化只有渗透至企业的方方面面，尤其是工作流程中去，企业文化才能真正落地。企业需要着重改造战略流程、营销流程、人力资源流程。

3. 企业文化手册

企业文化纲领是原则的高度概括，企业文化手册是企业文化的实施细则，它明确规定了企业的核心理念、行为准则、工作环境等。

4. 企业文化内部传播

企业文化内部传播是一项重要的企业文化实施活动，着眼于全体成员对企业文化的了解、领悟到实践。主要的传播方式如下：

（1）管理者身体力行、积极倡导。

（2）企业文化手册。

（3）企业文化培训。

（4）企业文化传播网络构建、氛围的营造：

1）物质氛围营造：企业视觉形象的建设。

2）感情氛围营造：以企业文化的方方面面为主题举行各种文体娱乐活动（拓展训练、郊游远足、才艺比拼、年夜饭等）。

3）传播网络构建：如内刊、网站、图书室、企业公告栏/宣传栏、企业歌曲等。

5. 企业文化外部推广

企业文化外部推广是指企业通过参与社会活动，动态、直观地展示企业的外在形象，感知企业的文化内涵。企业文化外部推广是对以企业文化为内涵所塑造的企业整体形象的综合展示，能够促使企业文化转变为品牌文化，从而打造强势品牌。

在企业文化的执行过程中，随着企业外部环境和企业内部条件的不断变化，一些问题就会暴露，企业需要不断地分析研究和改进。因而，企业应该不断地总结，肯定那些行之有效的，抛弃那些不受欢迎、不合适的内容，补充那些与内外部环境变化相适应的内容，从而使企业文化在发展过程中不断优化。

课堂小结

企业文化由精神文化、制度文化、行为文化、物质文化四个层次构成。精神层决定了行为层、制度层和物质层，制度层是精神层、物质层和行为层的中介，物质层和制度层是精神层的体现。企业精神文化包括使命、愿景、核心价值观、企业精神几个方面。企业文化的建设包括盘点、设计和落地三个步骤，其中难度较大的是将价值观念传输到员工心中的落地过程。

企业文化的发展趋势

任务描述

一年企业靠运气，十年企业靠经营，百年企业靠文化。企业文化是企业历史的沉淀，是企业经营者在实践中用自己的行为方式和领导风格影响企业员工，并逐渐形成的一种共同认可的价值观和行为准则。随着内部环境和外部环境的变化，企业必须评估并重新审视自身的企业文化，能够根据环境变化不断对文化进行升级迭代，确保企业所有行动均在统一的框架下实施，以全新的视角寻求激发组织活力的关键点，从各方面构建企业运转活力的齿轮。

知识链接

企业文化具有凝聚力、激励力、约束力、导向力、辐射力五种力量，它们决定了企业长盛不衰的法宝不是有形资源而是企业文化。企业用心创造的这种资源会使企业文化越来越具有个性化，这必将成为一种趋势。

数字化和智能技术的加速发展、千禧一代的崛起、企业组织变革等一系列因素，使企业文化正在接受重塑的洗礼。企业不仅要关注内部环境，还需要适应外部环境，企业是否能够将文化价值观融入外显的客户化服务行为中，并努力实现卓越的客户体验，正是各个企业思考的问题。

结合环境的变化，目前企业文化的发展呈现以下几个趋势：

一、创立学习型企业文化

企业竞争力的扩张实质上是知识传播的过程。成功的企业存在有利于学习和知识共享的文化，而且员工行为和企业文化之间能很好地融合。21世纪是人才与科技的竞争时代，企业活动的成功关键在于学习内容和效果。

学习型企业文化的关键是提高员工的文化素养，重视员工的学习能力和学习价值，尊重员工的独立人格。成功的学习型企业文化营造了宽松的工作气氛，让员工畅所欲言，允许他们从各个角度提出问题及其解决方案。一个信任和开放的企业文化鼓励员工对于现有管理模式提出质疑和挑战，并倡导他们积极寻求改善的途径。学习型企业文化鼓励员工学习和创新，使员工增加尝试的勇气而不是变得过分谨慎，从而增强企业的凝聚力，促进企业员工学习。成功的学习型企业文化强调人的自主管理、自我创新。企业只有相信员工，激励员工，给他们指明方向，并为他们提供必要的保证，才能焕发员工极大的工作热情。因此，一个企业想要长久和持续的发展生存，建立学习型组织文化氛围必将成为一种趋势。

二、建立创新型企业文化

随着知识经济的到来，科技发挥着越来越重要的作用。企业只有不断创新，才能立于不败之地。未来我们将面对的可能是长期发展、多元业务、多变转型的发展探索之路，企业文化将更加注重创新性，企业将鼓励员工发挥创造力，提高员工的创新能力，从而提升企业的竞争力。创新型企业文化具有以下特征：

（1）接受模棱两可：过于强调目的性和专一性会限制员工的创造性。

（2）容忍不切实际：企业不抑制员工对某些问题作出不切实际的甚至是愚蠢的回答。乍看起来似乎是不可行的，但往往可能带来问题的创新性解决。

（3）外部控制少：企业将规则、条例、政策这类的控制减少到最低限度。

（4）接受风险：企业鼓励员工大胆尝试，不用担心可能失败的后果。错误被看作能提供学习的机会。

（5）容忍冲突：企业鼓励不同的意见，个人或单位之间的一致和认同并不意味着能实现很高的经营绩效。

（6）注重结果重于手段：提出明确的目标以后，要鼓励员工积极探索实现目标的各种可行途径，可能存在若干种正确的解决方法。

（7）强调开放系统：企业应时刻监控环境的变化并随时作出快速的反应。

三、危机意识植入企业文化基因

突如其来的疫情极大地提升了企业的忧患和危机意识，使更多企业从战略层面思考企业如何更好地具备抗风险能力。过去，企业更多地关注和预防内部产生的短期危机，对外部危机重视程度不够，尤其是自然、社会方面的外部危机往往在企业危机管理中被忽视。疫情让企业意识到需要适应中长期经营管理风险，将危机管理融入日常业务发展中，学会与其在一段时期内共存。

危机是一场考验，是企业价值（模式）和发展潜力的试金石。一旦出现危机，企业发展战略、管理机制和业务方向的相关要素都会发生变化，企业价值在管理中不断提升，应对危机时的敏捷性、灵活性和适应性尤为重要。敏捷性即企业领导层是否能快速对危机做出反应。灵活性即要给予整个组织、决策者更大的灵活性，快速裂变，以对各类情况及时做出更有利的判断。适应性即危机管理措施需要适应情况的变化而变化。

四、企业文化关注社会责任感

2008年汶川地震开启了中国企业社会责任元年，唤醒了中国企业的集体责任意识。在2020年开始的抗疫行动中，中国企业呈现出更具理性、更具专业性、与自身资源和专长结合更紧密等特点。这些标志着随着数字化、智慧化、平台化、共享化趋势的蓬勃发展，企业可以更好地运用自身能力和专业优势服务社会，将企业履责的外延进一步延伸到价值链和生态圈，成长为中国经济转型时期持续健康发展的驱动力。

突发危机的综合性和复杂性意味着单一化的应对手段已难以高效、快速地提供系统解决方案，企业只有联合利益相关者、充分整合和协调生态圈内伙伴关系的资源和能力，才能真正解决问题。数字化为价值链和商业生态圈的延伸创造了条件。企业履责生态圈的构建须纳入相互作用的多个利益相关方，如供应商、经销商、生产者、消费者、竞争对手、媒体、政府机构等，将共生商业生态圈社群延伸到责任生态圈。

越来越多的企业认识到，面对突发公共危机，企业须扛起社会责任，未来的企业文化将更加关注社会责任感，包括环保、公益等方面的社会责任。这不仅是一种道德问题，更重要的是社会责任感，也是企业的一种品牌建设途径。"责任"二字即意味着遵守承诺和勇于担当，有责任的企业得"人心"，企业通过履行社会责任能释放自己的品牌势能。

五、注重员工幸福感和归属感，构建人本文化

（一）注重员工幸福感

未来企业文化将更加注重员工的幸福感，提高员工的生活质量和工作体验。无论什么年龄段的员工，都喜欢注重员工关怀、提供员工发展机会的企业。他们希望企业能够为员工工作和生活的幸福感做出努力。

（二）注重员工个性化需求和职业发展机会

调查发现，约65%的求职者会更加关注企业是否有职业发展通道，越来越多的企业也开始注重岗位价值评估及职业发展通道的搭建。一些企业也在尝试专业序列和管理序列"双梯"发展的模式，以更好地吸引、保留、激励有价值的员工，并提高员工对企业的敬业度，从而推动企业持续发展。

同时，很多企业利用内部竞聘等方式，使组织内部的人才不仅能够纵向流动，还能够根据自身特点及擅长工作进行跨部门、跨岗位的横向流动。年轻人更喜欢有挑战性的工作，企业如果能够提供多样化的工作项目和机会，也能够让他们不断挑战和提

升自己，使人才发展拥有了更多可能性，在人才的成长上真正做到以人为本。

（三）构建开放的沟通和协作环境，形成坦诚开放的文化

坦诚开放的文化即员工敢于当面表达真实想法，能够承认错误，实事求是；企业的管理者则注重员工的反馈意见，能够与员工进行平等的交流和反馈。很多企业管理的问题多是由于沟通不畅所引起的，组织内部的沟通不良可能会导致生产力下降、品质与服务不佳，使得成本增加。

当企业出现问题时，企业应建立员工向企业内部提出问题或收集意见的渠道，树立全员改善的意识，让员工感到"此事与我有关"，并结合自身工作提出创设和想法。企业只有了解员工在工作中所表现出的立场，才能更好地进行管理。因此，企业管理者必须营造勇于提出问题、暴露问题的良好氛围，才能让员工及时向组织提出有帮助的建议，促进企业更好地发展。

组织中的管理者在对员工进行带教的过程中，也可采用以问代答方式，提出更多问题而非直接给出答案，鼓励员工提出新的想法和解决方案，创造开放性的沟通和交流氛围。对于新员工来说，这种氛围有助于其更好地融入其中，坦诚开放、目标导向，更好地激发潜力。

企业文化建设是一项系统性、全方位的工程，绝非一蹴而就。一个基业长青的企业背后通常有一套全员认可、持续演进的企业宗旨、战略和文化体系。每个人都希望选择丰富有意义的工作，选择能互相学习的同事，选择能滋养精神生活的职业生涯。

🕐 课堂小结

随着内部环境和外部环境的变化，企业需要不断对企业文化进行升级迭代。目前企业文化的发展趋势主要有以下几种：创立学习型企业文化；建立创新型企业文化；危机意识植入企业文化基因；企业文化注重社会责任感；注重员工幸福感和归属感，构建人本文化。企业文化对企业长期经营业绩有着重大的影响，企业文化将成为决定企业兴衰成败的关键因素。

🔖 企业案例

用户为本，科技向善

——写在腾讯文化 3.0 发布之际

各位同事：

大家好！今天起，公司有了全新的使命愿景和价值观。"用户为本，科技向善"是我们新的使命愿景，"正直、进取、协作、创造"是我们新的价值观。自 2003 年我

们正式发布腾讯文化 1.0 版本以来，作为腾讯最重要的产品，腾讯文化已经迭代升级三个大版本。

腾讯最初的文化源自创始人团队。幸运的是，不断有成功的业务、优秀的同事在丰富腾讯文化的内涵。从最初的几个人，到如今遍布全球的 4 万多人，每一位腾讯人，都参与了腾讯文化的塑造，腾讯的文化也深刻地影响着每一位腾讯人。

21 年来，无论是对业务影响深远的"CE"（用户参与）、对员工言行举止影响广泛的"瑞雪"，还是"一切以用户价值为依归"的理念，腾讯文化都贯穿始终。

随着公司的业务越来越多元，越来越多的人才加入腾讯，随着 930 变革的启动与深入，腾讯的文化也迈向 3.0，在传承历史的同时，也开启了面向未来的全新进化。

一、"用户"和"责任"是腾讯存在和成长的两条生命线

在腾讯的发展历程中，有两条最重要的生命线，一条叫"用户"，一条叫"责任"。

最初，创始团队一心想做一款好用的产品。我们抠细节、勤迭代，抱着"不辜负用户，与用户做朋友"的信念创造了 QQ。由此开始，腾讯一步一步走到今天。正是因为恪守了"用户为本""一切以用户价值为依归"的理念，在过去 21 年中，无论面对怎样的迷茫与取舍，我们都始终坚守这个信念，走在正确的路上。对此，我们会坚定地传承下去。

2008 年汶川地震，腾讯紧急上线的寻人与捐助平台，让科技连接善意；后来，我们又发起了全网参与的 99 公益日、上线了成长守护平台，并通过 AI 的力量协助警方打拐，寻找失踪儿童……通过不断的尝试与探索，我们对科技向善的认知、思考、选择越来越清晰，越来越坚定。最终我们决定，把它郑重地写进腾讯的使命愿景，让科技向善成为每一位腾讯人的使命与责任，让我们每一天的工作都更有意义和价值。

科技本身力量巨大，科技发展日益迅猛，如何善用科技，将极大程度上影响人类社会的福祉。科技是一种能力，向善是一种选择，我们选择科技向善，不仅意味着要坚定不移地提升我们的科技能力，为用户提供更好的产品和服务、持续提升人们的生产效率和生活品质，还要有所不为、有所必为。具体到行动，我们要"一切以用户价值为依归，将社会责任融入产品及服务之中"，更要"推动科技创新与文化传承，助力各行各业升级，促进社会的可持续发展"。

二、传承"正直"与"进取"，迈向"协作"与"创造"

公司坚持传承正直的价值观，就是鼓励员工继续"坚守底线、以德为先，坦诚公正不唯上"，这是总办极度重视、员工高度认同的价值观。我们坚持传承进取的价值观，强调"无功便是过，勇于突破有担当"；同时赋予"进取"更高的标准和内涵，倡导员工不断追求卓越，并对管理干部有了更高的指引与要求。

"合作"升级为"协作"具有明确的价值导向，就是要"开放协同，持续进化"。对内要大家放大格局、打开边界，以开源的心态与各组织协同，用符合互联网思维的方法和工具进行协作；对外要广泛协同伙伴和生态力量，共创更大价值。我们希望，

这种导向可以牵引个人成长，促进组织进化。

"创新"升级为"创造"则指向更高的要求，意味着"超越创新，探索未来"。这就需要我们不断突破现有思维，保持对前沿和未来领域的关注和投入，以更有分量、更具结果的导向去创造更大价值。我们不会忽视技术和产品的微创新，但我们有了更高的目标：面向未来、探索未来，通过创造力实现更大的社会价值。

三、让文化成为腾讯人自觉的选择

文化不是写在纸上、挂在墙上的，文化也不是几个人的事，它是我们大家的事。在那些产生巨大影响的产品和服务上，在那些改变世界的团队身上，在那些重要的决策时刻，腾讯文化贯穿始终。让文化融入我们的血液，成为一种自然的选择。

向往它、认同它、落实它、坚守它，然后去传承它。让"用户为本，科技向善"成为我们思考的起点，让"正直、进取、协作、创造"成为我们日常的言行。我相信，腾讯文化 3.0 必将带给我们更大的力量和更多的温度，也将指引我们走向更高远的未来！

Pony、Martin 及全体总办

2019 年 11 月 11 日

学思之窗

如何理解习近平总书记提出的"科技向善"理念

科技是实现人类社会发展和文明进步的重要工具和载体，随着人工智能、大数据、物联网和区块链等新一代科技革命的兴起，科技在完善社会治理以及促进人类全面发展等方面正发挥越来越重要的作用。国家主席习近平在 9 月 24 日开幕的 2021 中关村论坛视频致贺中强调，塑造科技向善理念，完善全球科技治理，更好增进人类福祉。

怎样理解这个"科技向善"理念，深入学习这个"科技向善"理念，对于今天我们更好地认识科技进步，推动科技更好地为人类、为社会服务，无疑具有重要的时代意义。

1. 科技发展以人民为中心，凸显"人性之善"

科技的发展在推动人类文明进步过程中一直发挥着重要作用。中国发达的移动支付增加了人与人之间沟通的手段，提高了信息的传递速度，给人民的生活带来极大便利；中国的高铁技术得到飞速发展，让人们得到便利的同时，促进了我国经济的发展；2020 年，由袁隆平院士团队培育的第三代杂交水稻"叁优一号"测产结果公布，双季亩产突破 1 500 千克，使我国的粮食产能在满足国人粮食需求的同时出口到国外。这些都是"科技向善"给人民带来福祉的体现。科技的高度发展也是一把双刃剑。近年来频繁发生的网络平台的大数据杀熟现象、外卖骑手被困于平台算法歧视、基因编辑婴儿等事件，让"超级智能"或多或少给我们的生活带来了一些损害。当今社会已进入数字化、网络化、智能化时代，人们在享受科技的迅猛发展带来的巨大福祉的同时，也正在接受伦理底线和价值尺度的挑战。

只有以人民为中心的科技才是真正的好科技。"科技向善"理念就是把以人为本作为技术的尺度，把技术规则体系纳入由法律、伦理所构建的社会规则体系中，以造福人类为准则。我国要建成世界科技强国，就必须遵循"科技向善"理念，始终坚持以人民为中心，规范科技伦理秩序、解决科技与伦理风险冲突，敬畏"人性之善"，营造一流科技创新生态。

2. 科技治理以社会为重心，彰显"治理之善"

党的十九届四中全会提出，"必须加强和创新社会治理，完善党委领导、政府负责、民主协商、社会协同、公众参与、法治保障、科技支撑的社会治理体系"。上海努力打造的"一网通办"和"一网统管"政务服务品牌让市民企业实实在在感受到"办事像网购一样方便"。"一网通办"改革用科技把权力关进制度的笼子，大大挤压了权力寻租的空间。上海的"两网"建设不只是技术手段创新，更是管理模式创新、行政方式重塑、体制机制变革，将在更大范围、更宽领域、更深层次推动城市治理全方位变革。

科技治理是国家治理的有机组成部分，也是服务社会的重要组成部分，只有充分理解"科技向善"，才能创新治理体系，增强科技为社会服务的效能，从而提高国家和区域的创新能力与绩效，彰显"治理之善"。

3. 科技进步以人类为圆心，尽显"人类之善"

在应对新冠肺炎疫情过程中，中国依靠科技，对全球疫情严重的地区提供技术服务支持，第一时间与世界各国共享病毒基因组信息，通过远程会诊与国际同行交流，进行技术合作研究，搭建相关数据和科研成果共享平台，开展疫苗研发国际合作等，为全球抗疫贡献了中国智慧和中国力量。2020年，中国向全世界郑重宣告，中国自主建设、独立运行的全球卫星导航系统全面建成，开启了高质量服务全球、造福人类的崭新篇章；中国天宫空间站将在2022年正式运行，届时将为全球所有国家提供科研服务，这一壮举能够为世界航天事业做出更多贡献。

这些都真正体现了中华民族的"大爱无疆"，充分展示了我国从人类共同利益出发，以人类的幸福和美好生活为目标，努力构建人类命运共同体，始终做世界和平的建设者、全球发展的贡献者、国际秩序的维护者。科技进步展现的"人类之善"给全世界全人类带来福祉，让人类生活变得更加美好。当前，我们要坚持全球视野，加强国际合作，引导科技向善发展，合力解决人类共同面临的粮食危机、气候变化、公共卫生等重大挑战，在互助中减少冲突，在共享中推动发展，美美与共，共同推动建设一个持久和平、普遍安全、共同繁荣、开放包容、清洁美丽的世界。

总之，新型科学技术的应用及影响有着范围广、层次深的特点，在新时代如何有效应对新技术应用带来的风险挑战仍是一项重要课题。我们需要坚持"科技向善"理念，让技术有温度，用认识上的共识和行为上的共振，推动科技的发展和创新，从而尽可能地减少新技术带来的负面影响，充分引领新科技正向价值的发挥。

资料来源：周赛君. 如何理解习近平总书记提出的"科技向善"理念 [EB/OL]. 上观新闻，2021－11－09.

同步测试

一、判断题

1. 精神文化层是企业文化的中心内容，属于企业文化的"硬性"因素，它决定了企业物质文化、行为文化和制度文化的形态。（　　　）

2. 企业文化不是管理方法，而是形成管理方法的理念。（　　　）

3. 创新文化的特征之一是外部控制多。（　　　）

4. 创新文化的特征之一是注重结果重于手段。（　　　）

5. 使命是指企业对自身和社会发展所作出的承诺，说明了企业存在的理由和依据，回答了企业"应该是什么"的问题，解决了企业发展动力问题。（　　　）

6. 未来企业文化将更加注重员工的幸福感，提高员工的生活质量和工作体验。（　　　）

二、单选题

1. 企业文化的（　　　）指企业文化不仅会对本企业产生作用，而且会对社会产生影响。

A. 导向功能　　　　B. 约束功能　　　　C. 辐射功能　　　　D. 激励功能

2. 企业精神、企业经营哲学、企业道德、企业价值观等属于（　　　）的内容。

A. 物质文化　　　　B. 行为文化　　　　C. 制度文化　　　　D. 精神文化

3. 企业文化建设的难度在于（　　　），其难度在于如何将价值观念传输到员工心中，并不断强化形成行为方式。

A. 落地　　　　　　B. 盘点　　　　　　C. 设计　　　　　　D. 提升

4. （　　　）的关键是提高员工的文化素养，重视员工的学习能力和学习价值，尊重员工的独立人格。

A. 创新型企业文化　　　　　　　　　B. 学习型企业文化

C. 危机型企业文化　　　　　　　　　D. 责任型企业文化

5. 企业价值观属于企业文化四个层次中的（　　　）。

A. 物质文化　　　　B. 行为文化　　　　C. 制度文化　　　　D. 精神文化

三、多选题

1. 企业文化作为一种管理理论，对企业管理起着十分重要的作用。其涵盖内容比较广泛，由（　　　）几个层次构成。

A. 理念文化   B. 制度文化

C. 行为文化   D. 物质文化

E. 精神文化

2. 企业精神文化的核心内容包括（　　　）。

A. 使命   B. 愿景

C. 目标   D. 核心价值观

E. 企业精神

3. 企业文化具有（　　　）几种力量，它们决定了企业长盛不衰的法宝不是有形资源而是企业文化。

A. 凝聚力   B. 激励力

C. 约束力   D. 导向力

E. 辐射力

4. 以下哪些属于精神文化层的内容？（　　　）

A. 价值观念   B. 思想观念

C. 美学意识   D. 管理思维方式

E. 风俗礼仪

四、思考题

1. 简述企业文化四个层次之间的关系。

2. 结合企业文化更加关注社会责任感这一话题，举例谈一谈你对此的认识和感想。

参考文献

[1] 李海峰，张莹. 管理学基础［M］. 2 版. 北京：人民邮电出版社，2019.

[2] 宗莉苹，田桂芹. 现代企业管理实务［M］. 武汉：武汉理工大学出版社，2011.

[3] 李利斌，周如美，孙槐利. 现代企业管理实务［M］. 2 版. 北京：电子工业出版社，2019.

[4] 袁淑清. 企业管理实务［M］. 北京：中国纺织出版社，2016.

[5] 王丹. 现代企业管理教程［M］. 3 版. 北京：清华大学出版社，2016.

[6] 陈玲. 现代企业管理［M］. 2 版. 北京：清华大学出版社，2020.

[7] 张启慧，孟庆永，杨妍. 供应链管理［M］. 北京：机械工业出版社，2021.

[8] 孙铁玉，乔平平. 企业经营管理［M］. 3 版. 北京：电子工业出版社，2019.